5520:
Слав.1.

УJ 3000

COLLECTION

DES

MEILLEURS OUVRAGES

DE LA LANGUE FRANÇAISE

EN PROSE ET EN VERS.

OEUVRES

COMPLÈTES

DE MOLIÈRE.

PARIS. — DE L'IMPRIMERIE DE RIGNOUX,
rue des Francs-Bourgeois-S.-Michel, n° 8.

ŒUVRES

COMPLÈTES

DE MOLIÈRE

AVEC UNE NOTICE

PAR M. L. B. PICARD

DE L'ACADÉMIE FRANÇOISE.

TOME PREMIER.

PARIS,
BAUDOUIN FRÈRES, ÉDITEURS,
RUE DE VAUGIRARD, N° 17.

MDCCCXXVII.

NOTICE
SUR MOLIÈRE.

On voit dans l'étroite rue de la Tonnellerie une maison de la plus mince apparence. C'étoit au dix-septième siècle la demeure d'un tapissier du roi. Là naquit, dans l'année 1620[1], Jean-Baptiste Poquelin, dont le génie devoit un jour donner à la France la palme de la comédie. Ses parens, qui ne le croyoient pas appelé à de si hautes destinées, négligèrent son éducation. A quatorze ans il ne savoit que lire et écrire. Son esprit languissoit sans culture, lorsqu'une heureuse circonstance vint lui révéler sa vocation. Son grand-père, qui l'aimoit beaucoup, le mena un jour à l'hôtel de Bourgogne, où les comédiens attiroient la foule. Le spectacle fit une impression profonde sur le jeune Poquelin, qui dès lors eut le pressentiment de son avenir; et, quoique encore enfant, il dut se dire comme le Corrège, par une inspiration soudaine : *Et moi aussi, je suis peintre.*

Tourmenté du désir de s'instruire, il obtint de son père qu'il suivroit les cours du collége de Clermont. Il avoit alors près de quinze ans; mais, les leçons d'excellents maîtres, son aptitude naturelle, et surtout sa laborieuse application, aplanirent tous les obstacles,

---

[1] M. Beffara a trouvé dans les registres de Saint-Eustache un acte duquel il résulte que Molière fut baptisé en 1622; mais un acte de baptême n'est pas toujours un acte de naissance. Nous avons adopté l'opinion des principaux biographes, dont quelques uns contemporains de Molière.

et bientôt le temps perdu fut réparé. Poquelin eut pour camarades de classe des enfants qui furent depuis des hommes célèbres. Chapelle, Bernier, Cyrano de Bergerac, s'initièrent avec lui aux éléments de la littérature. Au nombre de ses condisciples se trouvoit aussi le prince de Conti, dont la protection lui fut fidèle dans plusieurs occasions importantes.

Il seroit intéressant de connoître quelles furent les impressions habituelles que Poquelin reçut pendant le cours de ses études, et qui, sans nul doute, favorisèrent le développement de son génie; car c'est peu que de naître avec des dispositions particulières pour un art; l'ame s'épuise dans de vagues élans, si les circonstances ne viennent seconder son essor et diriger sa course. Ainsi le vaisseau le mieux construit demeure immobile, ou tourne sur lui-même, si un vent propice ne le pousse à sa destination. Tout ce que nous savons de l'adolescence de Poquelin, c'est qu'il fit des progrès rapides dans toutes les branches des connoissances humaines. Devenu l'élève de Gassendi, il acquit sous ce philosophe célèbre les notions sublimes de la morale. S'il partagea sur la physique les erreurs de son maître, du moins il apprit de lui à ne jamais repousser les améliorations, et à porter dans les discussions scientifiques la même tolérance que dans les matières religieuses. Les leçons d'un sage ne contribuèrent pas peu à doter son ame de cette modération qui fut toujours le fonds de son caractère et la base de ses actions.

C'est dans le temps qu'il suivoit le cours de ce professeur, que Poquelin jeta les fondements de sa traduction de *Lucrèce*, édifice qu'il n'a jamais achevé, et dont plusieurs parties révèlent un grand poëte. Il se vit bientôt obligé d'interrompre ses méditations philosophiques pour entrer dans le monde. Son père, infirme, ne pouvoit plus suivre la cour pour y remplir les devoirs de sa charge. Le jeune Poquelin le remplaça dans le voyage que Louis XIII fit en Languedoc, et, quoique à peine âgé de vingt ans, il se mit à continuer, sur les hommes et la société, des études qu'il ne pouvoit plus faire dans les livres. Et quels livres eussent été plus féconds en instruction que cette cour composée d'éléments si hétérogènes? Là fermentoient encore les vieilles passions de la Ligue, mais si usées, qu'elles n'étoient plus que des ridicules; là, près de la gravité plaisante des débris de l'ancien règne, s'agitoit étourdiment la frivolité un peu lourde des courtisans ultramontains; les beaux arts, presque méconnoissables, se mêloient à toutes les affaires; deux partis conspiroient encore au milieu des fêtes, et la France alloit voir bientôt des guerriers en habits de bal, des combats livrés en cadence, et des villes prises au son du violon. Les personnages qui préparoient ce spectacle grotesque posèrent plusieurs mois, sans s'en douter, sous les yeux du plus grand peintre qui jamais ait copié la nature. Que Poquelin dut s'enrichir dans ce voyage fait avec une pareille cour! combien d'originaux prirent place dans sa mémoire! quelle foule de travers fut enregistrée sur ses tablettes!

Ce n'étoit pas seulement lui qui étoit dévoré par la passion du théâtre; la France entière raffoloit alors de cet amusement, à la fois le plus innocent et le plus instructif des plaisirs. De tous côtés se formoient des sociétés pour jouer la comédie. Poquelin fut admis dans une de ces troupes, composée de jeunes gens pleins de chaleur et d'enthousiasme. Il étoit heureux : enfin il mettoit le pied dans la lice où il devoit laisser ses nombreux rivaux si loin derrière lui. La troupe dont il faisoit partie éclipsa bientôt toutes les autres; elle obtint des succès si brillants que le public lui donna le titre un peu emphatique d'*Illustre théâtre*. Poquelin, qui se distinguoit parmi ses camarades, changea son nom en celui de Molière, qui avoit été déja porté, mais sans éclat, par un acteur de l'hôtel de Bourgogne. C'étoit un sacrifice qu'il devoit, par ménagement pour sa famille, aux préjugés de l'époque contre les comédiens. L'usage d'adopter un nom étranger a duré long-temps au théâtre; il est presque entièrement tombé en désuétude, depuis qu'on est assez raisonnable pour sentir qu'il ne peut y avoir de honte à présenter, sous les costumes de divers personnages, d'utiles leçons, de sages conseils, un noble divertissement. On estime un grand nombre d'états qui n'ont d'autre objet que le plaisir; pourquoi refuser de la considération à une profession laborieuse, dont le but est d'instruire les hommes en les délassant de leurs travaux?

Tel étoit chez Molière le goût de la comédie, qu'à la tête d'une troupe ambulante il se mit à parcourir les villes de province. Il étoit nécessaire alors d'avoir dans l'esprit plus de ressources qu'aujourd'hui pour être acteur. Combien de nos coryphées de théâtre renonceroient au métier, s'il s'exerçoit encore comme dans le dix-septième siècle! Molière avoit recueilli à Paris un grand nombre de scènes italiennes, et, dans ses courses, quand il venoit à manquer de nouveautés, il en faisoit des canevas qu'il falloit remplir en les jouant. Au talent de bien rendre la pensée de l'auteur, le comédien étoit obligé de joindre celui d'improvisateur.

Les titres de quelques unes des *farces* que Molière composa en voyageant dans la France ont été soigneusement conservés. Les érudits citent respectueusement *les Docteurs rivaux*, *le Maître d'école*, *le Médecin volant*, *le Docteur amoureux*, *la Jalousie de Barbouillé*. Ces ouvrages sont perdus, mais on retrouve quelques traces des deux derniers dans *le Médecin malgré lui*, et dans *Georges Dandin*. Les titres de ces essais font deviner sans peine que la Faculté de médecine fut de bonne heure le but des malices de notre auteur; il lança contre ce respectable corps ses premiers et ses derniers traits. On remarque que presque tous les jeunes écrivains, en débutant dans la carrière dramatique, choisissent leurs adversaires dans les mêmes rangs, et que la profession la plus sérieuse prête le plus aux tableaux comiques.

Il y avoit dans la province une actrice qui s'étoit fait une grande réputation. Madame Béjart n'avoit pas seulement un penchant irrésistible pour le théâtre; cette passion étoit légitimée par un beau talent. Molière avoit eu l'occasion de la connoître dans son voyage en Languedoc : plusieurs rapports de caractère leur inspirèrent le désir de se rapprocher. La troupe qu'ils avoient rassemblée arriva à Lyon en 1653. Molière étoit âgé de trente-trois ans : il débuta devant le parterre de cette ville par la comédie de *l'Étourdi* : c'étoit sa première pièce en vers; elle étincelle de vives saillies et de boutades comiques; le rôle de Mascarille est écrit avec une verve entraînante; seul il suffiroit à la réputation d'un auteur, et cependant il disparoît presque dans la gloire immense de Molière. Il faut avoir créé *le Tartufe* pour n'être pas fier d'avoir composé *l'Étourdi*.

La faveur publique se déclara pour la troupe de Molière dans la cité de Lyon. Une société rivale, ne pouvant soutenir la concurrence, fut obligée de se dissoudre; plusieurs de ses membres se réfugièrent dans les rangs des vainqueurs, où ils furent généreusement accueillis. De pareils succès ne purent enchaîner le poëte sur les bords du Rhône : il fut appelé par l'amitié du prince de Conti dans la ville de Béziers, où devoient se tenir les états de Languedoc. Molière se vit chargé de la direction de tous les divertissements ; et des appointements furent donnés à sa troupe. C'est là qu'il fit représenter *le Dépit amoureux*, ouvrage que quelques situations charmantes, et des scènes du premier ordre, assurent contre l'oubli : la brouille et la réconciliation des deux amants (incident qu'il a depuis reproduit dans deux de ses chefs-d'œuvre) ont servi de type à une multitude de scènes dans le même genre ; mais personne n'a trouvé ce naturel exquis, cette délicieuse naïveté, qui caractérisent le dialogue de Molière. Le prince de Conti fut frappé des beautés de l'ouvrage, et offrit à l'auteur la place de secrétaire de ses commandements. Heureusement Molière refusa cette faveur ; il étoit dévoué au théâtre, et préféroit sa condition un peu orageuse aux douceurs d'une espèce de bénéfice. Qui sait si son génie ne se fût pas éteint dans le repos ?

Il est probable que ce second voyage lui fournit de nouvelles observations ; un esprit aussi attentif que le sien dut faire de singulières remarques parmi les habitants du midi de la France : plus d'un Pourceaugnac, plus d'une comtesse d'Escarbagnas, vinrent sans doute à sa rencontre ; il trouva sur son chemin plus d'un Sottenville. O portraits encore pleins de vérité ! Lorsque certains exemples frappent nos regards, et qu'on relit Molière, on est convaincu que rien n'est plus héréditaire que la sottise.

Comme le naturel et la franchise formoient la base de son talent, il ne put réussir dans les sujets qui demandent des formes plus idéales : il échoua dans ses tentatives tragiques. D'après un de ses biographes, il fit jouer à Bordeaux une *Thébaïde*, qui n'obtint aucun succès; quelques années après il éprouva à Paris un nouvel échec avec *Don Garcie de Navarre*; et cependant c'est dans ce drame héroïque que se trouve l'idée première de la situation d'Alceste vis-à-vis de Célimène : il en a même extrait plusieurs vers pour les transporter dans *le Misanthrope*.

Après avoir parcouru le Dauphiné et la Normandie, Molière, fatigué de cette vie aventureuse, tourna ses regards vers le lieu de sa naissance. La protection du prince de Conti aplanit les obstacles qui s'opposoient à son établissement dans la capitale. Monsieur, frère du roi, prit l'affaire à cœur : il autorisa la troupe à s'intituler : *Troupe de Monsieur*, et lui fournit l'occasion de se signaler, en la faisant débuter en présence de Louis XIV. Cette représentation eut lieu le 24 octobre 1658, dans la salle des Gardes du vieux Louvre, qu'on avoit décorée. Molière, après la tragédie de *Nicomède*, adressa au roi un discours plein d'esprit et d'adresse; il terminoit en demandant la permission de représenter une des petites pièces qu'il jouoit en province. De là l'origine de la petite pièce sous la grande. Le roi fut charmé du spectacle; il donna sur-le-champ à la troupe l'ordre de s'établir à Paris, et Molière fut installé dans la salle du Petit-Bourbon, à l'emplacement même où s'élève aujourd'hui la colonnade du Louvre. Il n'en sortit qu'en 1660 pour se transporter dans la salle que le cardinal de Richelieu avoit fait construire à grands frais au Palais-Royal. C'est dans ces deux établissements qu'il mit au jour la plupart des ouvrages qui constituent sa gloire et celle de notre comédie nationale : quelques autres furent composés pour des fêtes que donnoient le roi, et même des seigneurs de la cour.

Qu'on nous permette de jeter un coup d'œil rapide sur les pièces de notre grand auteur : les principaux événements de la vie d'un écrivain ne sont-ils pas ses ouvrages?

Nous avons déja parlé de l'*Étourdi* et du *Dépit amoureux;* aussi ne reviendrons-nous sur ces deux comédies que pour faire observer qu'en y plaçant les rôles de valets sur le premier plan, Molière avoit cédé à une sorte de tradition : c'étoit presque une obligation à cette époque, une mode empruntée aux Grecs et aux Romains. Les esclaves d'Aristophane, de Plaute et de Térence ont enfanté les valets de Scarron, de Corneille et de Molière : les Daves sont pères des Mascarilles. Ces personnages n'étoient pas plus dans les mœurs du dix-septième siècle que dans nos habitudes actuelles : jamais les valets n'ont mené leurs maîtres aussi tyranniquement; mais, comme ils jetoient du mouvement et de la gaîté dans les ouvrages, on les regardoit alors comme presque indispensables. S'ils sont proscrits aujourd'hui, c'est que les originaux de cette famille de convention ont été épuisés, et Molière lui-même ne les admit jamais dans ses pièces importantes.

Après ces deux premiers ouvrages, il s'élance, avec autant de bonheur que d'audace, vers le véritable but de la comédie, celui de combattre nos travers : il donne les *Précieuses ridicules.* Une critique fine et mordante distingue cette pièce. Il étoit impossible de se moquer plus cruellement de ces formes emphatiques, de ce ton guindé, que les beaux esprits de la cour avoient mis à la mode, et qui, des hautes sociétés, s'étoient répandus jusque dans la classe moyenne. On connoît l'exclamation qu'un vieillard laissa échapper à la seconde représentation des *Précieuses* : « Courage, Molière, voilà la bonne comédie! » Le temps a confirmé ce jugement.

N'oublions pas de signaler le *Cocu imaginaire* comme une pièce remplie de gaîté, et dont le fond n'est pas dépourvu d'intérêt. Il y a beaucoup d'art et d'habileté dans cette succession de *quiproquo*, qui tous naissent d'une première méprise. Le monologue où Sganarelle délibère pour savoir s'il doit se battre avec le prétendu galant de sa femme, brille d'une foule de traits comiques.

Les Fâcheux peuvent être considérés comme le premier essai de comédie épisodique. La comédie épisodique doit être une galerie de tableaux de mœurs; elle ne comporte qu'une foible action, pour laisser briller la richesse des détails; c'est ce que Molière a supérieurement accompli. On remarque dans *les Fâcheux*, entre autres scènes plaisantes, celle du chasseur : Louis XIV lui-même désigna l'original, que l'auteur a reproduit d'une manière si piquante.

Les Adelphes de Térence ont fourni l'idée principale de *l'École des Maris;* mais les ruses qu'Isabelle met en usage pour tromper son tuteur amènent des situations que le poëte latin n'avoit pas soupçonnées, et un dénoûment des plus ingénieux.

Quoi de plus neuf, de plus intéressant, de plus délicat que *l'École des Femmes!* quelle gaîté dans les confidences perpétuelles que fait Horace au seigneur Arnolphe! comme celui-ci rend lui-même sa situation plus comique par ses impitoyables railleries contre les époux et les tuteurs confiants! Et Agnès? Peut-on ne pas aimer sa naïve ignorance, les innocentes impulsions de ses premiers penchants, ses aveux pleins de franchise et de simplicité, et jusqu'à cette coquetterie instinctive sur laquelle est en partie fondé l'empire des femmes?

C'est dans *le Mariage forcé* que se trouve la fameuse dissertation sur la *forme* et la *figure* du chapeau : on ne pouvoit mieux tourner en ridicule les subtilités de l'école. La scène du docteur Pancrace et celle du philosophe Marphurius suffiroient pour donner un rang distingué à cette comédie, véritable peinture de mœurs où brillent des éclairs de génie. Il est peu de dénoûments plus comiques que celui du *Mariage forcé*.

On a quelquefois accusé Molière d'avoir sacrifié au goût de son siècle en composant ce que les gens sévères nomment des *farces;* et, à ce propos, on ne manque jamais de citer ces deux vers de Boileau :

> Dans le sac ridicule où Scapin s'enveloppe,
> Je ne reconnois plus l'auteur du Misanthrope.

Ces farces, outre un excellent comique, offrent de perpétuelles leçons de morale et de philosophie. Ah! si vous voulez absolument critiquer notre grand homme, critiquez-le plutôt d'avoir un peu sacrifié au goût de l'époque dans deux ouvrages, *la Princesse d'Élide* et *les Amants magnifiques*. C'est là véritablement que Molière s'est laissé dominer par l'opinion publique : on reconnoît dans le langage, dans les sentiments de ses personnages, l'affectation et la recherche dont il s'est plus d'une fois moqué lui-même.

En revanche, *le Festin de Pierre* est écrit avec une verve et une originalité rares. Que ce caractère de don Juan est profond! Comme il est peint le vide causé par l'absence des principes, ce vide immense que tous les vices viennent remplir! Tour à tour séducteur, hypocrite, meurtrier et athée, toujours égoïste à cœur ouvert, don Juan est un modèle accompli de scélératesse : c'est par lui que Molière préludoit à *Tartufe*. La scène de M. Dimanche peut être présentée comme un chef-d'œuvre de vérité et de comique. Le rôle entier de Sganarelle, qu'un fatal ascendant attache à un homme dont il a horreur, est marqué au coin du génie. Le merveilleux de l'action, et les fréquents changements de lieu, font de cette pièce un ouvrage à part : il ne mérite pas moins d'être mis à côté des meilleures productions dramatiques.

La consultation des quatre docteurs qui, au lieu de discuter sur la maladie de Lucinde, s'entretiennent de leurs mules et des nouvelles du monde, ne recommande pas moins *l'Amour médecin* que la scène si originale des donneurs d'avis; chacun insinue un conseil en rapport avec ses petits intérêts, et la réponse, *Vous êtes orfèvre, M. Josse! Vous vendez des tapisseries, M. Guillaume!* est devenue une de ces formules heureuses dont on peut à tous moments faire l'application.

Quels éloges donner au *Misanthrope*? Est-ce le style, les caractères ou la disposition des scènes qu'il faut le plus admirer? Jamais, depuis le père du *Menteur*, Thalie n'avoit parlé un langage aussi éloquent, aussi noble; jamais on n'avoit vu des passions contraster plus habilement, ni des intérêts se heurter d'une manière plus dramatique. Quels reflets de comique se renvoient mutuellement Alceste et Célimène! Qui peut s'empêcher de rire lorsque la coquette et la prude sont en présence? Ce misanthrope, qui déteste les formes trompeuses de la société, au point de paroître sauvage, le voilà enveloppé de tout ce que la cour a d'hommes médisants, vaniteux et frivoles! Comme ce vigoureux caractère se dessine admirablement dans ce groupe de petits travers!

L'ordre des dates amène ici *le Médecin malgré lui*,

Milicerte et *le Sicilien*. La première de ces pièces est une plaisanterie charmante sur la Faculté : la métamorphose soudaine de Sganarelle en docteur fournit une foule de bons mots et de situations bouffonnes. Cette satire mordante, et toutes celles que notre auteur a dirigées contre le docte corps, n'ont pas peu contribué à le guérir de ses nombreux ridicules : Molière peut à juste titre s'appeler le médecin des médecins. *Mélicerte* est une espèce de pastorale assez gracieuse. Quelques personnes regardent *le Sicilien* comme le premier essai d'opéra comique : les scènes de cet ouvrage sont très bien coupées pour le chant et pour la danse; les plaisirs et les peines de l'amour s'y trouvent présentés sous le point de vue le plus favorable à la musique.

Molière dans *Amphitryon* déploya un nouveau genre de talent : au naturel et à la chaleur ordinaire de son style, il joignit une certaine vivacité dans le tour, une finesse, une légèreté nouvelle dans la pensée. Plaute, qu'il a imité, nous prouve que l'on peut bien faire, et être encore loin de Molière. Le monologue de Sosie et sa lanterne, sa querelle avec Mercure, la vertu acariâtre de sa douce moitié, les terreurs croissantes d'Amphitryon et les tendres inquiétudes d'Alcmène, enfin une multitude de jolis vers, voilà les éléments qui donnent à cette pièce un charme que le merveilleux de l'action ne peut pas même affoiblir. Remarquons, en passant, que ce merveilleux justifie la ressemblance des personnages, et qu'elle paroît ici moins étrange que dans d'autres ouvrages, par exemple, que dans *les Menechmes* de Regnard.

C'est encore à Plaute que Molière doit le sujet de *l'Avare*, et même les principales scènes de son admirable comédie. Vous trouverez dans le poëte latin l'idée du fameux *sans dot;* Euclion perd aussi sa cassette, et se livre au plus affreux désespoir; on séduit sa fille; il prend l'amant pour le voleur, et cette méprise amène des *quiproquo* comme dans le poëte françois; mais où est le maître Jacques de Molière, où est la situation si morale de ce père qui fait l'usure avec son propre fils? L'avare de Plaute n'est pas amoureux : aussi cherche-t-on en vain dans cet auteur les scènes où Harpagon, obligé de donner à dîner à sa future, discute le menu du repas, et fait la leçon à ses domestiques; cette lésinerie, jusque dans la magnificence, met le caractère dans tout son jour. Et que dire du moment où Cléante offre à Marianne la bague de son père? Il ne faut point louer des conceptions aussi profondes, parce que les termes manquent à l'admiration.

L'auteur fut obligé de retirer sa comédie après la septième représentation : l'usage était alors de versifier les pièces en cinq actes, et le public sut mauvais gré à Molière d'avoir dérogé à cet usage. Il est cependant certain que si la poésie convient mieux aux sujets où les caractères se développent surtout par le discours, la prose est plus avantageuse dans ceux où ils ressortent principalement de l'action.

Georges Dandin, Pourceaugnac, le Bourgeois gentilhomme et *les Fourberies de Scapin* se succédèrent en peu de temps; chacun de ces ouvrages a des beautés particulières. M. et madame de Sottenville sont des copies supérieures dont on retrouve encore les originaux. Rien de plus bouffon que les piéges dans lesquels Sbrigani fait tomber l'avocat de Limoges. Rien de plus comique que l'exclamation : *Que diable alloit-il faire dans cette maudite galère?* La bonhomie de M. Jourdain, ses bizarres prétentions, ses études tardives pour devenir homme de qualité, le gros bon sens de sa femme et de Nicole, la dispute des trois professeurs, enfin la manière adroite dont le marquis traite sa maîtresse aux dépens du bourgeois, tout se réuniroit pour élever *le Bourgeois gentilhomme* au rang des chefs-d'œuvre, si les deux derniers actes n'étoient sacrifiés aux charges trop grotesques de la cérémonie.

Personne n'étoit plus en droit que Molière de traduire devant le parterre la manie du bel esprit; la franchise de son langage et la force de sa raison contrastoient singulièrement avec les idées alambiquées et le style prétentieux, familiers à un des plus célèbres salons de l'époque. Les productions vantées de quelques auteurs pleins d'affectation et d'emphase devoient blesser son goût, irriter sa verve : il composa *les Femmes savantes;* Philaminte, Bélise et Armande offrirent à la vindicte publique le pédantisme personnifié; le bon homme Chrysale adressa les remontrances les plus vives, les plus caustiques, aux personnes du sexe qui *savent tant de choses;* la scène du sonnet et du madrigal, les exclamations qu'excitent ces deux chefs-d'œuvre, les éloges exagérés et les grossières injures qu'échangent entre eux Trissotin et Vadius, enfin le plan d'académie dont la devise est devenue celle de presque toutes les coteries littéraires,

Nul n'aura de l'esprit hors nous et nos amis;

ces traits incisifs et profonds ont porté le dernier coup à un vice que l'auteur avoit déja attaqué dans *les Précieuses ridicules.* Pour rendre le travers des femmes savantes encore plus saillant, Molière s'est plu à leur opposer une jeune personne qui doit son plus grand charme à la nature : Henriette a tant de grace, de modestie et de délicatesse, qu'il n'est aucun spectateur qui ne voudroit que son épouse lui ressemblât, et M. Trissotin lui-même la préfère à la superbe Armande.

La différence d'humeur des deux sœurs montre encore une de ces oppositions dont Molière savoit si habilement tirer des effets comiques; tous ses ouvrages présentent des contrastes de quelque espèce. Dans *le Misanthrope* et *l'Avare*, le caractère se trouve aux prises avec la passion : Alceste et Harpagon non seulement sont amoureux, mais encore l'un aime une coquette et l'autre une fille pauvre. Dans *le Bourgeois gentilhomme* et dans *le Malade imaginaire*, c'est la situation qui contraste avec la passion : Jourdain veut s'ériger en homme de cour, et c'est un très mince roturier, le fils d'un marchand de draps; Argan, qui prétend être malade, jouit d'une santé robuste; il est assez vigoureux pour jeter une douzaine d'oreillers à la tête de Toinette.

Cette comédie du *Malade imaginaire* fut le dernier ouvrage de Molière. Elle suivit de près *la Comtesse d'Escarbagnas*, pièce dans laquelle sont raillés avec tant de gaîté les ridicules que les provinciaux apportent à Paris. Rien n'est plus plaisant que les soins que prend Argan pour se persuader qu'il est indisposé; sa colère, lorsque sa servante lui soutient qu'il se porte bien, ne manque jamais d'exciter le rire; il n'est pas moins comique dans ses rapports avec les médecins et les apothicaires; mais quelle effrayante vérité dans le rôle de cette femme qui compte les derniers moments de l'insensé vieillard, et se montre épouse aussi intéressée que belle-mère injuste. Cette pièce prouve que le génie de Molière était encore dans toute sa vigueur, et que sa mort a sans doute privé la littérature de nouveaux chefs-d'œuvre.

Tels sont les ouvrages qui placent Molière à une si grande élévation : au premier rang nous aurions dû mettre le *Tartufe*; mais comme il ne fut joué que longtemps après avoir été composé, et que sa représentation tient à des circonstances particulières, il trouvera sa place au moment où nous parlerons des marques de bienveillance dont le roi combla notre auteur.

Molière dans ses écrits est toujours inimitable, et cependant ne ressemble jamais à lui-même. Ce qu'il faut surtout admirer en lui, c'est le génie avec lequel il s'identifie au caractère, aux mœurs et au langage de ses personnages : on diroit que ces métamorphoses ne lui coûtent rien ; qu'il a été de tous les états ; qu'il s'est trouvé dans toutes les conditions. Depuis le noble empesé de campagne, jusqu'au pétulant marquis de cour, depuis les boutades brutales de Gorgibus, jusqu'au style quintessencié de Philaminte, c'est la même vérité : aucun trait n'échappe à son coup d'œil perçant ; il saisit dans des ridicules semblables des différences imperceptibles. Vingt petits maîtres ont été livrés par lui en proie à la malignité du parterre ; ils ont chacun leur caractère : ce sont des sots de la même famille, à quelques nuances près ; mais ces nuances suffisent pour qu'on ne les confonde pas ensemble. Quelle différence entre les scènes de dépit, que trois fois il a placées dans ses ouvrages ; *le Dépit amoureux, le Tartufe et le Bourgeois gentilhomme* : il met ses personnages dans les mêmes situations, et jamais il ne se répète, et la scène est toujours nouvelle. Sans doute d'autres comiques ont cherché aussi à donner à leurs acteurs la physionomie qui leur appartient ; mais la plupart n'ont pu s'empêcher d'y mêler leur propre empreinte ; l'auteur se montre toujours plus ou moins à travers ses personnages. Molière seul, en écrivant, avoit le don de s'oublier lui-même, et de prendre, pour ainsi dire, une vie étrangère.

Un des grands secrets de l'art, qu'il a emporté presque tout entier avec lui, c'est d'intéresser le spectateur aux jeunes filles sur le mariage desquelles l'intrigue de sa comédie est fondée; c'est ce que Régnard, Dancourt et beaucoup d'autres n'ont jamais fait; leurs amoureuses sont des coquettes commencées ou achevées. Quoi de plus aimable et de plus vertueux que les amoureuses de Molière? et en même temps quoi de plus varié? Que de nuances délicates entre l'innocente et spirituelle Isabelle, la simple Agnès, l'aimable Éliante, l'intéressante Mariane, la modeste et piquante Henriette, la malheureuse fille de *l'Avare*, et la fille vertueuse du *Malade imaginaire?* Tous ses jeunes amoureux ont une physionomie d'honnête homme, tandis que souvent ceux de ses successeurs sont des fats ou des chevaliers d'industrie. Le Valère de *l'École des Maris*, celui du *Tartufe*, Éraste, Horace, Cléonte, Cléante, tous sont aimables et passionnés; une seule fois il a poussé trop loin peut-être ce soin d'inspirer de l'intérêt pour le jeune amant; c'est dans *George Dandin*. Certes le mari doit être sot; mais peut-être eût-il été à désirer qu'on vît dans Clitandre un fat qui tromperoit à son tour la perfide Angélique.

La même variété se fait remarquer dans ses rôles de raisonneur. Ariste, Chrysalde, Philinte, Cléante, sont philosophes sans parler sur le même ton; leur sagesse a un accent différent.

Un autre personnage de Molière bien remarquable et bien vrai, c'est la servante, qui n'est jamais la soubrette de convention des autres auteurs, mais la véritable servante de la maison où la scène se passe. Quelle variété entre la gentille Marinette, la verte et brillante Dorine, la naïve Nicole, la franche Martine, et cette Toinette qui brusque son maître, trompe la belle-mère, et seconde l'aimable fille d'Argan accablée sous une marâtre!

On a dit que Molière ne savoit pas dénouer ses pièces : on met en avant, outre le dénoûment du *Tartufe* qui se fait par un ordre du roi, ceux de *l'Étourdi*, de *l'École des femmes*, de *l'Avare*, qui se font par une rencontre inopinée, par des reconnoissances romanesques, et de ceux-là on conclut contre les autres. Hé bien! quoi de plus spirituel que le dénoûment de *l'École des maris ?* quoi de plus simple que celui des *Femmes savantes ?* quoi de plus pathétique et de plus profond que celui du *Malade imaginaire ?*

Ce grand homme, quand il vouloit descendre des hauteurs de son génie et se jouer dans les régions du persiflage, se montroit encore supérieur par l'art avec lequel il manioit la plaisanterie, et par le tour ingénieux qu'il savoit donner à l'épigramme. *La Critique de l'École des femmes*, *l'Impromptu de Versailles*, petites pièces d'àpropos, sont des modèles de grace, de finesse, de légèreté. Jamais Voltaire lui-même ne répandit dans ses opuscules plus de sel attique.

Avec des qualités aussi éminentes on doit penser que Molière se fit plus d'un ennemi, et que sa vie littéraire ne fut pas exempte de persécutions. Les comédiens de l'hôtel de Bourgogne ne voyoient ses succès qu'avec une profonde envie; les gens de cour lui gardoient rancune pour les peintures qu'il avoit tracées de leurs ridicules. Ces adversaires lui suscitèrent souvent des cabales; quelquefois il fut aussi victime du mauvais goût des spectateurs désintéressés. Boileau nous a laissé le tableau de ce qui se passoit à ces premières représentations :

L'ignorance et l'erreur à ses naissantes pièces,
En habit de marquis, en robes de comtesses,

Venoient pour diffamer son chef-d'œuvre nouveau,
Et secouoient la tête à l'endroit le plus beau :
Le commandeur vouloit la scène plus exacte ;
Le vicomte indigné sortoit au second acte ;
L'un, défenseur zélé des bigots mis en jeu,
Pour prix de ses bons mots le condamnoit au feu ;
L'autre, fougueux marquis, lui déclarant la guerre,
Vouloit venger la cour immolée au parterre.

C'est ainsi que *le Misanthrope* fut reçu avec une froideur qui ressembloit à de la malveillance. *Les Femmes savantes* n'obtinrent pas un accueil plus favorable ; mais comme, dans ce dernier ouvrage, Molière s'attaquoit à une coterie puissante, on a lieu de penser qu'il fut victime d'une vengeance secrète. L'hôtel de Rambouillet, dont quelques écrivains semblent aujourd'hui se rendre les échos, ne souffrit sans doute pas qu'on raillât sa galanterie mystique et les formes péniblement contournées de sa conversation. Le véritable public devint l'instrument de quelques sots et de quelques précieuses ; Boileau seul tint bon, et, peu de temps après, Louis XIV lui ayant demandé quel étoit le plus grand écrivain qui eût honoré le siècle, il répondit aussitôt : Molière.

Le roi, qui affectionnoit Molière, le combla de distinctions et de bienfaits. Il donna à la troupe sept mille livres de pension et mille livres au directeur. Les courtisans, incapables d'apprécier l'homme de génie, affectoient du mépris pour le comédien ; le monarque s'en étant aperçu, fit un jour asseoir Molière à sa table, en présence de la cour, et le traita avec des égards que toutes ces vanités subalternes eurent de la peine à comprendre. Depuis lors les habitants du Louvre le regardèrent d'un peu moins haut, et briguèrent même son amitié. Mais la preuve la plus signalée que Molière ait reçue de la bienveillance royale, ce fut à l'occasion du

Tartufe. Cette comédie étoit composée depuis long-temps : deux fois l'auteur avoit voulu la produire devant le parterre ; deux fois les bigots s'étoient ameutés en fureur, et, par leurs cris, leurs menaces et leurs intrigues, avoient forcé les comédiens à la retirer ; le président Lamoignon lui-même, trompé sur les intentions de l'auteur, prêta l'appui de son autorité à ces cabales remuantes. Si le jeu de mots qu'on attribue à Molière dans cette circonstance n'est pas inventé, il faut convenir qu'il se vengea d'une manière aussi ingénieuse que cruelle. Enfin, au bout de cinq ans, Louis XIV fit lever la défense qui protégeoit l'hypocrisie, et les faux dévots furent, dans la personne de Tartufe, livrés à la risée publique. Jamais pièce, depuis *le Cid,* n'avoit attiré une aussi grande affluence : quarante représentations consécutives ne suffirent point pour satisfaire la curiosité des Parisiens. Molière n'avoit voulu attaquer que d'une manière générale le vice le plus funeste à la société, mais le public d'alors s'amusa à faire des applications ; un abbé Roquette fut victime de ce besoin de personnalités. Mais telle est la vérité profonde du portrait et la plénitude des détails, qu'à toutes les époques on a pu en montrer au doigt les originaux, et aujourd'hui encore le parterre se plaît à substituer au nom de Tartufe des noms contemporains.

On aime à pénétrer dans la vie intérieure de ces génies privilégiés que la postérité environne de ses hommages. Molière peut ouvrir sa maison à ceux qui veulent la visiter. On y trouvera un homme simple, affable, prêt à tendre la main à l'infortune, et à frayer la route au talent : le voilà qui essaie, sur l'esprit de sa servante *Laforêt,* non la puissance comique du *Misanthrope,* mais l'impression que doivent produire ses ouvrages d'un ordre moins grave ; il juge qu'il a saisi ce que la nature a de plus saillant, s'il parvient à émouvoir des organes incultes, des intelligences sans préventions; aussi veut-il que ses acteurs amènent toujours leurs enfants aux répétitions. Voyez-le donnant au jeune Baron des leçons de son art, et lui révélant peut-être les secrets qui en firent depuis un des plus grands comédiens dont s'honore la scène françoise. Il lui donnoit aussi des exemples de vertu. Un jour, un pauvre diable d'acteur, que Molière avoit entrevu en province, vint le voir à Paris, et lui laissa deviner sa pénurie par des demi-confidences que son accoutrement rendoit assez claires. Lorsqu'il fut sorti, Molière demanda à Baron combien il croyoit qu'il lui falloit donner. *Quatre pistoles*, répondit le jeune homme. *Tenez donc, voici quatre pistoles que vous lui donnerez pour moi*, répliqua le noble écrivain, *et en voici vingt autres que vous lui donnerez pour vous.* Jamais d'anciens camarades ne le sollicitèrent en vain; souvent même il s'intéressa vivement à des gens qui lui étoient étrangers, et les aida de sa bourse comme de son crédit.

On aime à répéter l'anecdote de ce pauvre auquel il avoit donné un louis par mégarde, et qui le lui rapporta. « *Où diable la vertu va-t-elle se nicher?* » s'écria Molière en lui en donnant un second. Lorsqu'on le voit ainsi réfléchir sur la vertu d'un pauvre, et sans doute en même temps sur les vices des grands et des riches, pourroit-on lui contester le surnom de contemplateur?

C'est à Molière que la France doit Racine. Ce poëte encore bien jeune se présenta devant l'auteur du *Misanthrope*, une tragédie à la main; l'ouvrage n'étoit pas susceptible d'être joué; mais Molière pressentit toute la portée de ce génie naissant: il donna au jeune écrivain une forte somme d'argent, et en même temps il lui fit cadeau du sujet de *la Thébaïde*, dont il distribua lui-même les actes et divisa les scènes. Arrivés au sommet de leur art, ces deux grands hommes ne se virent plus qu'avec froideur. Sans vouloir examiner de quel côté furent les torts, on peut regretter néanmoins que quelque léger mécontentement ait prévalu dans l'esprit de Racine sur le souvenir du passé.

Tel étoit l'emploi que Molière faisoit d'une fortune considérable : il avoit environ trente mille livres de revenu, ce qui représentoit alors une valeur triple d'aujourd'hui; sa maison, située dans la rue de Richelieu, étoit montée sur un grand pied, et les hommes les plus célèbres de l'époque se plaisoient à la fréquenter. On connoît les soupers d'Auteuil, tantôt dans l'ermitage de Molière, tantôt dans celui de Boileau ou de quelque autre convive. Quelles réunions! combien de grands hommes familièrement assemblés! Il y avoit là, dans une seule période de temps et dans un même lieu, de quoi illustrer dix siècles et dix nations.

Rien ne devoit manquer au bonheur de Molière; comblé des faveurs de la fortune et de la renommée, tout sembloit lui sourire, et cependant il n'étoit pas heureux; son visage portoit l'empreinte d'une profonde mélancolie, et lorsqu'il répandoit autour de lui la gaîté la plus franche, seul il étoit en proie à la rêverie. On a peine à croire que l'homme qui poursuivit de railleries si vives la jalousie conjugale, fut lui-même un mari ombrageux; mais telle est la foiblesse humaine; il ne suffit pas de connoître un écueil pour l'éviter. Molière, âgé de plus de quarante ans, avoit eu l'imprudence d'épouser une très jeune personne, la fille de cette même madame Béjart à laquelle il avoit associé sa fortune durant ses tournées de province. La légereté de sa femme ne tarda pas à le jeter dans des transes continuelles, les soupçons empoisonnèrent sa vie; des querelles de ménage déchirèrent son cœur. Il avoit manqué de philosophie en oubliant la disproportion d'âge, il ne sut pas supporter en philosophe les conséquences de sa faute.

La constitution physique de Molière pouvoit seule soutenir son courage contre des épreuves aussi cruelles; il avoit un tempérament vigoureux, comme on en peut juger sur le portrait qu'a tracé de sa personne une de ses contemporaines. « Il n'étoit ni trop gras, ni trop maigre; il avoit la taille plus grande que petite, le port noble, la jambe belle; il marchoit gravement, avoit l'air très sérieux, le nez gros, la bouche grande, les lèvres épaisses, le teint brun, les sourcils noirs et forts; et les divers mouvements qu'il leur donnoit lui rendoient la physionomie extrêmement comique. » Il oublioit ses chagrins en s'occupant avec ardeur du théâtre : la mort le surprit au milieu d'un succès. Sa troupe venoit de monter *le Malade imaginaire;* la foule se pressoit pour voir cette comédie dans laquelle l'auteur remplissoit le principal rôle. A la quatrième représentation, au moment de la cérémonie, Molière, en prononçant le mot *Juro*, fut pris d'un vomissement de sang, et tomba sur la scène; on le transporta dans sa maison, où il expira entre les bras de deux sœurs de la Charité auxquelles sa bienfaisance donnoit un généreux asile. Cet événement funeste eut lieu le 17 février 1673; il n'avoit encore que cinquante-trois ans.

Il fallut un ordre de Louis XIV pour faire obtenir aux restes de Molière un coin de terre; l'archevêque de Harlay, obligé de fléchir devant la volonté royale, autorisa son inhumation à Saint-Joseph, dans la rue Montmartre; deux prêtres allèrent chercher son corps, et cent personnes accompagnèrent le convoi avec des flambeaux. La populace, fidèle à ses préjugés contre les comédiens, auroit mis obstacle à la cérémonie, si madame Molière ne l'eût apaisée en lui jetant de l'argent. C'est au milieu de tous ces outrages commis envers les restes d'un homme de bien et de génie, que sa veuve, prenant un moment des sentiments dignes d'un tel mari, s'écria avec amertume : *Quoi! l'on refuseroit la sépulture à celui qui, dans la Grèce, auroit mérité des autels!*

L'Académie françoise lui rendit après sa mort des honneurs qu'il avoit mérités de son vivant : on assure que lorsqu'il mourut il étoit sur le point de quitter le théâtre pour se faire recevoir. L'Académie regrettant que ce rare esprit ne lui eût point été associé, voulut du moins faire siéger sa mémoire dans l'enceinte où se réunit sa société. Cette belle inscription fut placée sous son buste :

Rien ne manque à sa gloire; il manquoit à la nôtre.

HISTOIRE

DE

LA TROUPE DE MOLIÈRE.

ACTEURS ET ACTRICES

DE LA TROUPE DE MOLIÈRE.

BÉJART Aîné, fondateur de l'illustre théâtre.
BÉJART cadet.
BRÉCOURT.
BARON.
BEAUVAL.
DE BRIE.
DUPARC, dit Gros-René.
DU CROISY.
DE L'ESPY.
LA GRANGE.
HUBERT.
LA THORILLIÈRE.

BÉJART (Madeleine).
BÉJART (Geneviève-Hervé) sa sœur.
BÉJART (Armande), sœur des deux précédentes, femme de Molière.
DE BRIE (mademoiselle).
BEAUVAL (mademoiselle).
BEAUPRÉ (mademoiselle Marotte).
DU CROISY (mademoiselle), femme de l'acteur.
DU CROISY (mademoiselle), fille de l'acteur, femme de Poisson.
DUPARC (mademoiselle).
LA GRANGE (mademoiselle).

HISTOIRE

DE

LA TROUPE DE MOLIÈRE[1].

ACTEURS.

BÉJART L'AÎNÉ.

Béjart l'aîné faisoit, ainsi que son frère, ses deux sœurs, Duparc et Molière, partie de l'illustre théâtre.

Cet acteur étoit bègue; il mourut en 1659.

Béjart paroît être l'auteur d'un ouvrage intitulé : *Recueil des titres, qualités, blasons et armoiries des prélats et barons des états de Languedoc, tenus en* 1654, par le sieur J. Béjart, volume in-folio imprimé à Lyon en 1655.

BÉJART CADET.

Béjart, frère des trois actrices de ce nom, prit fort jeune l'état de comédien. Il fut camarade de Molière dans la province, et revint avec lui à Paris en 1658. Son emploi dans le comique étoit les pères et les seconds valets, et dans le tragique les troisièmes et quatrièmes rôles. Il demeura estropié d'une blessure qu'il reçut

---

[1] Nous empruntons tous ces détails, et les faits que contient cette histoire, aux ouvrages des frères Parfait, de Chapuzau, de Grimarest, du chevalier d'Assoucy, de l'abbé d'Alainval, à l'auteur de la *Galerie historique* des acteurs du théâtre françois, etc.

au pied en séparant deux de ses amis qui se battoient dans la place du Palais-Royal : en croisant leurs épées avec la sienne, et les rabattant, l'une lui piqua un pied. Molière, qui, peu de temps après, donna sa comédie de *l'Avare*, chargea Béjart du rôle de La Flèche, de qui Harpagon dit par allusion : « Je ne me plais « point à voir ce chien de boiteux-là. » Comme Béjart faisoit beaucoup de plaisir, on boita aussitôt sur tous les théâtres de province, non seulement dans le rôle de La Flèche, où cela devenoit nécessaire, mais indifféremment dans tous ceux que Béjart remplissoit à Paris. Cet acteur se retira en 1670 avec une pension de mille livres que la troupe lui fit, et qui lui fut continuée jusqu'à sa mort, arrivée le 29 septembre 1678. Il fut le premier à qui on accorda la pension de mille livres. Les Béjarts étoient d'honnêtes gens; ils avoient de la générosité, de la bonté, ils n'abandonnoient point leurs amis dans le malheur. D'Assoucy, dont le sort fut d'être calomnié et persécuté par son meilleur ami, à peine de retour de Rome, est arrêté et jeté dans un cachot du Petit-Châtelet à l'âge de soixante-dix ans. « Là, dit d'Assoucy lui-même, je me « couchai sur un peu de paille, que je regardai comme mon tom- « beau. J'y restai étendu comme un homme frappé de la foudre, « et y demeurai quatre jours sans remuer ni sans prendre aucuns « aliments... A moins d'un coup du ciel, c'étoit fait de ma vie. « Mais enfin la Providence, qui ne m'abandonna jamais d'un seul « pas, me secourut à point nommé. Lorsque j'y pensois le moins, « je vis entrer dans mon cachot une bouteille de vin, un pain de « Ségovie, avec un plat d'épinards, et un homme qui portoit tout « cela, qui me dit, de la part de mon ami Béjart et de toute sa « généreuse famille, que je prisse cœur, que je me consolasse, et « que je ne manquerois d'aucune chose; et certes je puis dire que, « sans ce prompt secours, la mort m'étoit inévitable. »

BRÉCOURT.

Guillaume Marcoureau, sieur de Brécourt, embrassa de très bonne heure le parti de la comédie; il la joua quelques années en province dans différentes troupes, et enfin dans celle de Molière. Il suivit ce dernier à Paris, lorsqu'il vint s'y établir en 1658. Mais, ayant eu le malheur de tuer un cocher sur la route de Fontainebleau, il fut obligé de se sauver, et se retira en Hollande, où il s'engagea dans une troupe françoise qui appartenoit au prince d'Orange. Pendant le séjour de Brécourt en ce pays, la cour de France, pour certaines raisons d'état, voulut faire enlever un particulier qui s'étoit réfugié en Hollande. Brécourt, qui ne cherchoit que les occasions de se faire rappeler dans sa patrie, promit d'exécuter ce qu'on demandoit. Mais, cette entreprise ayant manqué, Brécourt jugea bien que sa vie n'étoit pas en sûreté, et sur le champ il revint en France. Le roi, informé de la bonne volonté dont il avoit donné des preuves, au péril de sa vie, lui accorda sa grace, et lui permit de rentrer dans la troupe de Molière, qu'il quitta en 1664 pour passer dans celle de l'hôtel de Bourgogne. En 1680, lors de la réunion des troupes, Brécourt fut conservé, et continua de jouer sur le théâtre de Guénégaud encore environ cinq années. Il se rompit une veine dans le corps par les efforts qu'il fit en représentant le principal rôle de sa comédie de *Timon*, et mourut des suites de cet accident vers la fin de février 1685.

Brécourt a été un très grand comédien dans le tragique et dans le comique. Après avoir joué Antiochus dans la tragédie de *Bérénice*, il représentoit le rôle de Colin dans sa petite comédie de *la Noce de village*. Louis XIV, charmé de son jeu dans le rôle d'Alain de *l'École des femmes*, qu'il créa, ne put s'empêcher de dire: « Cet « homme-là feroit rire des pierres. »

Indépendamment des rôles que nous venons de citer, Brécourt jouoit supérieurement ceux de l'Avare et de Pourceaugnac. Il étoit de moyenne taille, bien facé, mais extrêmement pâle. Si nous en voulons croire les Mémoires manuscrits de M. de Tralage, Brécourt aimoit avec excès le jeu, les femmes et le vin. Ces trois passions lui firent une réputation assez désavantageuse; et les dettes qu'il laissa après sa mort ne purent être acquittées parce qu'elles montoient à plus de vingt mille livres au delà de sa succession.

Brécourt avoit beaucoup de valeur; et on en rapporte un trait qui mérite d'être cité ici. En 1678, ce comédien, étant à la chasse du roi à Fontainebleau, joua une assez longue scène avec un sanglier qui l'atteignit à la botte, et le tint quelque temps en échec; mais il parvint à lui enfoncer son épée jusqu'à la garde, et le tua roide. Le roi, témoin de cette action, eut la bonté de lui demander s'il n'étoit point blessé, et de lui dire qu'il n'avoit jamais vu donner un si vigoureux coup d'épée.

Brécourt n'avoit qu'un foible talent pour le genre dramatique. On a de lui les pièces de théâtre suivantes, qui sont du genre le plus bas et le plus trivial.

La feinte Mort de Jodelet, comédie en vers, en un acte, 1660.
La Noce de village, comédie en vers, en un acte, 1666.
Le Jaloux invisible, comédie en vers, en trois actes, 1666.
L'Infante Salicoque, ou *les Héros de Romans*, comédie en un acte, non imprimée, août 1667.
L'Ombre de Molière, comédie en prose, en un acte, 1674.
Timon, comédie en un acte, 1684.

Brécourt avoit épousé la demoiselle N. Étienne Des-Urlis, comédienne du Marais, qui suivit son mari à l'hôtel de Bourgogne, où elle remplissoit, dans la tragédie, les rôles de confidente. En 1680, elle quitta le théâtre avec une pension, dont elle jouit jusqu'à sa mort, arrivée le 2 avril 1713.

F. BOIRON, dit BARON.

« Molière, dit Grimarest, étoit continuellement occupé du soin de rendre sa troupe meilleure. Il avoit de bons acteurs pour le comique; mais il lui en manquoit pour le sérieux, qui répondissent à la manière dont il vouloit qu'il fût récité sur le théâtre. Il se présenta une occasion favorable de remplir ses intentions, et le plaisir qu'il avoit de faire du bien à ceux qui le méritoient. Baron a toujours été un de ces sujets heureux qui touchent à la première vue. Je me flatte qu'il ne trouvera point mauvais que je dise comment il excita Molière à lui vouloir du bien; c'est un des plus beaux endroits de la vie d'un homme dont la mémoire doit lui être chère.

Un organiste de Troyes, nommé *Raisin*, fortement occupé du désir de gagner de l'argent, fit faire une épinette à trois claviers, longue à peu près de trois pieds, et large de deux et demi, avec un corps dont la capacité étoit le double plus grande que celle des épinettes ordinaires. Raisin avoit quatre enfants, tous jolis, deux garçons et deux filles; il leur avoit appris à jouer de l'épinette. Quand il eut perfectionné son idée, il quitta son orgue et vint à Paris avec sa femme, ses enfants, et l'épinette; il obtint une permission de faire voir, à la foire Saint-Germain, le petit spectacle qu'il avoit préparé. Son affiche, qui promettoit un prodige de mécanique et d'obéissance dans une épinette, lui attira du monde les premières fois suffisamment pour que tout le public fût averti que jamais on n'avoit vu une chose aussi étonnante que l'épinette du Troyen. On va la voir en foule; tout le monde l'admire; tout le monde en est surpris, et peu de personnes pouvoient deviner l'artifice de cet instrument. D'abord le petit Raisin l'aîné et sa petite sœur Babet se mettoient chacun à son clavier, et jouoient ensemble une pièce, que le troisième clavier répétoit seul d'un bout à l'autre, les deux enfants ayant les bras levés; ensuite le père les faisoit retirer, et prenoit une clef, avec laquelle il montoit cet instrument par le moyen d'une roue qui faisoit un vacarme terrible dans le corps de la machine, comme s'il y avoit eu une multiplicité de roues possible et nécessaire pour exécuter ce qu'il lui falloit faire jouer. Il la changeoit même souvent de place pour ôter tout soupçon. Hé! épinette, disoit-il à cet instrument, quand tout étoit préparé, jouez-moi une telle courante. Aussitôt l'obéissante épinette jouoit cette pièce entière. Quelquefois Raisin l'interrompoit, en lui disant : Arrêtez-vous, épinette. S'il lui disoit de poursuivre la pièce, elle la poursuivoit; d'en jouer une autre, elle la jouoit; de se taire, elle se taisoit.

Tout Paris étoit occupé de ce petit prodige. Les esprits foibles croyoient Raisin sorcier; les plus présomptueux ne pouvoient le deviner. Cependant la foire valut plus de vingt mille livres à Raisin. Le bruit de cette épinette alla jusqu'au roi; sa majesté voulut la voir, et en admira l'invention : elle la fit passer dans l'appartement de la reine pour lui donner un spectacle si nouveau : mais sa majesté en fut tout d'un coup effrayée; de sorte que le roi ordonna sur-le-champ que l'on ouvrît le corps de l'épinette, d'où l'on vit sortir un petit enfant de cinq ans, beau comme un ange; c'étoit Raisin le cadet [1], qui fut dans le moment caressé de toute la cour. Il étoit temps que le pauvre enfant sortît de sa pri-

---

[1] Ce Raisin devint un comédien excellent. Il joignoit au talent le plus parfait un esprit heureux et fécond, un agréable enjouement, l'art de conter et de jouer ses contes. Les princes de Vendôme l'admettoient à leur table. La cour et la ville se le disputoient.

son, où il étoit si mal à son aise depuis cinq ou six heures, que l'épinette en avoit contracté une mauvaise odeur.

Quoique le secret de Raisin fût découvert, il ne laissa pas de former le dessein de tirer encore partie de son épinette à la foire suivante. Dans le temps il fait afficher, et il annonce le même spectacle que l'année précédente; mais il promet de découvrir son secret, et d'accompagner son épinette d'un petit divertissement.

Cette foire fut aussi heureuse pour Raisin que la première. Il commençoit son spectacle par sa machine, ensuite de quoi les trois enfants dansoient une sarabande; ce qui étoit suivi d'une comédie que ces trois petites personnes, et quelques autres dont Raisin avoit formé une troupe, représentoient tant bien que mal. Ils avoient deux petites pièces qu'ils faisoient rouler, *Tricassin rival*, et *l'Andouille de Troyes*. Cette troupe prit le titre de *Comédiens de Monsieur le Dauphin*, et elle se donna en spectacle avec succès pendant du temps.

Je sais que cette histoire n'est pas tout-à-fait de mon sujet, mais elle m'a paru si singulière, que je ne crois pas que l'on me sache mauvais gré de l'avoir donnée. D'ailleurs on verra par la suite qu'elle a du rapport à quelques particularités qui regardent Molière.

Pendant que cette nouvelle troupe se faisoit valoir, le petit Baron étoit en pension à Villejuif; et un oncle et une tante, ses tuteurs, avoient déja mangé la plus grande et la meilleure partie du bien que sa mère lui avoit laissé [1], et lui en restant peu qu'ils pussent consommer, ils commençoient à être embarrassés de sa

[1] Le père et la mère de Baron étoient tous deux de fort bons comédiens. « La mère de Baron étoit une si belle femme que, lorsqu'elle se présentoit « pour paroître à la toilette de la reine-mère, sa majesté disoit aux dames « qui étoient présentes : Mesdames, voici la Baron; et elles prenoient la « fuite. Le père de Baron mourut d'un accident très singulier : il faisoit le « rôle de don Diègue dans le *Cid*; son épée lui étoit tombée des mains, « comme la circonstance l'exige dans la scène qu'il avoit faite avec le comte « de Gormas, et la repoussant du pied avec indignation, il en trouva mal-« heureusement la pointe, dont il eut le petit doigt piqué. On traita le soir « cette blessure comme une bagatelle; mais quand il vit, deux jours après, « que la gangrène faisoit tout apprêter pour lui couper la jambe, il ne le « voulut pas souffrir : Non, non, dit-il, un roi de théâtre, comme moi, se « feroit huer avec une jambe de bois. Il aima mieux attendre doucement « la mort, qui l'emporta le lendemain. »

personne. Ils poursuivoient un procès en son nom : leur avocat, qui se nommoit *Margane*, aimoit beaucoup à faire de méchants vers : une pièce de sa façon, intitulée *la Nymphe dodue*, qui couroit parmi le peuple, faisoit assez connoître la mauvaise disposition qu'il avoit pour la poésie. Il demanda un jour à l'oncle et à la tante de Baron ce qu'ils vouloient faire de leur pupille. « Nous ne le savons « point, dirent-ils ; son inclination ne paroit pas encore : cependant « il récite continuellement des vers. — Hé bien, répondit l'avocat, « que ne le mettez-vous dans cette petite troupe de monsieur le « dauphin, qui a tant de succès ? » Ces parents saisirent ce conseil, plus par envie de se défaire de l'enfant, pour dissiper plus aisément le reste de son bien, que dans la vue de faire valoir le talent qu'il avoit apporté en naissant. Ils l'engagèrent donc pour cinq ans dans la troupe de la Raisin (car son mari étoit mort alors). Cette femme fut ravie de trouver un enfant qui étoit capable de remplir tout ce que l'on souhaiteroit de lui ; et elle fit ce petit contrat avec d'autant plus d'empressement, qu'elle y avoit été fortement incitée par un fameux médecin qui étoit de Troyes, et qui, s'intéressant à l'établissement de cette veuve, jugeoit que le petit Baron pouvoit y contribuer, étant fils d'une des meilleures comédiennes qui aient jamais été.

Le petit Baron parut sur le théâtre de la Raisin avec tant d'applaudissements, qu'on le fut voir jouer avec plus d'empressement que l'on n'en avoit eu à chercher l'épinette. Il étoit surprenant qu'un enfant de dix ou onze ans, sans avoir été conduit dans les principes de la déclamation, fît valoir une passion avec autant d'esprit qu'il le faisoit.

La Raisin s'étoit établie, après la foire, proche du vieux hôtel de Guénégaud ; et elle ne quitta point Paris qu'elle n'eût gagné vingt mille écus de bien. Elle crut que la campagne ne lui seroit pas moins favorable ; mais à Rouen, au lieu de préparer le lieu de son spectacle, elle mangea ce qu'elle avoit d'argent avec un gentilhomme de M. le prince de Monaco, nommé Olivier, qui l'aimoit à la fureur, et qui la suivoit partout ; de sorte qu'en très peu de temps sa troupe fut réduite dans un état pitoyable. Ainsi destituée de moyens pour jouer la comédie à Rouen, la Raisin prit le parti de revenir à Paris avec ses petits comédiens et Olivier.

Cette femme, n'ayant aucune ressource, et connoissant l'humeur bienfaisante de Molière, alla le prier de lui prêter son théâtre pour trois jours seulement, afin que le petit gain qu'elle espéroit de faire dans ces trois représentations lui servît à remettre sa troupe en état. Molière voulut bien lui accorder ce qu'elle lui demandoit. Le premier jour fut plus heureux qu'elle ne se l'étoit promis; mais ceux qui avoient entendu le petit Baron en parlèrent si avantageusement, que le second jour qu'il parut sur le théâtre, le lieu étoit si rempli que la Raisin fit plus de mille écus.

Molière, qui étoit incommodé, n'avoit pu voir le petit Baron les deux premiers jours; mais tout le monde lui en dit tant de bien, qu'il se fit porter au Palais-Royal à la troisième représentation, tout malade qu'il étoit. Les comédiens de l'hôtel de Bourgogne n'en avoient manqué aucune, et ils n'étoient pas moins surpris du jeune acteur que l'étoit le public, surtout la Duparc, qui le prit tout d'un coup en amitié, et qui bien sérieusement avoit fait de grands préparatifs pour lui donner à souper ce jour-là. Le petit homme, qui ne savoit auquel entendre pour recevoir les caresses qu'on lui faisoit, promit à cette comédienne qu'il iroit chez elle; mais la partie fut rompue par Molière, qui lui dit de venir souper avec lui. C'étoit un maître et un oracle quand il parloit : et ces comédiens avoient tant de déférence pour lui, que Baron n'osa lui dire qu'il étoit retenu; et la Duparc n'avoit garde de trouver mauvais que le jeune homme lui manquât de parole. Ils regardoient tous ce bon accueil comme la fortune de Baron, qui ne fut pas plus tôt arrivé chez Molière, que celui-ci commença par envoyer chercher son tailleur pour le faire habiller (car il étoit en très mauvais état), et il recommanda au tailleur que l'habit fût propre, complet, et fait dès le lendemain matin. Molière interrogeoit et observoit continuellement le jeune Baron pendant le souper, et il le fit coucher chez lui, pour avoir plus de temps de connoître ses sentiments par la conversation, afin de placer plus sûrement le bien qu'il lui vouloit faire.

Le lendemain matin, le tailleur exact apporta sur les neuf à dix heures, au petit Baron, un équipage tout complet. Il fut tout étonné, et fort aise de se voir tout d'un coup si bien ajusté. Le tailleur lui dit qu'il falloit descendre dans l'appartement de Molière pour le remercier. « C'est bien mon intention, répondit le « petit homme; mais je ne crois pas qu'il soit encore levé. » Le tailleur l'ayant assuré du contraire, il descendit, et fit un compliment de reconnoissance à Molière, qui en fut très satisfait, et qui ne se contenta pas de l'avoir si bien fait accommoder; il lui donna encore six louis d'or, avec ordre de les dépenser à ses plaisirs. Tout cela étoit un rêve pour un enfant de douze ans, qui étoit depuis long-temps entre les mains de gens durs, avec lesquels il avoit souffert; et il étoit dangereux et triste qu'avec les favorables dispositions qu'il avoit pour le théâtre, il restât en de si mauvaises mains. Ce fut cette fâcheuse situation qui toucha Molière; il s'applaudit d'être en état de faire du bien à un jeune homme qui paroissoit avoir toutes les qualités nécessaires pour profiter du soin qu'il vouloit prendre de lui; il n'avoit garde d'ailleurs, à le prendre du côté du bon esprit, de manquer une occasion si favorable d'assurer sa troupe, en y faisant entrer le petit Baron.

Molière lui demanda ce que sincèrement il souhaiteroit le plus alors. « D'être avec vous le reste de mes jours, lui répondit Baron, « pour vous marquer ma vive reconnoissance de toutes les bontés « que vous avez pour moi. — Hé bien, lui dit Molière, c'est une « chose faite; le roi vient de m'accorder un ordre pour vous ôter « de la troupe où vous êtes. » Molière, qui s'étoit levé dès quatre heures du matin, avoit été à Saint-Germain supplier sa majesté de lui accorder cette grâce; et l'ordre avoit été expédié sur-le-champ.

La Raisin ne fut pas long-temps à savoir son malheur; animée par Olivier, elle entra toute furieuse le lendemain matin dans la chambre de Molière, deux pistolets à la main, et lui dit que s'il ne lui rendoit son acteur elle alloit lui casser la tête. Molière, sans s'émouvoir, dit à son domestique de lui ôter cette femme-là. Elle passa tout d'un coup de l'emportement à la douleur; les pistolets lui tombèrent des mains, et elle se jeta aux pieds de Molière, le conjurant, les larmes aux yeux, de lui rendre son acteur, et lui exposant la misère où elle alloit être réduite, elle et toute sa famille, s'il le retenoit. « Comment voulez-vous que je fasse? lui « dit-il, le roi veut que je le retire de votre troupe; voilà son « ordre. » La Raisin, voyant qu'il n'y avoit plus d'espérance, pria Molière de lui accorder du moins que le petit Baron jouât encore trois jours dans sa troupe. « Non seulement trois, répondit Mo- « lière, mais huit, à condition qu'il n'ira point chez vous, et que « je le ferai toujours accompagner par un homme qui le ramènera « dès que la pièce sera finie. » Et cela de peur que cette femme et Olivier ne séduisissent l'esprit du jeune homme, pour le faire retourner avec eux. Il falloit bien que la Raisin en passât par là;

mais ces huit jours lui donnèrent beaucoup d'argent, avec lequel elle voulut faire un établissement près de l'hôtel de Bourgogne.

Molière, qui aimoit les bonnes mœurs, n'eut pas moins d'attention à former celles de Baron que s'il eût été son propre fils : il cultiva avec soin les dispositions extraordinaires qu'il avoit pour la déclamation. Le public sait comme moi jusqu'à quel degré de perfection il l'a élevé : mais ce n'est pas le seul endroit par lequel il nous a fait voir qu'il a su profiter des leçons d'un si grand maître. Qui, depuis sa mort, a tenu plus sûrement le théâtre comique que M. Baron?

Baron débuta en 1670 par le rôle de Domitien dans *Tite et Bérénice* de Corneille, et en 1671, par le rôle de l'Amour dans *Psyché*. L'année même de la mort de Molière il joua le Misanthrope. Après la mort de Molière, il passa dans la troupe de l'hôtel de Bourgogne, où il remplaça Floridor. Baron avoit la plus haute idée de son état : il disoit qu'un comédien étoit un homme nourri dans le giron des rois. « J'ai lu, disoit-il, toutes les histoires anciennes et modernes ; la nature, prodigue, a produit dans tous les temps une foule de héros et de grands hommes dans chaque genre ; elle semble n'avoir été avare que de grands comédiens ; je ne trouve que Roscius et moi. » Cette haute opinion que Baron avoit de son mérite fut sur le point de lui faire refuser la pension que Louis XIV lui avoit donnée, parce que l'ordonnance portoit : « Payez au nommé Michel Boiron dit Baron. »

Comblé de gloire et des bienfaits de Louis XIV, il joua pour la dernière fois, le 22 octobre 1691, le rôle de Ladislas dans *Venceslas*. On a assigné plusieurs causes à la retraite un peu précipitée de ce grand acteur ; les uns prétendent qu'il quitta le théâtre pour traiter d'une charge de valet de chambre du roi, laquelle lui fut refusée ; les autres assurent qu'ayant aspiré à la direction suprême de son théâtre, régi jusqu'alors en société libre par les acteurs eux-mêmes, il fut blessé de ce que le roi ne voulut pas consentir à soumettre ses camarades à son autorité ; on a même cherché à faire entendre que cette retraite étoit forcée, et le résultat d'une disgrace ; Louis XIV, ayant été très mécontent de ce que, par une vanité mal entendue, cet acteur s'étoit obstiné à lui demander la régie de la Comédie françoise. Mais il y a tout lieu de croire que la retraite de Baron ne fut pas une disgrace, puisque, outre la pension de mille livres qu'il touchoit aux termes du réglement de sa société, il en avoit une de trois mille livres qu'il devoit à la munificence de Louis XIV.

Quoi qu'il en soit, il paroît qu'il renonça formellement au théâtre, afin de pouvoir jouir des droits que l'église refusoit alors aux comédiens. Cependant, quelque ferme qu'il fût dans sa résolution, au bout de trente années de retraite et au moment où le public, qui le regrettoit tous les jours, n'espéroit plus le revoir, il reparut le 10 avril 1720, par le rôle de *Cinna*, en présence du duc d'Orléans, régent; et l'on vit avec surprise que cet homme étonnant n'avoit rien perdu des talents qui l'avoient fait si justement admirer de la génération précédente [1]. Il joua successivement les premiers rôles tragiques et comiques, et plusieurs autres, ou qui n'avoient jamais appartenu à son emploi, ou qui sembloient ne devoir plus convenir à son âge [2].

---

[1] A l'exception de La Thorillière, aucun des anciens camarades de Baron ne faisoit alors partie de la société dans laquelle il rentroit (Baron avoit alors soixante-douze ou soixante-treize ans). Cet acteur, dit l'auteur de la *Galerie historique* du Théâtre françois, que l'on ne pourra jamais louer autant qu'il l'a mérité, possédoit la réunion brillante de toutes les qualités, dont chacun de ses successeurs, sans même en excepter Le Kain, n'offrit qu'une portion plus ou moins forte. La nature sembloit s'être épuisée en le formant. Sa taille étoit avantageuse et bien prise; sa figure avoit ce caractère de beauté mâle qui convient à l'homme : elle prenoit un air imposant et fier, tendre et passionné, selon les différents personnages qu'il avoit à représenter; sa voix étoit sonore, juste et flexible; sa prononciation facile, nette et d'une grande précision; ses tons énergiques et variés; ses inflexions ajoutoient souvent au sens des vers qu'il récitoit : on leur trouvoit dans sa bouche des beautés qu'ils perdoient quelquefois à la lecture; son silence, ses regards, les diverses passions qui se succédoient sur son visage, ses attitudes, ses gestes ménagés avec art, complétoient l'effet infaillible de son débit puisé dans les entrailles de la nature. Sa manière de jouer les grands rôles fit une révolution au théâtre; mais on ne l'admira pas sur-le-champ autant qu'elle le méritoit. Les spectateurs, blasés par Montfleury et les autres comédiens de son temps, qui se permettoient l'exagération la plus extravagante, eurent quelque peine à s'accoutumer à la noble simplicité de Baron, qui ne déclamoit jamais, *parloit* la tragédie, et employoit des gestes et des attitudes que l'on regardoit alors comme trop voisins de la familiarité.

[2] Il y avoit en effet quelques uns de ces rôles qui faisoient avec son âge un contraste trop frappant pour n'être pas ridicule. Lorsque La Motte donna sa tragédie des *Machabées*, il confia le rôle du jeune *Misaël* à Baron; et le costumier du théâtre, imaginant sans doute que les enfants juifs étoient vêtus et coiffés comme ceux des bourgeois de Paris, lui fit prendre un toquet

HISTOIRE

Baron mit tant de soin à cacher son âge pendant sa vie, qu'on ignore aujourd'hui l'âge qu'il avoit au moment de sa mort [1].

Baron ne fut pas seulement un grand comédien; il est aussi connu comme auteur; malheureusement on lui contesta la propriété de ses meilleurs ouvrages : est-ce à tort ou à raison? la question est encore restée indécise. Quoi qu'il en soit, voici la liste de ses pièces de théâtre:

Le Rendez-vous des Tuileries, ou le Coquet trompé, comédie en trois actes et en prose, avec un prologue.

Les Enlèvements, comédie en un acte et en prose.

L'Homme à bonnes fortunes, comédie en cinq actes et en prose.

La Coquette, ou la fausse Prude, comédie en cinq actes et en prose.

Le Jaloux, comédie en cinq actes et en vers.

Les Fontanges maltraitées, ou les Vapeurs, comédie en un acte en prose.

La Répétition, comédie en un acte et en prose.

Le Débauché, comédie en cinq actes et en prose.

L'Andrienne, comédie en cinq actes et en vers.

Les Adelphes, ou l'École des Pères, comédie en cinq actes et en vers, imitée de Térence ainsi que la précédente.

BEAUVAL.

Jean Pitel, sieur de Beauval, étoit frère de Pitel de Longchamp, comédien qui suivit la carrière du théâtre en province. La répu-

---

d'enfant et des manches pendantes : on conçoit qu'il devoit avoir, ainsi vêtu et coiffé, une tournure passablement originale, aussi fit-on l'épigramme suivante :

> Le vieux Baron, pour l'honneur d'Israël,
> Fait le rôle enfantin du jeune Misaël,
> Et pour rendre la scène exacte,
> Il se fait raser à chaque acte.

[1] Si l'on s'en rapporte à l'extrait baptistaire produit après sa mort par sa famille, Baron naquit à Paris au mois d'octobre en 1653 : en se tenant à cette date, il n'auroit eu que soixante-seize ans et deux mois quand il mourut; mais on s'accordoit généralement à lui donner six ans de plus.

tation de madame Beauval ayant percé jusqu'à Paris, Molière obtint un ordre du roi pour la faire passer au théâtre du Palais-Royal, où son mari la suivit; tous deux y furent reçus. Comme c'étoit un foible acteur, Molière étudia son peu de talent, et lui donna des rôles qui le firent supporter du public; mais celui qui lui fit le plus de réputation alors, fut le rôle de Thomas Diafoirus dans la comédie du *Malade imaginaire*, qu'il joua supérieurement. On dit que Molière, en faisant répéter cette pièce, parut mécontent des acteurs qui y jouoient, et principalement de mademoiselle Beauval, chargée du rôle de Toinette; cette actrice, peu endurante, après lui avoir répondu assez brusquement, ajouta : « Vous « nous tourmentez tous, et vous ne dites mot à mon mari? — J'en « serois bien fâché, reprit Molière, je lui gâterois son jeu; la na- « ture lui a donné de meilleures leçons que les miennes pour ce « rôle. »

Après la mort de Molière, Beauval et sa femme passèrent, en 1673, à l'hôtel de Bourgogne; Beauval remplaça Hubert dans les rôles d'hommes travestis en femmes.

Beauval quitta la comédie en 1704, et mourut le 29 décembre 1709. C'étoit un fort honnête homme, d'un petit génie, mais bon mari, bon père, et vivant avec ses camarades dans une grande union. Son talent étoit borné aux rôles de *niais*, à quelques valets et aux vieilles ridicules; mais il a toujours rempli ces deux emplois au gré du public. Il joua d'original le rôle de Bobinet dans *la Comtesse d'Escarbagnas*.

DE BRIE.

De Brie (Edme Wilquin) s'engagea à Lyon avec sa femme dans la troupe de Molière, et le suivit à Paris. Il joua au Palais-Royal, et ensuite rue Mazarine. Si l'on s'en rapporte à l'auteur de la Lettre sur Molière et les comédiens de son temps, de Brie succéda à Duparc dans les rôles de Gros-René. On ajoute qu'il étoit grand bretteur, et que Molière ne l'aimoit pas. Il mourut en 1676; il avoit épousé Catherine Le Clerc, qui se fit plus de réputation que lui.

DUPARC, dit GROS-RENÉ.

Duparc fut un des acteurs de la troupe bourgeoise qui joua en 1645 sur l'illustre théâtre. Le dessein que cette société avoit formé de s'établir à Paris n'ayant pas réussi, Molière, qui en faisoit partie, proposa à ses camarades de se joindre à lui, et de former une troupe pour aller jouer en province. Sa proposition fut acceptée de la plupart de ses camarades. Plusieurs années après, Molière retrouva Duparc, qui prit le nom de Gros-René, à Lyon; ils allèrent ensemble en Languedoc, et revinrent à Paris en 1658.

Loret, dans sa *Muse historique* du 31 mai 1659, parle d'une pièce jouée à l'impromptu par deux acteurs françois et quatre italiens, à Vincennes, devant le roi et toute la cour, où Gros-René fit un rôle [1].

---

[1] Voici comment Loret rend compte de ce fait.

Muse historique du 31 mai 1659.

La cour a passé dans Vincenne
Cinq ou six jours de la semaine;
Château certainement royal,
Où monseigneur le cardinal
(Dont la gloire est partout vantée)
L'a parfaitement bien traitée.
Leurs majestés, à tous moments,
Y goûtoient des contentements
Par diverses réjouissances;
Savoir: des bals, ballets et danses.
. . . .
D'ailleurs quelques comédiens,
Deux François, quatre Italiens;
Sur un sujet qu'ils concertèrent,
Tous six ensemble se mêlèrent
Pour faire Mirabilia.
Savoir l'époux d'Aurélia...
Scaramouche à la riche taille;
Le signor Trivelin canaille;
Jodelet plaisant raffiné,
Item aussi le Gros-René,
Et Gratian le doctissime,
Aussi bien que fallotissime.

DE LA TROUPE DE MOLIÈRE. xlj

Gros-René mourut le 4 novembre 1664; sa mort affligea tellement ses camarades, qu'ils ne jouèrent pas ce jour-là, quoique ce fût un mardi, jour qui leur appartenoit, d'après le partage qu'ils avoient fait de la semaine avec les comédiens italiens. Sa part fut continuée à mademoiselle Duparc jusqu'en 1665.

DU CROISY.

Philibert Gassaud, sieur du Croisy, gentilhomme du pays de Beauce, étoit à la tête d'une troupe de province, lorsqu'il se joignit à celle de Molière, qui, peu de temps après, vint à Paris, et y obtint son établissement. Du Croisy fut un des meilleurs acteurs de la troupe du Palais-Royal, et ce fut pour lui que Molière composa le rôle de Tartufe.

Cet acteur avoit des rôles où il étoit original, entre autres celui de Tartufe. Plusieurs années après la mort de Molière, tourmenté par la goutte, il se retira à la campagne; il y vécut en fort honnête homme, se faisant estimer de tout le monde, et entre autres de son

> Horace, en beaux discours fréquent,
> Faisoit l'amoureux éloquent:
> Pour Trivelin et Scaramouche,
> Qui se font souvent escarmouche,
> Ces deux rares facétieux
> Tout de bon y firent de mieux.
> Gros-René, chose très certaine,
> Paya de sa grosse bedaine.
> La perle des enfarinés,
> Jodelet, y parla du nez,
> Et fit grandement rire, parce
> Qu'il est excellent pour la farce;
> Et pour le docteur Gratian,
> Estimé de maint courtisan,
> Avec son jargon pédantesque,
> Y parut tout-à-fait grotesque;
> Enfin y réussirent tous
> En leurs personnages de fous;
> Mais, par ma foi, pour la folie,
> Ces gens de France et d'Italie,
> Au rapport de plusieurs témoins,
> Valent mieux séparés que joints.

curé, qui le regardoit comme un de ses meilleurs paroissiens. Il y mourut, et le curé en fut si touché, qu'il n'eut pas le courage de l'enterrer ; il pria un autre curé de ses amis de faire les cérémonies à sa place.

Du Croisy avoit épousé Marie Claveau, de la province du Poitou. De ce mariage naquirent deux filles : la première, nommée Angélique, qui jouoit en 1666, dans la troupe du Dauphin, et mourut en 1670; la seconde, Marie-Angélique Gassaud, épousa Paul Poisson, et mourut en 1756, à quatre-vingt-dix-huit ans.

Une sœur de du Croisy avoit épousé Bellerose, célèbre comédien de l'hôtel de Bourgogne.

Du Croisy quitta la Comédie le 18 avril 1689, et mourut en 1695, âgé de soixante-cinq ou soixante-six ans.

L'ESPY.

L'Espy, frère de Jodelet, entra dans la troupe de Molière en 1659, et y resta jusqu'en 1663. On ne sait pas quel étoit son emploi, et on ne connoît aucunes particularités sur sa vie. Il paroît qu'il joua d'original le rôle d'Ariste, dans *l'École des Maris*, car Gueret, dans sa *Promenade de Saint-Cloud*, dit que l'Espy faisoit des merveilles dans cette pièce.

LA GRANGE.

Charles Varlet, sieur de La Grange, né à Amiens, comédien dans une troupe de province, s'engagea dans celle de Molière; il débuta en 1658, au théâtre du Petit-Bourbon, avec cet homme illustre, qui avoit pris plaisir à le former. Ses soins ne furent pas inutiles, La Grange devint un fort bon acteur. Il passa dans la troupe de Guénégaud en 1673.

La Grange a toujours joué au gré du public; et, quoique parvenu à un certain âge, il remplissoit les rôles d'amoureux d'une manière aussi noble qu'aisée. Il n'avoit qu'une fille unique qu'il aimoit beaucoup; l'ayant mariée à un homme qui la trompa, il en mourut de chagrin, le 1er mars 1692, et fut enterré à Saint-André-des-Arcs. La Grange étoit un homme de bonne mine, d'une taille médiocre, avec assez d'embonpoint.

M. Vinot, ami intime de Molière, et La Grange, son camarade, donnèrent une édition de ce poëte en 1682. La préface qui est au commencement de ce livre est de leur composition.

Molière avoit cédé à La Grange l'emploi d'orateur de la troupe du Palais-Royal : il l'exerça également sur le théâtre de la rue Mazarine ; et lorsqu'il fut admis dans la troupe de l'hôtel de Bourgogne, à la réunion générale, on pria Hauteroche, qui étoit déja avancé en âge, de lui céder cet emploi. Chapuzeau et les frères Parfait (dans leur *Histoire du Théâtre-François*) lui rendent à cet égard le témoignage le plus flatteur. Voici comme ils s'expriment : « Quoi-
« que la taille de cet acteur ne passe guère la médiocre, c'est une
« taille bien prise, un air libre et dégagé, et, sans l'ouïr parler, sa
« personne plaît beaucoup. Il passe avec justice pour très bon ac-
« teur, soit pour le sérieux, soit pour le comique, et il n'y a point
« de rôle qu'il n'exécute très bien. Comme il a beaucoup de feu,
« et de cette honnête hardiesse nécessaire à l'orateur, il y a du
« plaisir à l'écouter quand il vient faire le compliment ; et celui
« dont il sut régaler l'assemblée, à l'ouverture de la troupe du
« roi (le dimanche 9 juillet 1673), étoit dans la dernière justesse.
« Ce qu'il avoit bien imaginé fut prononcé avec une merveilleuse
« grace ; et je ne puis enfin dire de lui que ce que j'entends dire
« à tout le monde, qu'il est très poli et dans ses discours et dans
« toutes ses actions. Mais il n'a pas seulement succédé à Molière
« dans la fonction d'orateur, il lui a succédé aussi dans le soin
« et le zèle qu'il avoit pour les intérêts communs, et pour toutes
« les affaires de la troupe, ayant tout ensemble de l'intelligence et
« du crédit. »

HUBERT.

Molière, qui reconnut d'heureuses dispositions dans cet acteur, s'appliqua à le former lui-même. Il devint un excellent comédien. Après la mort de Molière, Hubert passa dans la troupe de Guénégaud (en 1673). Il se retira avec une pension de mille livres, le 14 avril 1685, et mourut le vendredi 19 novembre 1700. De Visé parle ainsi du sieur Hubert : « Cet acteur étoit l'original de plusieurs rôles qu'il représentoit dans les pièces de Molière, et comme il étoit entré dans le sens de ce fameux auteur, par qui il avoit été instruit, il y réussissoit parfaitement. Jamais acteur n'a porté si loin les rôles d'homme en femme. Celui de Bélise, dans *les Femmes savantes*, madame Jourdain, dans *le Bourgeois gentilhomme*, et madame Jobin, dans *la Devineresse*, lui ont attiré l'applaudissement de tout Paris. Il s'est fait aussi admirer dans le rôle du vicomte de *l'Inconnu*, ainsi que dans ceux de médecins et de marquis ridicules. Les rôles de femme que Hubert jouoit furent donnés à Beauval.

LE NOIR DE LA THORILLIÈRE.

Le Noir, sieur de La Thorillière, étoit gentilhomme et capitaine de cavalerie, mais il se sentit un goût si décidé pour jouer la comédie, qu'il se détermina à demander à Louis XIV la permission d'entrer dans la troupe de Molière. Le roi, surpris de cette demande, lui donna quelque temps pour faire ses réflexions. La Thorillière persista dans son dessein, et sa majesté y consentit. Il entra dans la troupe de Molière au mois de mai 1662. En 1667 Molière le chargea d'aller avec La Grange, son camarade, présenter un placet au roi, dans son camp devant la ville de Lille en Flandre, sur la défense faite à Molière et à sa troupe, le 6 août (même année 1667), de jouer *le Tartufe*. Après la mort de Molière, La Thorillière entra à l'hôtel de Bourgogne, où il joua vraisemblablement jusqu'en 1679. Il mourut du chagrin que lui causa le mariage de sa fille Thérèse Le Noir avec d'Ancourt, qui l'avoit enlevée.

La Thorillière étoit grand et fort bel homme ; il avoit surtout de beaux yeux, et jouoit parfaitement les rôles de rois et de paysans. Cependant on lui trouvoit un grand défaut : dans les sensations les plus tristes, dans le plus terrible emportement, son visage étoit riant, ce qui s'accordoit mal avec les sentiments dont il sembloit animé.

Il composa et fit jouer sur le théâtre du Palais-Royal, le 10 décembre 1667, une tragédie intitulée *Marc-Antoine et Cléopâtre*. (Cette tragédie n'a pas été imprimée.)

La Thorillière laissa trois enfants : savoir, la demoiselle Charlotte Le Noir, femme de Baron, la demoiselle Thérèse Le Noir, femme de d'Ancourt, et Pierre Le Noir de La Thorillière, fils de ce dernier, acteur du Théâtre françois depuis 1722, où il remplit l'emploi des rôles à manteaux et ceux de financiers, avec l'applaudissement du public.

ACTRICES.

Mlle BÉJART.

Madeleine Béjart, née vers 1620, s'engagea dans une troupe de comédiens, en 1637, et parcourut le Languedoc et la Provence avec ses deux frères. Ce fut en Provence qu'elle fit connoissance d'un gentilhomme, nommé *de Modène*, avec qui elle contracta, dit-on, un mariage secret, dont elle eut une fille le 2 juillet 1638 [1].
Madeleine Béjart revint à Paris, avec ses deux frères, en 1645, et concourut à former l'illustre théâtre. Molière fit alors sa connoissance, et fut reçu dans la même troupe.
Après avoir parcouru la province jusqu'en 1650, cette troupe revint à Paris, joua à l'hôtel de Conti, partit ensuite pour Lyon, en 1653, et s'établit enfin à Paris en 1658.
Madeleine Béjart remplissoit les rôles de soubrettes. Elle mourut le 17 février 1672, un an avant Molière. Elle joua d'original le rôle de Dorine dans *Tartufe*, et celui de Jocaste dans la *Thébaïde* de Racine. (La même actrice remplissoit alors l'emploi des reines et celui des soubrettes.)

Mlle GENEVIÈVE HERVÉ-BÉJART.

Sœur de Madeleine Béjart, et femme, en secondes noces, du sieur Aubry, maître paveur, qui donna aux François, en 1680, la tragédie de *Démétrius*, et en 1690 celle d'*Agatocle*. Mademoiselle Hervé-Béjart fut comédienne de la troupe du Palais-Royal

---

[1] A cette époque, Molière n'avoit que seize ans, et ce n'est que sept ans plus tard qu'il rencontra, à Paris, Madeleine Béjart. Cette observation détruiroit les calomnies que Montfleury se plut à répandre sur Molière, lors même qu'on n'auroit pas l'acte de mariage de ce dernier avec Armande Béjart, qui étoit la sœur et non la fille de Madeleine Béjart.

et de celle de Guénégaud ; mais elle n'y brilla pas beaucoup, et mourut au mois de juin 1675, après une maladie de trois années.

ARMANDE BÉJART,

Mlle MOLIÈRE.

Armande-Grésinde-Claire-Élisabeth Béjart, sœur des Béjart, épousa Molière au commencement de 1662 [1]. Ce mariage fut pour Molière une source de chagrins sans cesse renaissants. Elle étoit belle, aimable pour tout autre que pour son mari, et sa coquetterie mettoit à bout toute la philosophie de Molière. Ce grand homme a peint sa femme sous le nom de *Lucile* dans la neuvième scène du troisième acte du *Bourgeois gentilhomme*, entre Covielle et Cléonte.

Madame Molière étoit excellente comédienne ; elle avoit une voix charmante, chantoit avec beaucoup de goût le françois et l'italien. Elle joua d'original, la Princesse d'Élide, Célimène dans *le Misanthrope*, Elmire dans *le Tartufe*, Psyché, Lucile dans *le Bourgeois gentilhomme*, Angélique dans *le Malade imaginaire*, Léonore dans *l'Homme à bonnes fortunes*.

Après la mort de son mari, Mme Molière épousa Guérin d'Estriché, et continua de briller sur la scène jusqu'au 14 octobre 1694, qu'elle obtint son congé et une pension de mille livres. Retirée dans son ménage, elle y vécut d'une manière exemplaire, et mourut le 3 novembre 1700, rue de Touraine. Elle fut inhumée le 2 décembre à Saint-Sulpice. Elle étoit âgée de cinquante-cinq ans.

Mlle DE BRIE.

Catherine Le Clerc, femme d'Edme Wilquin, sieur de Brie, faisoit partie d'une troupe qui jouoit à Lyon, lorsque Molière

---

[1] Molière n'eut qu'une fille dont l'éducation fut négligée par sa mère. Elle se laissa enlever par Rachel de Montalant, qui l'épousa dans la suite, et passa sa vie avec elle à Argenteuil.

DE LA TROUPE DE MOLIÈRE.

arriva dans cette ville; il devint amoureux de mademoiselle du Parc, camarade de mademoiselle de Brie; mais n'ayant pu la rendre sensible à son amour, Molière tourna ses vœux du côté de mademoiselle de Brie, dont il fut, dit-on, accueilli très favorablement. Il l'engagea dans sa troupe avec mademoiselle du Parc. S'il faut en croire un misérable libelle imprimé en Hollande, l'intelligence de Molière avec mademoiselle de Brie dura jusqu'au mariage de cet acteur avec la sœur des Béjart; mais les chagrins domestiques de Molière le ramenèrent à mademoiselle de Brie. Quoi qu'il en soit de cette histoire, mademoiselle de Brie étoit une fort bonne comédienne, grande, bien faite et extrêmement jolie; elle conserva long-temps un air de jeunesse; elle jouoit dans le grand tragique, et le noble comique. Parmi les rôles de ce dernier genre, on cite celui d'Agnès de *l'École des Femmes*, qu'elle rendoit avec une telle supériorité, que quelques années avant sa retraite du théâtre, ses camarades l'ayant engagée à céder son rôle d'Agnès à mademoiselle du Croisy, et cette dernière s'étant présentée pour le jouer, tout le parterre demanda si hautement mademoiselle de Brie, qu'on fut forcé de l'aller chercher chez elle. Elle vint et joua le rôle en habit de ville, parce qu'on ne voulut pas lui donner le temps d'en changer. On peut juger des acclamations qu'elle reçut; et ainsi elle garda le rôle d'Agnès jusqu'à ce qu'elle quittât le théâtre. Elle le jouoit encore à soixante et cinq ans [1].

Voici des vers qui furent faits sur mademoiselle de Brie, et qui semblent avoir rapport à cette aventure :

> Il faut qu'elle ait été charmante,
> Puisque aujourd'hui, malgré ses ans,
> A peine des attraits naissants
> Égalent sa beauté mourante.

[1] Si mademoiselle de Brie avoit soixante-cinq ans lors de sa retraite, qui eut lieu en 1685, elle étoit donc née en 1620, et elle se seroit engagée avec Molière à trente-huit ans (en 1658) : *l'École des Femmes* a été jouée en 1662, ce seroit donc à une actrice de quarante-deux ans que Molière auroit confié le rôle d'Agnès? cela est-il probable? M. de Tralage, contemporain de mademoiselle de Brie, et qui rapporte cette anecdote, a donc dû se tromper de dix ans et plus sur l'âge que mademoiselle de Brie avoit à l'époque de sa retraite.

HISTOIRE

Mlle BEAUVAL.

Jeanne Olivier Bourguignon naquit en Hollande. Elle fut exposée à la porte d'une église dans un âge où il ne lui étoit pas possible de donner des renseignements sur son nom et l'état de ses parents. Une blanchisseuse eut pitié de son sort, la prit avec elle, et l'éleva jusqu'à l'âge de dix ans, qu'elle la céda à Filandre, chef d'une troupe de comédiens qui étoit alors en Hollande. Cet acteur n'avoit point d'enfant, et s'étoit engagé par un vœu solennel à en adopter un qui se trouveroit dans la situation où étoit alors cette petite orpheline; sa vivacité lui avoit plu, et il en eut un soin particulier. Croyant reconnoître en elle quelque talent pour le théâtre, il lui fit jouer quelques petits rôles, dont elle s'acquitta très bien. Filandre, après avoir parcouru la Hollande et une partie de la Flandre, revint en France, et se rendit à Lyon, où Monsinge, plus connu sous le nom de *Paphetin*, étoit depuis quelque temps avec sa troupe. Paphetin vit jouer la petite Bourguignon, et, augurant bien des talents futurs de cette enfant, il lui fit proposer de passer dans sa troupe avec des appointements, et de l'adopter pour sa fille. La jeune Bourguignon accepta ses offres, et quitta Filandre, sans lui donner la moindre marque de reconnoissance.

Peu de temps après être entrée dans la troupe de Paphetin, elle prit du goût pour Beauval, qui n'étoit alors que gagiste de la troupe de Paphetin, et dont l'emploi étoit de moucher les chandelles. Ce choix convenoit à son caractère altier et dominant; il lui falloit un mari d'une complaisance à toute épreuve, d'une grande docilité. Beauval lui parut être cet homme rare. Paphetin, père putatif de la demoiselle Bourguignon, ayant appris le dessein qu'elle avoit d'épouser Beauval, obtint de l'archevêque de Lyon un ordre portant défense à tous les curés de son diocèse de marier ces deux personnes. Un pareil obstacle ne fut pas capable d'arrêter mademoiselle Bourguignon; elle imagina un singulier moyen de le faire disparoître. Un dimanche matin elle se rendit à sa paroisse, accompagnée de Beauval, qu'elle fit cacher sous la chaire où le curé faisoit le prône; et, lorsqu'il l'eut fini, elle se leva et déclara qu'en présence de l'église et des assistants, elle prenoit Beauval pour son légitime époux; à l'instant parut Beauval, qui dit également qu'il prenoit la demoiselle Bourguignon pour sa légitime épouse. Après cet éclat, on fut obligé de les marier; et, quoique Beauval eût alors très peu de talent pour le théâtre, Paphetin le reçut au nombre de ses acteurs.

Un an s'étoit à peine écoulé, que la réputation de mademoiselle Beauval se répandit jusqu'à Paris. Molière obtint un ordre du roi pour la faire passer sur son théâtre du Palais-Royal. Elle y débuta avec succès [1]; mais ayant été jouer devant le roi à Chambord, elle n'eut pas le bonheur de plaire au monarque, qui, s'en expliquant nettement avec Molière, lui dit qu'il falloit donner à une autre le rôle de *Nicole* qu'elle devoit remplir dans *le Bourgeois*

---

[1] Probablement au mois de septembre 1670, car on lit dans une lettre en vers de Robinet, datée du 27 de ce mois :

> Ainsi le roi court à Chambord,
> Joyeusement prendre l'essor,
> Avec sa cour si florissante,
> Et pendant des jours quinze ou trente.
> Molière privilégié,
> Comme seul des talents doué,
> Pour y divertir ce cher sire
> En prend, ce me vient-on de dire,
> La route sans doute lundi,
> Le matin ou l'après-midi,
> Avec sa ravissante troupe,
> Qui si fort a le vent en poupe,
> Et même, où par l'ordre royal,
> On voit depuis peu la Beauval,
> Actrice d'un rare mérite,
> Qui de bonne grace récite
> Ainsi qu'avecque jugement,
> Et qui bref est un ornement
> Le plus attrayant qu'ait la scène
> C'est une vérité certaine.

gentilhomme. Molière représenta au roi que, la pièce devant être jouée dans peu de jours, il étoit impossible qu'une autre personne pût apprendre ce rôle dans un temps si court; de sorte que mademoiselle Beauval le joua, et le joua si parfaitement, qu'après la pièce, le roi dit à Molière : « Je reçois votre actrice. » Cependant il parut toujours mécontent de la figure et de la voix de cette comédienne.

Mademoiselle Beauval continua de jouer avec succès les grands comiques et les reines-mères dans le tragique. Après la mort de Molière, elle passa avec son mari à l'hôtel de Bourgogne. En 1680 elle fut comprise, ainsi que Beauval, dans la réunion de cette troupe avec celle de Guénégaud.

Un moment de petit dépit l'engagea à quitter le théâtre. Mademoiselle Desmares, ayant paru à Versailles dans la comédie, reçut ordre de Monseigneur d'étudier les rôles de mademoiselle Beauval dans le comique, pour doubler cette actrice. Mademoiselle Desmares, de retour à Paris, communiqua cet ordre à ses camarades. Mademoiselle Beauval, qui étoit présente, dit d'un air chagrin : « Je vois bien que cet ordre est pour me faire entendre que je com-
« mence à n'être plus capable de remplir mon emploi; ainsi je me
« retire. » En effet, elle et son mari quittèrent le théâtre à la clôture de Pâques de l'année 1704.

Mademoiselle Beauval étoit d'un caractère assez difficile à vivre avec ses camarades, aussi bien que dans son intérieur. Baron l'a fait paroitre dans son prologue de sa comédie du *Rendez-vous des Tuileries, ou le Coquet trompé*, sous son propre nom, et l'a peinte assez au naturel. Le prologue des *Folies amoureuses* de Régnard présente également le personnage de mademoiselle Beauval, et cette actrice y est caractérisée au mieux.

Un esprit naturel tenoit lieu à mademoiselle Beauval de l'éducation qu'elle n'avoit pas reçue dans sa jeunesse; la sienne avoit été négligée à un tel point, qu'à peine savoit-elle lire; elle épeloit ses lettres les unes après les autres. Son mari lui copioit ses rôles; et c'étoit la seule personne dont elle pût lire l'écriture.

Depuis sa retraite du théâtre, mademoiselle Beauval fut appelée à plusieurs fêtes que la duchesse du Maine donna à Sceaux; et elle joua dans différentes pièces qui y furent représentées.

DE LA TROUPE DE MOLIÈRE. lj

Mademoiselle Beauval mourut le lundi 20 du mois de mars 1720, âgée environ de soixante-treize ans.

Mlle MAROTTE BEAUPRÉ.

Mademoiselle Marotte Beaupré étoit extrêmement jolie et sage. Elle joua dans la troupe du Marais jusqu'en 1669, époque à laquelle elle passa dans celle du Palais-Royal. En 1671 elle joua d'original *la comtesse d'Escarbagnas*. L'emploi de cette actrice étoit celui des troisièmes rôles dans le tragique, et des ridicules dans le comique. Elle se retira en 1672. On raconte que mademoiselle Beaupré ayant eu un différent avec une autre actrice nommée Catherine Dez-Urlis, elles mirent l'épée à la main, et se battirent après la petite pièce [1].

Mlle DU CROISY.

Femme de l'acteur du Croisy, étoit une actrice médiocre; elle resta pendant quelques années dans la troupe du Palais-Royal, et se retira en 1673.

Mlle DU CROISY.

Fille de l'acteur, femme de Poisson; elle remplit en janvier 1671 le rôle d'une des Graces dans *Psyché*, mais ne fut reçue dans la troupe qu'après la mort de Molière, au mois de mai 1673.

Mlle DUPARC.

Cette actrice étoit femme de Duparc, connu au théâtre sous le nom de *Gros-René*. Elle s'engagea avec son mari dans la troupe

---

[1] Sauval, qui fut témoin de ce duel, en parle dans ses *Antiquités de Paris*.

de Molière lorsque ce dernier partit pour la province, et parut avec succès dans les seconds rôles tragiques et comiques. Elle joignit au talent de la déclamation et du jeu de théâtre celui de la danse.

Mademoiselle Duparc revint avec Molière et sa troupe à Paris, en 1658, et réussit encore plus sur le théâtre du Petit-Bourbon, et sur celui du Palais-Royal, que dans les différentes villes du royaume qu'elle avoit parcourues. Molière l'estimoit beaucoup : on en trouve la preuve dans la première scène de son *Impromptu de Versailles*. Voici le passage :

MOLIÈRE, *parlant à mademoiselle Duparc.*
Pour vous, mademoiselle...

MADEMOISELLE DUPARC.
Mon dieu! pour moi, je m'acquitterai fort mal de mon personnage, et je ne sais pas pourquoi vous m'avez donné ce rôle de façonnière.

MOLIÈRE.
Mon dieu, mademoiselle! voilà comme vous disiez lorsqu'on vous donna celui de la critique de *l'École des Femmes;* cependant vous vous en êtes acquittée à merveille, et tout le monde est demeuré d'accord qu'on ne peut pas mieux faire que vous avez fait. Croyez-moi, celui-ci sera de même, et vous le jouerez mieux que vous ne pensez.

MADEMOISELLE DUPARC.
Comment cela se pourroit-il faire? car il n'y a point de personne au monde qui soit moins façonnière que moi.

MOLIÈRE.
Cela est vrai ; et c'est en quoi vous faites mieux voir que vous êtes une excellente comédienne, de bien représenter un personnage qui est si contraire à votre humeur.

Le rôle d'Axiane, que mademoiselle Duparc joua dans la tragédie d'*Alexandre*, de Racine, lui fit beaucoup d'honneur, et cet illustre poëte fut si frappé de ses talents, qu'il forma le dessein de la faire passer à l'hôtel de Bourgogne, où il avoit résolu de donner ses ouvrages ; il en fit faire la proposition à mademoiselle

DE LA TROUPE DE MOLIÈRE.

Duparc, qui l'accepta. Elle fut chargée du rôle d'Andromaque qu'elle rendit supérieurement. Des connoisseurs, trop sévères peut-être, prétendirent que c'étoit le seul rôle que mademoiselle Duparc avoit bien rendu, et que, dans tous les autres, sa beauté et ses graces avoient fait tout son succès; cependant sa perte causa de vifs regrets aux amateurs du théâtre et à ses camarades. Mademoiselle Duparc mourut le 11 décembre 1668. Voici de quelle façon Robinet décrit l'enterrement de cette actrice :

> L'hôtel de Bourgogne est en deuil,
> Depuis peu voyant au cercueil
> Son *Andromaque* si brillante,
> Si charmante, si triomphante,
> Autrement la belle Duparc,
> Par qui l'Amour tiroit de l'arc
> Sur les cœurs avec tant d'adresse.
> Clothon, sans yeux et sans tendresse,
> Pour les plus accomplis objets,
> Comme pour les plus imparfaits,
> Et qui n'aime pas le théâtre,
> Dont tout le monde est idolâtre,
> Nous a ravi cette beauté,
> Dont chacun étoit enchanté,
> Alors qu'avec un port de reine
> Elle paroissoit sur la scène;
> Et tout ce qu'elle eut de charmant
> Gît dans le sombre monument
> Elle y fut mercredi conduite
> Avec une nombreuse suite,
> Dont étoient les comédiens,
> Tant les françois qu'italiens,
> Les adorateurs de ses charmes,
> Qui ne la suivoient pas sans larmes
> Quelques uns d'eux incognito
> Qui, je crois, dans leur memento,
> Auront de la belle inhumée
> Fort long-temps l'image imprimée.

Item, maints différents Amours,
Affublés de sombres atours,
Qui pour le pas sembloient se battre.
Item, les poëtes de théâtre,
Dont l'un, le plus intéressé,
Étoit à demi trépassé [1].
Item, plusieurs peintres célèbres [2]
Étoient de ces honneurs funèbres,
Ayant de leurs savants pinceaux
Été l'un des objets plus beaux.
Item, enfin, une cohorte
De personnes de toute sorte,
Qui furent de ses sectateurs ;
Ou plutôt de ses spectateurs ;
Et c'est ce que pour épitaphe,
En style d'historiographe,
Croyant lui devoir ce souci,
J'en ai bien voulu mettre ici.

Mademoiselle Duparc joua d'original Arsinoé dans *le Misanthrope*, Dorine dans *le Mariage forcé*, dans *la Princesse d'Élide*, Héro dans *Héro et Léandre*.

Mlle LA GRANGE.

Marie Ragueneau, femme de Charles Varlet, de La Grange, comédienne de la troupe du Palais-Royal, ensuite de celle de Guénégaud, retirée avec une pension de mille livres, le 1er avril 1692, morte le 2 ou le 3 février 1727. Mademoiselle La Grange n'étoit goûtée du public que dans les *caractères ;* elle ne jouoit point la tragédie : quoique très laide, elle n'en étoit pas moins coquette, ce qui lui attira le quatrain suivant :

Si n'ayant qu'un amant on peut passer pour sage,
  Elle est assez femme de bien ;

---

[1] Racine.— [2] Mignard.

DE LA TROUPE DE MOLIÈRE.

Mais elle en auroit davantage
Si l'on vouloit l'aimer pour rien.

La veuve de La Grange avoit été femme de chambre de mademoiselle de Bric : on la nommoit Marotte.

FIN DE L'HISTOIRE DE LA TROUPE DE MOLIÈRE.

L'ÉTOURDI,

OU

LES CONTRE-TEMPS,

COMÉDIE EN CINQ ACTES

ET EN VERS,

Représentée à Lyon en 1653; puis à Béziers, aux États de Languedoc; enfin à Paris, dans la salle du Petit-Bourbon, le 3 décembre 1658.

PERSONNAGES.

LÉLIE, fils de Pandolfe [1].
CÉLIE, esclave de Trufaldin [2].
MASCARILLE, valet de Lélie [3].
HIPPOLYTE, fille d'Anselme [4].
ANSELME, père d'Hippolyte [5].
TRUFALDIN, vieillard.
PANDOLFE, père de Lélie [6].
LÉANDRE, fils de famille.
ANDRÈS, cru Égyptien.
ERGASTE, ami de Mascarille.
UN COURRIER.
DEUX TROUPES DE MASQUES.

ACTEURS.

[1] LA GRANGE. — [2] Mademoiselle DE BRIE. — [3] MOLIÈRE. — [4] Mademoiselle DUPARC. — [5] Louis BÉJART. [6] — BÉJART aîné.

La scène est à Messine, dans une place publique.

L'ÉTOURDI,

OU

LES CONTRE-TEMPS[1].

ACTE PREMIER.

SCÈNE I.

LÉLIE.

Hé bien, Léandre, hé bien! il faudra contester;
Nous verrons de nous deux qui pourra l'emporter;
Qui, dans nos soins communs pour ce jeune miracle,
Aux vœux de son rival portera plus d'obstacle :
Préparez vos efforts, et vous défendez bien,
Sûr que de mon côté je n'épargnerai rien.

SCÈNE II.

LÉLIE, MASCARILLE.

LÉLIE.

Ah, Mascarille!

MASCARILLE.

Quoi?

[1] Cette pièce est la première comédie que Molière ait donnée à Paris.

LÉLIE.

Voici bien des affaires.
J'ai dans ma passion toutes choses contraires ;
Léandre aime Célie, et, par un trait fatal,
Malgré mon changement, est toujours mon rival.

MASCARILLE.

Léandre aime Célie !

LÉLIE.

Il l'adore, te dis-je.

MASCARILLE.

Tant pis.

LÉLIE.

Hé! oui, tant pis; c'est là ce qui m'afflige.
Toutefois j'aurois tort de me désespérer ;
Puisque j'ai ton secours, je puis me rassurer.
Je sais que ton esprit en intrigues fertile,
N'a jamais rien trouvé qui lui fût difficile ;
Qu'on te peut appeler le roi des serviteurs ;
Et qu'en toute la terre...

MASCARILLE.

Hé! trève de douceurs.
Quand nous faisons besoin, nous autres misérables,
Nous sommes les chéris et les incomparables ;
Et dans un autre temps, dès le moindre courroux,
Nous sommes les coquins qu'il faut rouer de coups.

LÉLIE.

Ma foi ! tu me fais tort avec cette invective.
Mais enfin discourons un peu de ma captive :
Dis si les plus cruels et plus durs sentiments
Ont rien d'impénétrable à des traits si charmants.
Pour moi, dans ses discours, comme dans son visage,

Je vois pour sa naissance un noble témoignage;
Et je crois que le ciel dedans un rang si bas
Cache son origine, et ne l'en tire pas.

MASCARILLE.

Vous êtes romanesque avecque vos chimères.
Mais que fera Pandolfe en toutes ces affaires?
C'est, monsieur, votre père, au moins à ce qu'il dit;
Vous savez que sa bile assez souvent s'aigrit,
Qu'il peste contre vous d'une belle manière,
Quand vos déportements lui blessent la visière.
Il est avec Anselme en parole pour vous
Que de son Hippolyte on vous fera l'époux,
S'imaginant que c'est dans le seul mariage
Qu'il pourra rencontrer de quoi vous faire sage;
Et, s'il vient à savoir que, rebutant son choix,
D'un objet inconnu vous recevez les lois,
Que de ce fol amour la fatale puissance
Vous soustrait au devoir de votre obéissance,
Dieu sait quelle tempête alors éclatera,
Et de quels beaux sermons on vous régalera.

LÉLIE.

Ah! trêve, je vous prie, à votre rhétorique.

MASCARILLE.

Mais vous, trêve plutôt à votre politique:
Elle n'est pas fort bonne, et vous devriez tâcher...

LÉLIE.

Sais-tu qu'on n'acquiert rien de bon à me fâcher,
Que chez moi les avis ont de tristes salaires,
Qu'un valet conseiller y fait mal ses affaires?

MASCARILLE.

(à part.)   (haut.)

Il se met en courroux. Tout ce que j'en ai dit
N'étoit rien que pour rire et vous sonder l'esprit.
D'un censeur de plaisirs ai-je fort l'encolure?
Et Mascarille est-il ennemi de nature?
Vous savez le contraire, et qu'il est très certain
Qu'on ne peut me taxer que d'être trop humain.
Moquez-vous des sermons d'un vieux barbon de père;
Poussez votre bidet, vous dis-je, et laissez faire.
Ma foi! j'en suis d'avis, que ces penards chagrins
Nous viennent étourdir de leurs contes badins,
Et, vertueux par force, espèrent par envie
Oter aux jeunes gens les plaisirs de la vie.
Vous savez mon talent, je m'offre à vous servir.

LÉLIE.

Ah! c'est par ces discours que tu peux me ravir.
Au reste, mon amour, quand je l'ai fait paroître,
N'a point été mal vu des yeux qui l'ont fait naître;
Mais Léandre, à l'instant, vient de me déclarer
Qu'à me ravir Célie il se va préparer :
C'est pourquoi dépêchons; et cherche dans ta tête
Les moyens les plus prompts d'en faire ma conquête.
Trouve ruses, détours, fourbes, inventions,
Pour frustrer un rival de ses prétentions.

MASCARILLE.

Laissez-moi quelque temps rêver à cette affaire.
(à part.)
Que pourrois-je inventer pour ce coup nécessaire?

ACTE I, SCÈNE II.

LÉLIE.

Hé bien, le stratagème?

MASCARILLE.

Ah, comme vous courez!
Ma cervelle toujours marche à pas mesurés.
J'ai trouvé votre fait : il faut... Non, je m'abuse.
Mais si vous alliez...

LÉLIE.

Où?

MASCARILLE.

C'est une foible ruse.
J'en songeois une...

LÉLIE.

Et quelle?

MASCARILLE.

Elle n'iroit pas bien.
Mais ne pourriez-vous pas...

LÉLIE.

Quoi?

MASCARILLE.

Vous ne pourriez rien.
Parlez avec Anselme.

LÉLIE.

Et que lui puis-je dire?

MASCARILLE.

Il est vrai, c'est tomber d'un mal dedans un pire.
Il faut pourtant l'avoir. Allez chez Trufaldin.

LÉLIE.

Que faire?

MASCARILLE.

Je ne sais.

LÉLIE.

C'en est trop à la fin,
Et tu me mets à bout par ces contes frivoles.

MASCARILLE.

Monsieur, si vous aviez en main force pistoles,
Nous n'aurions pas besoin maintenant de rêver
A chercher les biais que nous devons trouver,
Et pourrions, par un prompt achat de cette esclave,
Empêcher qu'un rival vous prévienne et vous brave.
De ces Égyptiens qui la mirent ici,
Trufaldin, qui la garde, est en quelque souci,
Et trouvant son argent, qu'ils lui font trop attendre,
Je sais bien qu'il seroit très ravi de la vendre :
Car enfin en vrai ladre il a toujours vécu ;
Il se feroit fesser pour moins d'un quart d'écu ;
Et l'argent est le dieu que sur tout il révère :
Mais le mal c'est...

LÉLIE.

Quoi? c'est...

MASCARILLE.

Que monsieur votre père
Est un autre vilain qui ne vous laisse pas,
Comme vous voudriez bien, manier ses ducats ;
Qu'il n'est point de ressort qui, pour votre ressource,
Pût faire maintenant ouvrir la moindre bourse.
Mais tâchons de parler à Célie un moment,
Pour savoir là dessus quel est son sentiment ;

ACTE I, SCÈNE III.

La fenêtre est ici.

LÉLIE.

Mais Trufaldin, pour elle,
Fait de nuit et de jour exacte sentinelle.
Prends garde.

MASCARILLE.

Dans ce coin demeurez en repos.
O bonheur! la voilà qui paroît à propos.

SCÈNE III.

CÉLIE, LÉLIE, MASCARILLE.

LÉLIE.

Ah! que le ciel m'oblige, en offrant à ma vue
Les célestes attraits dont vous êtes pourvue!
Et, quelque mal cuisant que m'aient causé vos yeux,
Que je prends de plaisir à les voir en ces lieux!

CÉLIE.

Mon cœur, qu'avec raison votre discours étonne,
N'entend pas que mes yeux fassent mal à personne;
Et, si dans quelque chose ils vous ont outragé,
Je puis vous assurer que c'est sans mon congé.

LÉLIE.

Ah! leurs coups sont trop beaux pour me faire une injure.
Je mets toute ma gloire à chérir ma blessure,
Et...

MASCARILLE.

Vous le prenez là d'un ton un peu trop haut;
Ce style maintenant n'est pas ce qu'il nous faut.

Profitons mieux du temps, et sachons vite d'elle
Ce que...

TRUFALDIN, *dans sa maison.*

Célie!

MASCARILLE, *à Lélie.*

Hé bien!

LÉLIE.

O rencontre cruelle!
Ce malheureux vieillard devoit-il nous troubler?

MASCARILLE.

Allez, retirez-vous; je saurai lui parler.

SCÈNE IV.

TRUFALDIN, CÉLIE, LÉLIE, *retiré dans un coin;*
MASCARILLE.

TRUFALDIN, *à Célie.*

Que faites-vous dehors? et quel soin vous talonne,
Vous à qui je défends de parler à personne?

CÉLIE.

Autrefois j'ai connu cette honnête garçon;
Et vous n'avez pas lieu d'en prendre aucun soupçon.

MASCARILLE.

Est-ce là le seigneur Trufaldin?

CÉLIE.

Oui, lui-même.

MASCARILLE.

Monsieur, je suis tout vôtre; et ma joie est extrême
De pouvoir saluer en toute humilité
Un homme dont le nom est partout si vanté.

ACTE I, SCÈNE III.

TRUFALDIN.

Très humble serviteur.

MASCARILLE.

J'incommode peut-être;
Mais je l'ai vue ailleurs, où m'ayant fait connoître
Les grands talents qu'elle a pour savoir l'avenir,
Je voulois sur un point un peu l'entretenir.

TRUFALDIN.

Quoi! te mêlerois-tu d'un peu de diablerie?

CÉLIE.

Non, tout ce que je sais n'est que blanche magie.

MASCARILLE.

Voici donc ce que c'est. Le maître que je sers
Languit pour un objet qui le tient dans ses fers.
Il auroit bien voulu du feu qui le dévore
Pouvoir entretenir la beauté qu'il adore :
Mais un dragon, veillant sur ce rare trésor,
N'a pu, quoi qu'il ait fait, le lui permettre encor;
Et, ce qui plus le gêne et le rend misérable,
Il vient de découvrir un rival redoutable;
Si bien que, pour savoir si ses soins amoureux
Ont sujet d'espérer quelques succès heureux,
Je viens vous consulter, sûr que de votre bouche
Je puis apprendre au vrai le secret qui nous touche.

CÉLIE.

Sous quel astre ton maître a-t-il reçu le jour?

MASCARILLE.

Sous un astre à jamais ne changer son amour.

CÉLIE.

Sans me nommer l'objet pour qui son cœur soupire,

La science que j'ai m'en peut assez instruire.
Cette fille a du cœur, et, dans l'adversité,
Elle sait conserver une noble fierté;
Elle n'est pas d'humeur à trop faire connoître
Les secrets sentiments qu'en son cœur on fait naître :
Mais je les sais comme elle, et, d'un esprit plus doux,
Je vais en peu de mots te les découvrir tous.

MASCARILLE.

O merveilleux pouvoir de la vertu magique!

CÉLIE.

Si ton maître en ce point de constance se pique,
Et que la vertu seule anime son dessein,
Qu'il n'appréhende pas de soupirer en vain;
Il a lieu d'espérer, et le fort qu'il veut prendre
N'est pas sourd aux traités, et voudra bien se rendre.

MASCARILLE.

C'est beaucoup; mais ce fort dépend d'un gouverneur
Difficile à gagner.

CÉLIE.

C'est là tout le malheur.

MASCARILLE, *à part, regardant Lélie.*
Au diable le fâcheux, qui toujours nous éclaire!

CÉLIE.

Je vais vous enseigner ce que vous devez faire.

LELIE, *les joignant.*
Cessez, ô Trufaldin, de vous inquiéter;
C'est par mon ordre seul qu'il vous vient visiter,
Et je vous l'envoyois, ce serviteur fidèle,
Vous offrir mon service, et vous parler pour elle,
Dont je vous veux dans peu payer la liberté,

ACTE I, SCÈNE V.

Pourvu qu'entre nous deux le prix soit arrêté.

MASCARILLE.

La peste soit la bête!

TRUFALDIN.

Ho, ho! qui des deux croire?
Ce discours au premier est fort contradictoire.

MASCARILLE.

Monsieur, ce galant homme a le cerveau blessé;
Ne le savez-vous pas?

TRUFALDIN.

Je sais ce que je sai.
J'ai crainte ici dessous de quelque manigance.
(à Célie.)
Rentrez, et ne prenez jamais cette licence.
Et vous, filous fieffés, ou je me trompe fort,
Mettez, pour me jouer, vos flûtes mieux d'accord.

SCÈNE V.

LÉLIE, MASCARILLE.

MASCARILLE.

C'est bien fait. Je voudrois qu'encor, sans flatterie,
Il nous eût d'un bâton chargés de compagnie.
A quoi bon se montrer, et, comme un étourdi,
Me venir démentir de tout ce que je di?

LÉLIE.

Je pensois faire bien.

MASCARILLE.

Oui, c'étoit fort l'entendre.

Mais quoi! cette action ne doit pas me surprendre :
Vous êtes si fertile en pareils contre-temps,
Que vos écarts d'esprit n'étonnent plus les gens.

LÉLIE.

Ah, mon Dieu! pour un rien me voilà bien coupable!
Le mal est-il si grand, qu'il soit irréparable?
Enfin, si tu ne mets Célie entre mes mains,
Songe au moins de Léandre à rompre les desseins;
Qu'il ne puisse acheter avant moi cette belle.
De peur que ma présence encor soit criminelle,
Je te laisse.

MASCARILLE, *seul*.

Fort bien. A dire vrai, l'argent
Seroit dans notre affaire un sûr et fort agent;
Mais, ce ressort manquant, il faut user d'un autre.

SCÈNE VI.

ANSELME, MASCARILLE.

ANSELME.

Par mon chef, c'est un siècle étrange que le nôtre!
J'en suis confus. Jamais tant d'amour pour le bien,
Et jamais tant de peine à retirer le sien!
Les dettes aujourd'hui, quelque soin qu'on emploie,
Sont comme les enfants, que l'on conçoit en joie,
Et dont avecque peine on fait l'accouchement.
L'argent dans une bourse entre agréablement :
Mais, le terme venu que nous devons le rendre,

ACTE I, SCÈNE VI.

C'est lors que les douleurs commencent à nous prendre.
Baste; ce n'est pas peu que deux mille francs, dus
Depuis deux ans entiers, me soient enfin rendus;
Encore est-ce un bonheur.

MASCARILLE, *à part les quatre premiers vers.*

O Dieu! la belle proie
A tirer en volant! Chut, il faut que je voie
Si je pourrois un peu de près le caresser.
Je sais bien les discours dont il le faut bercer...
Je viens de voir, Anselme...

ANSELME.

Et qui?

MASCARILLE.

Votre Nérine.

ANSELME.

Que dit-elle de moi, cette gente assassine?

MASCARILLE.

Pour vous elle est de flamme.

ANSELME.

Elle?

MASCARILLE.

Et vous aime tant,
Que c'est grande pitié.

ANSELME.

Que tu me rends content!

MASCARILLE.

Peu s'en faut que d'amour la pauvrette ne meure.
Anselme, mon mignon, crie-t-elle à toute heure,
Quand est-ce que l'hymen unira nos deux cœurs,
Et que tu daigneras éteindre mes ardeurs?

ANSELME.

Mais pourquoi jusqu'ici me les avoir celées!
Les filles, par ma foi, sont bien dissimulées!
Mascarille, en effet, qu'en dis-tu? quoique vieux,
J'ai de la mine encore assez pour plaire aux yeux.

MASCARILLE.

Oui vraiment, ce visage est encor fort mettable;
S'il n'est pas des plus beaux, il est désagréable.

ANSELME.

Si bien donc?

MASCARILLE *veut prendre la bourse.*

Si bien donc qu'elle est sotte de vous,
Ne vous regarde plus...

ANSELME.

Quoi?

MASCARILLE.

Que comme un époux;
Et vous veut...

ANSELME.

Et me veut?

MASCARILLE.

Et vous veut, quoi qu'il tienne,
Prendre la bourse...

ANSELME.

La?

MASCARILLE *prend la bourse, et la laisse tomber.*

La bouche avec la sienne.

ANSELME.

Ah! je t'entends. Viens çà; lorsque tu la verras,
Vante-lui mon mérite autant que tu pourras.

ACTE I, SCÈNE VI.

MASCARILLE.

Laissez-moi faire.

ANSELME.

Adieu.

MASCARILLE, *à part.*

Que le ciel te conduise!

ANSELME, *revenant.*

Ah! vraiment, je faisois une étrange sottise,
Et tu pouvois pour toi m'accuser de froideur.
Je t'engage à servir mon amoureuse ardeur,
Je reçois par ta bouche une bonne nouvelle,
Sans du moindre présent récompenser ton zèle!
Tiens, tu te souviendras...

MASCARILLE.

Ah! non pas, s'il vous plaît.

ANSELME.

Laisse-moi...

MASCARILLE.

Point du tout. J'agis sans intérêt.

ANSELME.

Je le sais; mais pourtant...

MASCARILLE.

Non, Anselme, vous dis-je;
Je suis homme d'honneur; cela me désoblige.

ANSELME.

Adieu donc, Mascarille.

MASCARILLE, *à part.*

O longs discours!

ANSELME, *revenant.*

Je veux

Régaler par tes mains cet objet de mes vœux;
Et je vais te donner de quoi faire pour elle
L'achat de quelque bague, ou telle bagatelle
Que tu trouveras bon.

MASCARILLE.

Non, laissez votre argent:
Sans vous mettre en souci, je ferai le présent;
Et l'on m'a mis en main une bague à la mode,
Qu'après vous payerez, si cela l'accommode.

ANSELME.

Soit; donne-la pour moi: mais surtout faits si bien
Qu'elle garde toujours l'ardeur de me voir sien.

SCÈNE VII.

LÉLIE, ANSELME, MASCARILLE.

LÉLIE, ramassant la bourse.

A qui la bourse?

ANSELME.

Ah, dieux! elle m'étoit tombée!
Et j'aurois après cru qu'on me l'eût dérobée?
Je vous suis bien tenu de ce soin obligeant,   [gent.
Qui m'épargne un grand trouble, et me rend mon ar-
Je vais m'en décharger au logis tout à l'heure.

SCÈNE VIII.

LÉLIE, MASCARILLE.

MASCARILLE.

C'est être officieux, et très fort, ou je meure.

LÉLIE.

Ma foi, sans moi, l'argent étoit perdu pour lui.

MASCARILLE.

Certes, vous faites rage, et payez aujourd'hui
D'un jugement très rare et d'un bonheur extrême;
Nous avancerons fort, continuez de même.

LÉLIE.

Qu'est-ce donc? Qu'ai-je fait?

MASCARILLE.

Le sot en bon françois,
Puisque je puis le dire, et qu'enfin je le dois.
Il sait bien l'impuissance où son père le laisse; [presse;
Qu'un rival, qu'il doit craindre, étrangement nous
Cependant, quand je tente un coup pour l'obliger,
Dont je cours moi tout seul la honte et le danger...

LÉLIE.

Quoi! c'étoit...

MASCARILLE.

Oui, bourreau, c'étoit pour la captive
Que j'attrapois l'argent dont votre soin nous prive.

LÉLIE.

S'il est ainsi, j'ai tort; mais qui l'eût deviné?

2.

MASCARILLE.
Il falloit, en effet, être bien raffiné?
LÉLIE.
Tu me devois par signe avertir de l'affaire.
MASCARILLE.
Oui, je devois au dos avoir mon luminaire.
Au nom de Jupiter, laissez-nous en repos,
Et ne nous chantez plus d'impertinents propos.
Un autre, après cela, quitteroit tout peut-être;
Mais j'avois médité tantôt un coup de maître,
Dont tout présentement je veux voir les effets,
A la charge que si...

LÉLIE.
Non, je te le promets,
De ne me mêler plus de rien dire ou rien faire.
MASCARILLE.
Allez donc : votre vue excite ma colère.
LÉLIE.
Mais surtout hâte-toi, de peur qu'en ce dessein...
MASCARILLE.
Allez, encore un coup; j'y vais mettre la main.
(Lélie sort.)
Menons bien ce projet; la fourbe sera fine,
S'il faut qu'elle succède ainsi que j'imagine.
Allons voir... Bon! voici mon homme justement.

SCÈNE IX.

PANDOLFE, MASCARILLE.

PANDOLFE.

Mascarille.

MASCARILLE.

Monsieur.

PANDOLFE.

A parler franchement,
Je suis mal satisfait de mon fils.

MASCARILLE.

De mon maître?
Vous n'êtes pas le seul qui se plaigne de l'être :
Sa mauvaise conduite, insupportable en tout,
Met à chaque moment ma patience à bout.

PANDOLFE.

Je vous croyois pourtant assez d'intelligence
Ensemble.

MASCARILLE.

Moi? monsieur, perdez cette croyance;
Toujours de son devoir je tâche à l'avertir,
Et l'on nous voit sans cesse avoir maille à partir [1].
A l'heure même encor nous avons eu querelle
Sur l'hymen d'Hippolyte, où je le vois rebelle,
Où, par l'indignité d'un refus criminel,

---

[1] La maille étoit une petite pièce de monnoie de la valeur d'un demi-denier. *Partir* est un vieux mot qui signifioit *partage* : de là le proverbe *avoir maille à partir avec quelqu'un*, pour *être en discussion avec lui*.

Je le vois offenser le respect paternel.

PANDOLFE.

Querelle?

MASCARILLE.

Oui, querelle, et bien avant poussée.

PANDOLFE.

Je me trompois donc bien; car j'avois la pensée
Qu'à tout ce qu'il faisoit tu donnois de l'appui.

MASCARILLE.

Moi? Voyez ce que c'est que du monde aujourd'hui,
Et comme l'innocence est toujours opprimée!
Si mon intégrité vous étoit confirmée,
Je suis auprès de lui gagé pour serviteur,
Vous me voudriez encor payer pour précepteur:
Oui, vous ne pourriez pas lui dire davantage
Que ce que je lui dis pour le faire être sage.
Monsieur, au nom de Dieu, lui fais-je assez souvent,
Cessez de vous laisser conduire au premier vent;
Réglez-vous; regardez l'honnête homme de père
Que vous avez du ciel, comme on le considère;
Cessez de lui vouloir donner la mort au cœur,
Et, comme lui, vivez en personne d'honneur.

PANDOLFE.

C'est parler comme il faut. Et que peut-il répondre?

MASCARILLE.

Répondre? Des chansons dont il me vient confondre.
Ce n'est pas qu'en effet, dans le fond de son cœur,
Il ne tienne de vous des semences d'honneur;
Mais sa raison n'est pas maintenant la maîtresse.
Si je pouvois parler avecque hardiesse,

ACTE I, SCÈNE IX.

Vous le verriez dans peu soumis sans nul effort.

PANDOLFE.

Parle.

MASCARILLE.

C'est un secret qui m'importeroit fort
S'il étoit découvert; mais à votre prudence
Je le puis confier avec toute assurance.

PANDOLFE.

Tu dis bien.

MASCARILLE.

Sachez donc que vos vœux sont trahis
Par l'amour qu'une esclave imprime à votre fils.

PANDOLFE.

On m'en avoit parlé; mais l'action me touche
De voir que je l'apprenne encore par ta bouche.

MASCARILLE.

Vous voyez si je suis le secret confident...

PANDOLFE.

Vraiment je suis ravi de cela.

MASCARILLE.

Cependant
A son devoir, sans bruit, désirez-vous le rendre?
Il faut... J'ai toujours peur qu'on nous vienne surpren-
Ce seroit fait de moi, s'il savoit ce discours. [dre :
Il faut, dis-je, pour rompre à toute chose cours,
Acheter sourdement l'esclave idolâtrée,
Et la faire passer en une autre contrée.
Anselme a grand accès auprès de Trufaldin;
Qu'il aille l'acheter pour vous dès ce matin :
Après, si vous voulez en mes mains la remettre,

Je connois des marchands, et puis bien vous promettre
D'en retirer l'argent qu'elle pourra coûter,
Et, malgré votre fils, de la faire écarter;
Car enfin, si l'on veut qu'à l'hymen il se range,
A cet amour naissant il faut donner le change,
Et de plus, quand bien même il seroit résolu,
Qu'il auroit pris le joug que vous avez voulu,
Cet autre objet, pouvant réveiller son caprice,
Au mariage encor peut porter préjudice.

PANDOLFE.

C'est très bien raisonner; ce conseil me plaît fort...
Je vois Anselme; va, je m'en vais faire effort
Pour avoir promptement cette esclave funeste,
Et la mettre en tes mains pour achever le reste.

MASCARILLE, *seul.*

Bon! allons avertir mon maître de ceci.
Vive la fourberie et les fourbes aussi!

SCÈNE X.

HIPPOLYTE, MASCARILLE.

HIPPOLYTE.

Oui, traître, c'est ainsi que tu me rends service!
Je viens de tout entendre et voir ton artifice :
A moins que de cela, l'eussé-je soupçonné?
Tu couches[1] d'imposture, et tu m'en as donné.
Tu m'avois promis, lâche, et j'avois lieu d'attendre
Qu'on te verroit servir mes ardeurs pour Léandre;

[1] *Coucher d'imposture,* pour *payer de ruses, de mensonges.*

Que du choix de Lélie, où l'on veut m'obliger,
Ton adresse et tes soins sauroient me dégager;
Que tu m'affranchirois du projet de mon père;
Et cependant ici tu fais tout le contraire!
Mais tu t'abuseras; je sais un sûr moyen
Pour rompre cet achat où tu pousses si bien;
Et je vais de ce pas...

MASCARILLE.

Ah! que vous êtes prompte!
La mouche tout d'un coup à la tête vous monte,
Et, sans considérer s'il a raison ou non,
Votre esprit contre moi fait le petit démon.
J'ai tort, et je devrois, sans finir mon ouvrage,
Vous faire dire vrai, puisque ainsi l'on m'outrage.

HIPPOLYTE.

Par quelle illusion penses-tu m'éblouir?
Traître, peux-tu nier ce que je viens d'ouïr?

MASCARILLE.

Non. Mais il faut savoir que tout cet artifice
Ne va directement qu'à vous rendre service;
Que ce conseil adroit, qui semble être sans fard,
Jette dans le panneau l'un et l'autre vieillard;
Que mon soin par leurs mains ne veut avoir Célie
Qu'à dessein de la mettre au pouvoir de Lélie;
Et faire que l'effet de cette invention
Dans le dernier excès portant sa passion,
Anselme, rebuté de son prétendu gendre,
Puisse tourner son choix du côté de Léandre.

HIPPOLYTE.

Quoi! tout ce grand projet, qui m'a mise en courroux,

Tu l'as formé pour moi, Mascarille?
MASCARILLE.
Oui, pour vous.
Mais, puisqu'on reconnoît si mal mes bons offices,
Qu'il me faut de la sorte essuyer vos caprices,
Et que, pour récompense, on s'en vient, de hauteur,
Me traiter de faquin, de lâche, d'imposteur,
Je m'en vais réparer l'erreur que j'ai commise,
Et, dès ce même pas, rompre mon entreprise.
HIPPOLYTE, *l'arrêtant.*
Hé! ne me traite pas si rigoureusement,
Et pardonne aux transports d'un premier mouvement.
MASCARILLE.
Non, non, laissez-moi faire; il est en ma puissance
De détourner le coup qui si fort vous offense.
Vous ne vous plaindrez point de mes soins désormais;
Oui, vous aurez mon maître, et je vous le promets.
HIPPOLYTE.
Hé! mon pauvre garçon, que ta colère cesse.
J'ai mal jugé de toi, j'ai tort, je le confesse.
(*tirant sa bourse.*)
Mais je veux réparer ma faute avec ceci.
Pourrois-tu te résoudre à me quitter ainsi?
MASCARILLE.
Non, je ne le saurois, quelque effort que je fasse;
Mais votre promptitude est de mauvaise grâce.
Apprenez qu'il n'est rien qui blesse un noble cœur
Comme quand il peut voir qu'on le touche en l'honneur.
HIPPOLYTE.
Il est vrai, je t'ai dit de trop grosses injures:

Mais que ces deux louis guérissent tes blessures.

MASCARILLE.

Hé! tout cela n'est rien; je suis tendre à ces coups;
Mais déja je commence à perdre mon courroux;
Il faut de ses amis endurer quelque chose.

HIPPOLYTE.

Pourras-tu mettre à fin ce que je me propose,
Et crois-tu que l'effet de tes desseins hardis
Produise à mon amour le succès que tu dis?

MASCARILLE.

N'ayez point pour ce fait l'esprit sur des épines.
J'ai des ressorts tout prêts pour diverses machines;
Et, quand ce stratagème à nos vœux manqueroit,
Ce qu'il ne feroit pas, un autre le feroit.

HIPPOLYTE.

Crois qu'Hippolyte au moins ne sera pas ingrate.

MASCARILLE.

L'espérance du gain n'est pas ce qui me flatte.

HYPPOLYTE.

Ton maître te fait signe, et veut parler à toi:
Je te quitte; mais songe à bien agir pour moi.

SCÈNE XI.

LÉLIE, MASCARILLE.

LÉLIE.

Que diable fais-tu là? Tu me promets merveille;
Mais ta lenteur d'agir est pour moi sans pareille.

Sans que mon bon génie au devant m'a poussé,
Déja tout mon bonheur eût été renversé.
C'étoit fait de mon bien, c'étoit fait de ma joie,
D'un regret éternel je devenois la proie;
Bref, si je ne me fusse en ces lieux rencontré,
Anselme avoit l'esclave, et j'en étois frustré;
Il l'emmenoit chez lui. Mais j'ai paré l'atteinte,
J'ai détourné le coup, et tant fait, que par crainte,
Le pauvre Trufaldin l'a retenue.

MASCARILLE.

Et trois :
Quand nous serons à dix, nous ferons une croix.
C'étoit par mon adresse, ô cervelle incurable!
Qu'Anselme entreprenoit cet achat favorable :
Entre mes propres mains on la devoit livrer;
Et vos soins endiablés nous en viennent sevrer.
Et puis pour votre amour je m'emploîrois encore!
J'aimerois mieux cent fois être grosse pécore,
Devenir cruche, chou, lanterne, loup-garou,
Et que monsieur Satan vous vînt tordre le cou.

LÉLIE, *seul*.

Il nous le faut mener en quelque hôtellerie,
Et faire sur les pots décharger sa furie.

FIN DU PREMIER ACTE.

ACTE SECOND.

SCÈNE I.

LÉLIE, MASCARILLE.

MASCARILLE.

A vos désirs enfin il a fallu se rendre :
Malgré tous mes serments, je n'ai pu m'en défendre,
Et, pour vos intérêts, que je voulois laisser,
En de nouveaux périls viens de m'embarrasser.
Je suis ainsi facile ; et si de Mascarille
Madame la nature avoit fait une fille,
Je vous laisse à penser ce que c'auroit été.
Toutefois n'allez pas sur cette sûreté
Donner de vos revers au projet que je tente,
Me faire une bévue, et rompre mon attente.
Auprès d'Anselme encor nous vous excuserons,
Pour en pouvoir tirer ce que nous désirons ;
Mais, si dorénavant votre imprudence éclate,
Adieu, vous dis, mes soins pour l'objet qui vous flatte.

LÉLIE.

Non, je serai prudent, te dis-je, ne crains rien :
Tu verras seulement...

MASCARILLE.

Souvenez-vous-en bien ;
J'ai commencé pour vous un hardi stratagème,

Votre père fait voir une paresse extrême
A rendre par sa mort tous vos désirs contents;
Je viens de le tuer (de parole, j'entends):
Je fais courir le bruit que d'une apoplexie
Le bon homme surpris a quitté cette vie.
Mais avant, pour pouvoir mieux feindre ce trépas,
J'ai fait que vers sa grange il a porté ses pas;
On est venu lui dire, et par mon artifice,
Que les ouvriers qui sont après son édifice,
Parmi les fondements qu'ils en jettent encor,
Avoient fait par hasard rencontre d'un trésor;
Il a volé d'abord; et comme à la campagne   [pagne,
Tout son monde à présent, hors nous deux, l'accom-
Dans l'esprit d'un chacun je le tue aujourd'hui,
Et produis un fantôme enseveli pour lui.
Enfin je vous ai dit à quoi je vous engage.
Jouez bien votre rôle; et, pour mon personnage,
Si vous apercevez que j'y manque d'un mot,
Dites absolument que je ne suis qu'un sot.

SCÈNE II.

LÉLIE.

Son esprit, il est vrai, trouve une étrange voie
Pour adresser mes vœux au comble de leur joie;
Mais, quand d'un bel objet on est bien amoureux,
Que ne feroit-on pas pour devenir heureux?
Si l'amour est au crime une assez belle excuse,
Il en peut bien servir à la petite ruse

Que sa flamme aujourd'hui me force d'approuver,
Par la douceur du bien qui m'en doit arriver.
Juste ciel! qu'ils sont prompts! Je les vois en parole.
Allons nous préparer à jouer notre rôle.

SCÈNE III.

ANSELME, MASCARILLE.

MASCARILLE.
La nouvelle a sujet de vous surprendre fort.
ANSELME.
Être mort de la sorte!
MASCARILLE.
Il a, certes, grand tort:
Je lui sais mauvais gré d'une telle incartade.
ANSELME.
N'avoir pas seulement le temps d'être malade!
MASCARILLE.
Non, jamais homme n'eut si hâte de mourir.
ANSELME.
Et Lélie?
MASCARILLE.
Il se bat, et ne peut rien souffrir;
Il s'est fait en maints lieux contusion et bosse
Et veut accompagner son papa dans la fosse:
Enfin, pour achever l'excès de son transport
M'a fait en grande hâte ensevelir le mort,
De peur que cet objet, qui le rend hypocondre,

A faire un vilain coup ne me l'allât semondre[1].
####### ANSELME.
N'importe, tu devois attendre jusqu'au soir;
Outre qu'encore un coup j'aurois voulu le voir,
Qui tôt ensevelit bien souvent assassine;
Et tel est cru défunt, qui n'en a que la mine.
####### MASCARILLE.
Je vous le garantis trépassé comme il faut.
Au reste, pour venir au discours de tantôt,
Lélie, et l'action lui sera salutaire,
D'un bel enterrement veut régaler son père,
Et consoler un peu ce défunt de son sort
Par le plaisir de voir faire honneur à sa mort.
Il hérite beaucoup; mais, comme en ses affaires
Il se trouve assez neuf et ne voit encor guères,
Que son bien la plupart n'est point en ces quartiers,
Ou que ce qu'il y tient consiste en des papiers,
Il voudroit vous prier, ensuite de l'instance
D'excuser de tantôt son trop de violence,
De lui prêter au moins pour ce dernier devoir...
####### ANSELME.
Tu me l'as déja dit, et je m'en vais le voir.
####### MASCARILLE, *seul*.
Jusques ici du moins tout va le mieux du monde.
Tâchons à ce progrès que le reste réponde:
Et, de peur de trouver dans le port un écueil,
Conduisons le vaisseau de la main et de l'œil.

[1] Semondre, du latin *submonere*, conseiller, porter à faire une chose.

SCÈNE IV.

ANSELME, LÉLIE, MASCARILLE.

ANSELME.

Sortons; je ne saurois qu'avec douleur très forte
Le voir empaqueté de cette étrange sorte.
Las! en si peu de temps! il vivoit ce matin!

MASCARILLE.

En peu de temps parfois on fait bien du chemin.

LÉLIE, *pleurant.*

Ah!

ANSELME.

Mais quoi, cher Lélie! enfin il étoit homme.
On n'a point pour la mort de dispense de Rome.

LÉLIE.

Ah!

ANSELME.

Sans leur dire gare, elle abat les humains,
Et contre eux de tous temps a de mauvais desseins.

LÉLIE.

Ah!

ANSELME.

Ce fier animal, pour toutes les prières,
Ne perdroit pas un coup de ses dents meurtrières;
Tout le monde y passe.

LÉLIE.

Ah!

MASCARILLE.

Vous avez beau prêcher,

Ce deuil enraciné ne se peut arracher.
ANSELME.
Si, malgré ces raisons, votre ennui persévère,
Mon cher Lélie, au moins, faites qu'il se modère.
LÉLIE.
Ah!
MASCARILLE.
Il n'en fera rien, je connois son humeur.
ANSELME.
Au reste, sur l'avis de votre serviteur,
J'apporte ici l'argent qui vous est nécessaire
Pour faire célébrer les obsèques d'un père.
LÉLIE.
Ah, ah!
MASCARILLE.
Comme à ce mot s'augmente sa douleur!
Il ne peut, sans mourir, songer à ce malheur.
ANSELME.
Je sais que vous verrez aux papiers du bon homme
Que je suis débiteur d'une plus grande somme;
Mais, quand par ces raisons je ne vous devrois rien,
Vous pourriez librement disposer de mon bien.
Tenez, je suis tout vôtre, et le ferai paroître.
LÉLIE, *s'en allant.*
Ah!
MASCARILLE.
Le grand déplaisir que sent monsieur mon maître!
ANSELME.
Mascarille, je crois qu'il seroit à propos
Qu'il me fît de sa main un reçu de deux mots.

ACTE II, SCÈNE V.

MASCARILLE.

Ah!

ANSELME.

Des événements l'incertitude est grande.

MASCARILLE.

Ah!

ANSELME.

Faisons-lui signer le mot que je demande.

MASCARILLE.

Las! en l'état qu'il est, comment vous contenter?
Donnez-lui le loisir de se désattrister;
Et, quand ses déplaisirs prendront quelque allégeance,
J'aurai soin d'en tirer d'abord votre assurance.
Adieu. Je sens mon cœur qui se gonfle d'ennui,
Et m'en vais tout mon soûl pleurer avecque lui.
Ah!

ANSELME, *seul*.

Le monde est rempli de beaucoup de traverses;
Chaque homme tous les jours en ressent de diverses;
Et jamais ici bas...

SCÈNE V.

PANDOLFE, ANSELME.

ANSELME.

Ah, bon Dieu! je frémi!
Pandolfe qui revient! Fût-il bien endormi!
Comme depuis sa mort sa face est amaigrie!
Las! ne m'approchez pas de plus près, je vous prie!

J'ai trop de répugnance à coudoyer un mort.
PANDOLFE.
D'où peut donc provenir ce bizarre transport?
ANSELME.
Dites-moi de bien loin quel sujet vous amène.
Si, pour me dire adieu, vous prenez tant de peine,
C'est trop de courtoisie, et véritablement
Je me serois passé de votre compliment.
Si votre ame est en peine et cherche des prières,
Las! je vous en promets, et ne m'effrayez guères!
Foi d'homme épouvanté, je vais faire à l'instant
Prier tant Dieu pour vous, que vous serez content.
  Disparoissez donc, je vous prie,
  Et que le ciel, par sa bonté,
  Comble de joie et de santé
  Votre défunte seigneurie!
PANDOLFE, *riant*.
Malgré tout mon dépit, il m'y faut prendre part.
ANSELME.
Las! pour un trépassé vous êtes bien gaillard!
PANDOLFE.
Est-ce jeu, dites-nous, ou bien si c'est folie,
Qui traite de défunt une personne en vie?
ANSELME.
Hélas! vous êtes mort, et je viens de vous voir.
PANDOLFE.
Quoi! j'aurois trépassé sans m'en apercevoir?
ANSELME.
Sitôt que Mascarille en a dit la nouvelle,
J'en ai senti dans l'ame une douleur mortelle.

PANDOLFE.

Mais enfin, dormez-vous? êtes-vous éveillé?
Me connoissez-vous pas?

ANSELME.

Vous êtes habillé
D'un corps aérien qui contrefait le vôtre,
Mais qui dans un moment peut devenir tout autre.
Je crains fort de vous voir comme un géant grandir,
Et tout votre visage affreusement laidir.
Pour Dieu! ne prenez point de vilaine figure;
J'ai prou de ma frayeur en cette conjoncture [1].

PANDOLFE.

En une autre saison, cette naïveté
Dont vous accompagnez votre crédulité,
Anselme, me seroit un charmant badinage,
Et j'en prolongerois le plaisir davantage:
Mais, avec cette mort, un trésor supposé,
Dont parmi les chemins on m'a désabusé,
Fomente dans mon ame un soupçon légitime.
Mascarille est un fourbe, et fourbe fourbissime,
Sur qui ne peuvent rien la crainte et le remords,
Et qui pour ses desseins a d'étranges ressorts.

ANSELME.

M'auroit-on joué pièce et fait supercherie?
Ah! vraiment, ma raison, vous seriez fort jolie!
Touchons un peu pour voir : en effet, c'est bien lui.
Malepeste du sot que je suis aujourd'hui!
De grace, n'allez pas divulguer un tel conte;

---

[1] *Prou*, vieux mot qui signifioit *assez, beaucoup*.

On en feroit jouer quelque farce à ma honte :
Mais, Pandolfe, aidez-moi vous-même à retirer
L'argent que j'ai donné pour vous faire enterrer.

PANDOLFE.

De l'argent, dites-vous? Ah! c'est donc l'enclouure!
Voilà le nœud secret de toute l'aventure !
A votre dam. Pour moi, sans m'en mettre en souci,
Je vais faire informer de cette affaire ici
Contre ce Mascarille; et, si l'on peut le prendre,
Quoi qu'il puisse coûter, je le veux faire pendre.

ANSELME, *seul*.

Et moi, la bonne dupe à trop croire un vaurien,
Il faut donc qu'aujourd'hui je perde et sens et bien.
Il me sied bien, ma foi, de porter tête grise,
Et d'être encor si prompt à faire une sottise;
D'examiner si peu sur un premier rapport...
Mais je vois...

SCÈNE VI.

LÉLIE, ANSELME.

LÉLIE, *sans voir Anselme*.

Maintenant, avec ce passe-port,
Je puis à Trufaldin rendre aisément visite.

ANSELME.

A ce que je puis voir votre douleur vous quitte?

LÉLIE.

Que dites-vous? Jamais elle ne quittera
Un cœur qui chèrement toujours la nourrira.

ANSELME.

Je reviens sur mes pas vous dire avec franchise
Que tantôt avec vous j'ai fait une méprise;
Que parmi ces louis, quoiqu'ils semblent très beaux,
J'en ai, sans y penser, mêlé que je tiens faux:
Et j'apporte sur moi de quoi mettre en leur place.
De nos faux monnoyeurs l'insupportable audace
Pullule en cet état d'une telle façon,
Qu'on ne reçoit plus rien qui soit hors de soupçon.
Mon Dieu! qu'on feroit bien de les faire tous pendre!

LÉLIE.

Vous me faites plaisir de les vouloir reprendre!
Mais je n'en ai point vu de faux, comme je croi.

ANSELME.

Je les connoîtrai bien, montrez, montrez-les moi.
Est-ce tout?

LÉLIE.

   Oui.

ANSELME.

    Tant mieux. Enfin je vous raccroche,
Mon argent bien aimé; rentrez dedans ma poche;
Et vous, mon brave escroc, vous ne tenez plus rien.
Vous tuez donc des gens qui se portent fort bien?
Et qu'auriez-vous donc fait sur moi, chétif beau-père?
Ma foi! je m'engendrois d'une belle manière,
Et j'allois prendre en vous un beau-fils fort discret!
Allez, allez mourir de honte et de regret.

LÉLIE, *seul*.

Il faut dire, j'en tiens. Quelle surprise extrême!
D'où peut-il avoir su sitôt le stratagème?

SCÈNE VII.

LÉLIE, MASCARILLE.

MASCARILLE.

Quoi! vous étiez sorti? Je vous cherchois partout.
Hé bien! en sommes-nous enfin venus à bout?
Je le donne en six coups au fourbe le plus brave.
Çà, donnez-moi que j'aille acheter notre esclave;
Votre rival après sera bien étonné.

LÉLIE.

Ah, mon pauvre garçon, la chance a bien tourné!
Pourrois-tu de mon sort deviner l'injustice?

MASCARILLE.

Quoi! que seroit-ce?

LÉLIE.

Anselme, instruit de l'artifice,
M'a repris maintenant tout ce qu'il nous prêtoit,
Sous couleur de changer de l'or que l'on doutoit.

MASCARILLE.

Vous vous moquez peut-être.

LÉLIE.

Il est trop véritable.

MASCARILLE.

Tout de bon?

LÉLIE.

Tout de bon; j'en suis inconsolable.
Tu te vas emporter d'un courroux sans égal.

MASCARILLE.

Moi, monsieur! Quelque sot : la colère fait mal,

ACTE II, SCÈNE VII.

Et je veux me choyer, quoi qu'enfin il arrive.
Que Célie, après tout, soit ou libre ou captive,
Que Léandre l'achète, ou qu'elle reste là,
Pour moi, je m'en soucie autant que de cela.

LÉLIE.

Ah! n'aye point pour moi si grande indifférence,
Et sois plus indulgent à ce peu d'imprudence!
Sans ce dernier malheur, ne m'avoueras-tu pas
Que j'avois fait merveille, et qu'en ce feint trépas
J'éludois un chacun d'un deuil si vraisemblable,
Que les plus clairvoyants l'auroient cru véritable?

MASCARILLE.

Vous avez en effet sujet de vous louer.

LÉLIE.

Hé bien, je suis coupable, et je veux l'avouer;
Mais, si jamais mon bien te fut considérable,
Répare ce malheur, et me sois secourable.

MASCARILLE.

Je vous baise les mains; je n'ai pas le loisir.

LÉLIE.

Mascarille, mon fils.

MASCARILLE.
   Point.

LÉLIE.
     Fais-moi ce plaisir.

MASCARILLE.

Non, je n'en ferai rien.

LÉLIE.
    Si tu m'es inflexible.
Je m'en vais me tuer.

MASCARILLE.

Soit; il vous est loisible.

LÉLIE.

Je ne te puis fléchir?

MASCARILLE.

Non.

LÉLIE.

Vois-tu le fer prêt?

MASCARILLE.

Oui.

LÉLIE.

Je vais le pousser.

MASCARILLE.

Faites ce qu'il vous plaît.

LÉLIE.

Tu n'auras pas regret de m'arracher la vie?

MASCARILLE.

Non.

LÉLIE.

Adieu, Mascarille.

MASCARILLE.

Adieu, monsieur Lélie.

LÉLIE.

Quoi!

MASCARILLE.

Tuez-vous donc vite. Ah! que de longs devis [1]!

LÉLIE.

Tu voudrois bien, ma foi, pour avoir mes habits,

---

[1] *Devis*, propos familiers, propos qui font passer le temps.

ACTE II, SCÈNE VIII.

Que je fisse le sot, et que je me tuasse.

MASCARILLE.

Savois-je pas qu'enfin ce n'étoit que grimace;
Et, quoi que ces esprits jurent d'effectuer,
Qu'on n'est point aujourd'hui si prompt à se tuer?

SCÈNE VIII.

TRUFALDIN, LÉANDRE, LÉLIE, MASCARILLE.

(*Trufaldin parle bas à Léandre dans le fond du théâtre.*)

LÉLIE.

Que vois-je? mon rival et Trufaldin ensemble!
Il achète Célie; ah, de frayeur je tremble!

MASCARILLE.

Il ne faut point douter qu'il fera ce qu'il peut,
Et, s'il a de l'argent, qu'il pourra ce qu'il veut.
Pour moi, j'en suis ravi. Voilà la récompense
De vos brusques erreurs, de votre impatience.

LÉLIE.

Que dois-je faire? dis; veuille me conseiller.

MASCARILLE.

Je ne sais.

LÉLIE.

Laisse-moi, je vais le quereller.

MASCARILLE.

Qu'en arrivera-t-il?

LÉLIE.

Que veux-tu que je fasse
Pour empêcher ce coup?

MASCARILLE.

Allez; je vous fais grace;
Je jette encore un œil pitoyable sur vous.
Laissez-moi l'observer; par des moyens plus doux
Je vais, comme je crois, savoir ce qu'il projette.

(*Lélie sort.*)

TRUFALDIN, *à Léandre.*

Quand on viendra tantôt, c'est une affaire faite.

(*Trufaldin sort.*)

MASCARILLE, *à part, en s'en allant.*

Il faut que je l'attrape, et que de ses desseins
Je sois le confident, pour mieux les rendre vains.

LÉANDRE, *seul.*

Graces au ciel! voilà mon bonheur hors d'atteinte;
J'ai su me l'assurer, et je n'ai plus de crainte.
Quoi que désormais puisse entreprendre un rival,
Il n'est plus en pouvoir de me faire du mal.

SCÈNE IX.

LÉANDRE, MASCARILLE.

MASCARILLE *dit ces deux vers dans la maison,
et entre sur le théâtre.*

Ahi! à l'aide! au meurtre! au secours! on m'assomme!
Ah, ah, ah, ah, ah, ah! O traître! ô bourreau d'homme!

LÉANDRE.

D'où procède cela? Qu'est-ce? que te fait-on?

ACTE II, SCÈNE IX.

MASCARILLE.

On vient de me donner deux cents coups de bâton.

LÉANDRE.

Qui?

MASCARILLE.

Lélie.

LÉANDRE.

Et pourquoi?

MASCARILLE.

Pour une bagatelle
Il me chasse, et me bat d'une façon cruelle.

LÉANDRE.

Ah! vraiment il a tort.

MASCARILLE.

Mais, ou je ne pourrai,
Ou je jure bien fort que je m'en vengerai.
Oui, je te ferai voir, batteur que Dieu confonde,
Que ce n'est pas pour rien qu'il faut rouer le monde,
Que je suis un valet, mais fort homme d'honneur,
Et qu'après m'avoir eu quatre ans pour serviteur
Il ne me falloit pas payer en coups de gaules,
Et me faire un affront si sensible aux épaules :
Je te le dis encor, je saurai m'en venger;
Une esclave te plaît, tu voulois m'engager
A la mettre en tes mains, et je veux faire en sorte
Qu'un autre te l'enlève, ou le diable m'emporte.

LÉANDRE.

Écoute, Mascarille, et quitte ce transport.
Tu m'as plu de tout temps, et je souhaitois fort
Qu'un garçon comme toi, plein d'esprit et fidèle,

A mon service un jour pût attacher son zèle :
Enfin, si le parti te semble bon pour toi,
Si tu veux me servir, je t'arrête avec moi.

MASCARILLE.

Oui, monsieur, d'autant mieux que le destin propice
M'offre à me bien venger, en vous rendant service;
Et que, dans mes efforts pour vos contentements,
Je puis à mon brutal trouver des châtiments;
De Célie, en un mot, par mon adresse extrême..

LÉANDRE.

Mon amour s'est rendu cet office lui-même.
Enflammé d'un objet qui n'a point de défaut,
Je viens de l'acheter moins encor qu'il ne vaut.

MASCARILLE.

Quoi ! Célie est à vous ?

LÉANDRE.

Tu la verrois paroître,
Si de mes actions j'étois tout-à-fait maître;
Mais quoi ! mon père l'est : comme il a volonté,
Ainsi que je l'apprends d'un paquet apporté,
De me déterminer à l'hymen d'Hippolyte,
J'empêche qu'un rapport de tout ceci l'irrite.
Donc avec Trufaldin, car je sors de chez lui,
J'ai voulu tout exprès agir au nom d'autrui,
Et, l'achat fait, ma bague est la marque choisie
Sur laquelle au premier il doit livrer Célie.
Je songe auparavant à chercher les moyens
D'ôter aux yeux de tous ce qui charme les miens;
A trouver promptement un endroit favorable
Où puisse être en secret cette captive aimable.

ACTE II, SCÈNE X.

MASCARILLE.

Hors de la ville un peu, je puis avec raison
D'un vieux parent que j'ai vous offrir la maison.
Là vous pourrez la mettre avec toute assurance,
Et de cette action nul n'aura connoissance.

LÉANDRE.

Oui, ma foi, tu me fais un plaisir souhaité.
Tiens donc, et va pour moi prendre cette beauté.
Dès que par Trufaldin ma bague sera vue,
Aussitôt en tes mains elle sera rendue,
Et dans cette maison tu me la conduiras,
Quand... Mais chut, Hippolyte est ici sur nos pas.

SCÈNE X.

HIPPOLYTE, LÉANDRE, MASCARILLE.

HIPPOLYTE.

Je dois vous annoncer, Léandre, une nouvelle;
Mais la trouverez-vous agréable ou cruelle?

LÉANDRE.

Pour en pouvoir juger et répondre soudain,
Il faudroit la savoir.

HIPPOLYTE.

Donnez-moi donc la main
Jusqu'au temple; en marchant je pourrai vous l'ap-
     LÉANDRE, *à Mascarille*.   [prendre.
Va, va-t'en me servir sans davantage attendre.

SCÈNE XI.

MASCARILLE.

Oui, je te vais servir d'un plat de ma façon.
Fut-il jamais au monde un plus heureux garçon ?
Oh ! que dans un moment Lélie aura de joie !
Sa maîtresse en nos mains tomber par cette voie !
Recevoir tout son bien d'où l'on attend le mal !
Et devenir heureux par la main d'un rival !
Après ce rare exploit, je veux que l'on s'apprête
A me peindre en héros, un laurier sur la tête,
Et qu'au bas du portrait on mette en lettres d'or :
Vivat Mascarillus, fourbum imperator !

SCÈNE XII.

TRUFALDIN, MASCARILLE.

MASCARILLE.

Holà !

TRUFALDIN.

Que voulez-vous ?

MASCARILLE.

Cette bague connue
Vous dira le sujet qui cause ma venue.

TRUFALDIN.

Oui, je reconnois bien la bague que voilà.
Je vais querir l'esclave ; arrêtez un peu là.

SCÈNE XIII.

TRUFALDIN, UN COURRIER, MASCARILLE.

LE COURRIER, *à Trufaldin.*
Seigneur, obligez-moi de m'enseigner un homme...
TRUFALDIN.
Et qui?
LE COURRIER.
Je crois que c'est Trufaldin qu'il se nomme.
TRUFALDIN.
Et que lui voulez-vous? Vous le voyez ici.
LE COURRIER.
Lui rendre seulement la lettre que voici.
TRUFALDIN, *lit.*
« Le ciel, dont la bonté prend souci de ma vie,
« Vient de me faire ouïr, par un bruit assez doux,
« Que ma fille, à quatre ans, par des voleurs ravie,
« Sous le nom de Célie est esclave chez vous.

« Si vous sûtes jamais ce que c'est qu'être père,
« Et vous trouvez sensible aux tendresses du sang,
« Conservez-moi chez vous cette fille si chère,
« Comme si de la vôtre elle tenoit le rang.

« Pour l'aller retirer je pars d'ici moi-même,
« Et vous vais de vos soins récompenser si bien,
« Que par votre bonheur, que je veux rendre extrême,
« Vous bénirez le jour où vous causez le mien. »

De Madrid.   DON PEDRO DE GUSMAN,
                                    MARQUIS DE MONTALCANE.

(*Il continue.*)
Quoiqu'à leur nation bien peu de foi soit due,
Ils me l'avoient bien dit, ceux qui me l'ont vendue,
Que je verrois dans peu quelqu'un la retirer,
Et que je n'aurois pas sujet d'en murmurer;
Et cependant j'allois, par mon impatience,
Perdre aujourd'hui les fruits d'une haute espérance.
(*au courrier.*)
Un seul moment plus tard tous vos pas étoient vains,
J'allois mettre à l'instant cette fille en ses mains.
Mais suffit; j'en aurai tout le soin qu'on désire.
(*Le courrier sort.*)
(*à Mascarille.*)
Vous-même vous voyez ce que je viens de lire.
Vous direz à celui qui vous a fait venir,
Que je ne lui saurois ma parole tenir,
Qu'il vienne retirer son argent.

MASCARILLE.
 Mais l'outrage
Que vous lui faites...

TRUFALDIN.
 Va, sans causer davantage.

MASCARILLE, *seul.*
Ah! le fâcheux paquet que nous venons d'avoir!
Le sort a bien donné la baie [1] à mon espoir;
Et bien à la malheure est-il venu d'Espagne
Ce courrier que la foudre ou la grêle accompagne.

---

[1] Le mot français *baie* vient de l'italien *baia*: on dit en italien *dar la baia*, pour *tromper, se moquer.*

Jamais, certes, jamais plus beau commencement
N'eut, en si peu de temps, plus triste événement.

SCÈNE XIV.

LÉLIE, *riant*, MASCARILLE.

MASCARILLE.
Quel beau transport de joie à présent vous inspire?
LÉLIE.
Laisse-m'en rire encore avant que te le dire.
MASCARILLE.
Çà, rions donc bien fort, nous en avons sujet.
LÉLIE.
Ah! je ne serai plus de tes plaintes l'objet :
Tu ne me diras plus, toi qui toujours me cries,
Que je gâte en brouillon toutes tes fourberies :
J'ai bien joué moi-même un tour des plus adroits.
Il est vrai, je suis prompt, et m'emporte parfois :
Mais pourtant, quand je veux, j'ai l'imaginative
Aussi bonne, en effet, que personne qui vive,
Et toi-même avoueras que ce que j'ai fait part
D'une pointe d'esprit où peu de monde a part.
MASCARILLE.
Sachons donc ce qu'a fait cette imaginative.
LÉLIE.
Tantôt, l'esprit ému d'une frayeur bien vive
D'avoir vu Trufaldin avecque mon rival,
Je songeois à trouver un remède à ce mal,
Lorsque, me ramassant tout entier en moi-même,

J'ai conçu, digéré, produit un stratagème
Devant qui tous les tiens, dont tu fais tant de cas,
Doivent, sans contredit, mettre pavillon bas.

MASCARILLE.

Mais qu'est-ce?

LÉLIE.

Ah! s'il te plaît, donne-toi patience.
J'ai donc feint une lettre avecque diligence,
Comme d'un grand seigneur écrite à Trufaldin,
Qui mande qu'ayant su, par un heureux destin,
Qu'une esclave qu'il tient sous le nom de Célie,
Est sa fille, autrefois par des voleurs ravie,
Il veut la venir prendre, et le conjure au moins
De la garder toujours, de lui rendre des soins;
Qu'à ce sujet il part d'Espagne, et doit pour elle
Par de si grands présents reconnoître son zèle,
Qu'il n'aura point regret de causer son bonheur.

MASCARILLE.

Fort bien.

LÉLIE.

Écoute donc, voici bien le meilleur.
La lettre que je dis a donc été remise;
Mais sais-tu bien comment? En saison si bien prise,
Que le porteur m'a dit que, sans ce trait falot,
Un homme l'emmenoit, qui s'est trouvé fort sot.

MASCARILLE.

Vous avez fait ce coup sans vous donner au diable?

LÉLIE.

Oui. D'un tour si subtil m'aurois-tu cru capable?
Loue au moins mon adresse, et la dextérité

ACTE II, SCÈNE XIV.

Dont je romps d'un rival le dessein concerté.

MASCARILLE.

A vous pouvoir louer selon votre mérite
Je manque d'éloquence, et ma force est petite.
Oui, pour bien étaler cet effort relevé,
Ce bel exploit de guerre à nos yeux achevé,
Ce grand et rare effet d'une imaginative
Qui ne cède en vigueur à personne qui vive,
Ma langue est impuissante, et je voudrois avoir
Celle de tous les gens du plus exquis savoir,
Pour vous dire en beaux vers, ou bien en docte prose,
Que vous serez toujours, quoi que l'on se propose,
Tout ce que vous avez été durant vos jours,
C'est-à-dire un esprit chaussé tout à rebours,
Une raison malade et toujours en débauche,
Un envers du bon sens, un jugement à gauche,
Un brouillon, une bête, un brusque, un étourdi,
Que sais-je, un... cent fois plus encor que je ne di.
C'est faire en abrégé votre panégyrique.

LÉLIE.

Apprends-moi le sujet qui contre moi te pique;
Ai-je fait quelque chose? Éclaircis-moi ce point.

MASCARILLE.

Non, vous n'avez rien fait; mais ne me suivez point.

LÉLIE.

Je te suivrai partout pour savoir ce mystère.

MASCARILLE.

Oui? Sus donc, préparez vos jambes à bien faire;
Car je vais vous fournir de quoi les exercer

LÉLIE, *seul.*

Il m'échappe. O malheur qui ne se peut forcer!
Aux discours qu'il m'a faits que saurois-je comprendre,
Et quel mauvais office aurois-je pu me rendre?

FIN DU SECOND ACTE.

ACTE TROISIÈME.

SCÈNE I.

MASCARILLE.

Taisez-vous, ma bonté, cessez votre entretien,
Vous êtes une sotte, et je n'en ferai rien.
Oui, vous avez raison, mon courroux, je l'avoue :
Relier tant de fois ce qu'un brouillon dénoue,
C'est trop de patience; et je dois en sortir,
Après de si beaux coups qu'il a su divertir.
Mais aussi raisonnons un peu sans violence.
Si je suis maintenant ma juste impatience,
On dira que je cède à la difficulté;
Que je me trouve à bout de ma subtilité :
Et que deviendra lors cette publique estime,
Qui te vante partout pour un fourbe sublime,
Et que tu t'es acquise en tant d'occasions,
A ne t'être jamais vu court d'inventions ?
L'honneur, ô Mascarille, est une belle chose !
A tes nobles travaux ne fais aucune pause,
Et quoi qu'un maître ait fait pour te faire enrager,
Achève pour ta gloire, et non pour l'obliger.
Mais quoi ! que feras-tu, que de l'eau toute claire ?
Traversé sans repos par ce démon contraire,
Tu vois qu'à chaque instant il te fait déchanter,
Et que c'est battre l'eau de prétendre arrêter

Ce torrent effréné, qui de tes artifices
Renverse en un moment les plus beaux édifices.
Hé bien! pour toute grace, encore un coup du moins,
Au hasard du succès sacrifions des soins;
Et, s'il poursuit encore à rompre notre chance,
J'y consens; ôtons-lui toute notre assistance.
Cependant notre affaire encor n'iroit pas mal,
Si par là nous pouvions perdre notre rival,
Et que Léandre enfin, lassé de sa poursuite,
Nous laissât jour entier pour ce que je médite.
Oui, je roule en ma tête un trait ingénieux,
Dont je promettrois bien un succès glorieux,
Si je puis n'avoir plus cet obstacle à combattre.
Bon, voyons si son feu se rend opiniâtre.

SCÈNE II.

LÉANDRE, MASCARILLE.

MASCARILLE.
Monsieur, j'ai perdu temps, votre homme se dédit.
LÉANDRE.
De la chose lui-même il m'a fait un récit;
Mais c'est bien plus; j'ai su que tout ce beau mystère,
D'un rapt d'Égyptiens, d'un grand seigneur pour père,
Qui doit partir d'Espagne et venir en ces lieux,
N'est qu'un pur stratagème, un trait facétieux,
Une histoire à plaisir, un conte dont Lélie
A voulu détourner notre achat de Célie.
MASCARILLE.
Voyez un peu la fourbe!

ACTE III, SCÈNE II.

LÉANDRE.

Et pourtant Trufaldin
Est si bien imprimé de ce conte badin,
Mord si bien à l'appât de cette foible ruse,
Qu'il ne veut point souffrir que l'on le désabuse.

MASCARILLE.

C'est pourquoi désormais il la gardera bien,
Et je ne vois pas lieu d'y prétendre plus rien.

LÉANDRE.

Si d'abord à mes yeux elle parut aimable,
Je viens de la trouver tout-à-fait adorable;
Et je suis en suspens, si, pour me l'acquérir,
Aux extrêmes moyens je ne dois point courir,
Par le don de ma foi rompre sa destinée,
Et changer ses liens en ceux de l'hyménée.

MASCARILLE.

Vous pourriez l'épouser ?

LÉANDRE.

Je ne sais : mais enfin,
Si quelque obscurité se trouve en son destin,
Sa grace et sa vertu sont de douces amorces
Qui pour tirer les cœurs ont d'incroyables forces.

MASCARILLE.

Sa vertu, dites-vous ?

LÉANDRE.

Quoi ! que murmures-tu ?
Achève, explique-toi sur ce mot de vertu.

MASCARILLE.

Monsieur, votre visage en un moment s'altère,
Et je ferai bien mieux peut-être de me taire.

LÉANDRE.

Non, non, parle.

MASCARILLE.

Hé bien donc, très charitablement
Je vous veux retirer de votre aveuglement.
Cette fille...

LÉANDRE.

Poursuis.

MASCARILLE.

N'est rien moins qu'inhumaine,
Dans le particulier elle oblige sans peine,
Et son cœur, croyez-moi, n'est point roche après tout
A quiconque la sait prendre par le bon bout;
Elle fait la sucrée, et veut passer pour prude;
Mais je puis en parler avecque certitude.
Vous savez que je suis quelque peu d'un métier
A me devoir connoître en un pareil gibier.

LÉANDRE.

Célie...

MASCARILLE.

Oui, sa pudeur n'est que franche grimace,
Qu'une ombre de vertu qui garde mal sa place,
Et qui s'évanouit, comme l'on peut savoir,
Aux rayons du soleil qu'une bourse fait voir.

LÉANDRE.

Las! que dis-tu? Croirai-je un discours de la sorte?

MASCARILLE.

Monsieur, les volontés sont libres; que m'importe?
Non, ne me croyez pas, suivez votre dessein,
Prenez cette matoise, et lui donnez la main;

ACTE III, SCÈNE III.

Toute la ville en corps reconnoîtra ce zèle,
Et vous épouserez le bien public en elle.

LÉANDRE.

Quelle surprise étrange!

MASCARILLE, *à part.*

Il a pris l'hameçon.
Courage, s'il s'y peut enferrer tout de bon,
Nous nous ôtons du pied une fâcheuse épine.

LÉANDRE.

Oui, d'un coup étonnant ce discours m'assassine.

MASCARILLE.

Quoi! vous pourriez?

LÉANDRE.

Va-t'en jusqu'à la poste, et voi
Je ne sais quel paquet qui doit venir pour moi.
(*seul, après avoir rêvé.*)
Qui ne s'y fût trompé! Jamais l'air d'un visage,
Si ce qu'il dit est vrai, n'imposa davantage.

SCÈNE III.

LÉLIE, LÉANDRE.

LÉLIE.

Du chagrin qui vous tient quel peut être l'objet?

LÉANDRE.

Moi?

LÉLIE.

Vous-même.

LÉANDRE.

Pourtant je n'en ai point sujet.

LÉLIE.
Je vois bien ce que c'est, Célie en est la cause.
LÉANDRE.
Mon esprit ne court pas après si peu de chose.
LÉLIE.
Pour elle vous aviez pourtant de grands desseins.
Mais il faut dire ainsi, lorsqu'ils se trouvent vains.
LÉANDRE.
Si j'étois assez sot pour chérir ses caresses,
Je me moquerois bien de toutes vos finesses.
LÉLIE.
Quelles finesses donc?
LÉANDRE.
Mon Dieu! nous savons tout.
LÉLIE.
Quoi?
LÉANDRE.
Votre procédé de l'un à l'autre bout.
LÉLIE.
C'est de l'hébreu pour moi, je n'y puis rien comprendre.
LÉANDRE.
Feignez, si vous voulez, de ne me pas entendre;
Mais, croyez-moi, cessez de craindre pour un bien
Où je serois fâché de vous disputer rien.
J'aime fort la beauté qui n'est point profanée,
Et ne veux point brûler pour une abandonnée.
LÉLIE.
Tout beau, tout beau, Léandre!
LÉANDRE.
Ah, que vous êtes bon!

ACTE III, SCÈNE III.

Allez, vous dis-je encor, servez-la sans soupçon,
Vous pourrez vous nommer homme à bonnes fortunes.
Il est vrai, sa beauté n'est pas des plus communes;
Mais en revanche aussi le reste est fort commun.

LÉLIE.

Léandre, arrêtons là ce discours importun.
Contre moi tant d'efforts qu'il vous plaira pour elle;
Mais, surtout retenez cette atteinte mortelle.
Sachez que je m'impute à trop de lâcheté
D'entendre mal parler de ma divinité;
Et que j'aurai toujours bien moins de répugnance
A souffrir votre amour, qu'un discours qui l'offense.

LÉANDRE.

Ce que j'avance ici me vient de bonne part.

LÉLIE.

Quiconque vous l'a dit est un lâche, un pendard.
On ne peut imposer de tache à cette fille,
Je connois bien son cœur.

LÉANDRE.

    Mais enfin Mascarille
D'un semblable procès est juge compétent;
C'est lui qui la condamne.

LÉLIE.

  Oui!

LÉANDRE.

    Lui-même.

LÉLIE.

     Il prétend
D'une fille d'honneur insolemment médire,

Et que peut-être encor je n'en ferai que rire!
Gage qu'il se dédit.

LÉANDRE.

Et moi, gage que non.

LÉLIE.

Parbleu! je le ferois mourir sous le bâton,
S'il m'avoit soutenu des faussetés pareilles.

LÉANDRE.

Moi, je lui couperois sur-le-champ les oreilles,
S'il n'étoit pas garant de tout ce qu'il m'a dit.

SCÈNE IV.

LÉLIE, LÉANDRE, MASCARILLE.

LÉLIE.

Ah! bon, bon, le voilà. Venez çà, chien maudit.

MASCARILLE.

Quoi?

LÉLIE.

Langue de serpent, fertile en impostures,
Vous osez sur Célie attacher vos morsures,
Et lui calomnier la plus rare vertu
Qui puisse faire éclat sous un sort abattu?

MASCARILLE, *bas à Lélie.*

Doucement, ce discours est de mon industrie.

LÉLIE.

Non, non, point de clin d'œil et point de raillerie;
Je suis aveugle à tout, sourd à quoi que ce soit;

ACTE III, SCÈNE IV.

Fût-ce mon propre frère, il me la payeroit;
Et sur ce que j'adore oser porter le blâme,
C'est me faire une plaie au plus tendre de l'ame.
Tous ces signes sont vains. Quels discours as-tu faits?

MASCARILLE.

Mon Dieu! ne cherchons point querelle, ou je m'en vais.

LÉLIE.

Tu n'échapperas pas.

MASCARILLE.

Aie!

LÉLIE.

Parle donc, confesse.

MASCARILLE, *bas à Lélie.*

Laissez-moi, je vous dis que c'est un tour d'adresse.

LÉLIE.

Dépêche, qu'as-tu dit? Vide entre nous ce point.

MASCARILLE, *bas à Lélie.*

J'ai dit ce que j'ai dit : ne vous emportez point.

LÉLIE, *mettant l'épée à la main.*

Ah! je vous ferai bien parler d'une autre sorte!

LÉANDRE.

Halte un peu; retenez l'ardeur qui vous emporte.

MASCARILLE, *à part.*

Fut-il jamais au monde un esprit moins sensé?

LÉLIE.

Laissez-moi contenter mon courage offensé.

LÉANDRE.

C'est trop que de vouloir le battre en ma présence.

LÉLIE.

Quoi! châtier mes gens n'est pas en ma puissance?

LÉANDRE.

Comment, vos gens?

MASCARILLE, *à part.*

Encore! Il va tout découvrir.

LÉLIE.

Quand j'aurois volonté de le battre à mourir,
Hé bien! c'est mon valet.

LÉANDRE.

C'est maintenant le nôtre.

LÉLIE.

Le trait est admirable! Et comment donc le vôtre?

LÉANDRE.

Sans doute...

MASCARILLE, *bas à Lélie.*

Doucement.

LÉLIE.

Hem! que veux-tu conter?

MASCARILLE, *à part.*

Ah! le double bourreau, qui me va tout gâter,
Et qui ne comprend rien quelque signe qu'on donne!

LÉLIE.

Vous rêvez bien, Léandre, et me la baillez bonne.
Il n'est pas mon valet?

LÉANDRE.

Pour quelque mal commis,
Hors de votre service il n'a pas été mis?

LÉLIE.

Je ne sais ce que c'est.

LÉANDRE.

Et plein de violence,

Vous n'avez pas chargé son dos avec outrance ?

LÉLIE.

Point du tout. Moi, l'avoir chassé, roué de coups ?
Vous vous moquez de moi, Léandre, ou lui de vous.

MASCARILLE, *à part.*

Pousse, pousse, bourreau; tu fais bien tes affaires.

LÉANDRE, *à Mascarille.*

Donc les coups de bâton ne sont qu'imaginaires !

MASCARILLE.

Il ne sait ce qu'il dit; sa mémoire...

LÉANDRE.

Non, non,
Tous ces signes pour toi ne disent rien de bon.
Oui, d'un tour délicat mon esprit te soupçonne :
Mais pour l'invention, va, je te le pardonne.
C'est bien assez pour moi qu'il m'ait désabusé,
De voir par quels motifs tu m'avois imposé,
Et que, m'étant commis à ton zèle hypocrite,
A si bon compte encor je m'en sois trouvé quitte.
Ceci doit s'appeler *un avis au lecteur.*
Adieu, Lélie, adieu, très humble serviteur.

SCÈNE V.

LÉLIE, MASCARILLE.

MASCARILLE.

Courage, mon garçon, tout heur nous accompagne;
Mettons flamberge au vent et bravoure en campagne,
Faisons l'Olibrius, l'occiseur d'innocents.

LÉLIE.

Il t'avoit accusé de discours médisants
Contre...

MASCARILLE.

Et vous ne pouviez souffrir mon artifice,
Lui laisser son erreur, qui vous rendoit service,
Et par qui son amour s'en étoit presque allé?
Non, il a l'esprit franc, et point dissimulé.
Enfin chez son rival je m'ancre avec adresse,
Cette fourbe en mes mains va mettre sa maîtresse,
Il me la fait manquer. Avec de faux rapports
Je veux de son rival alentir les transports,
Mon brave incontinent vient qui le désabuse.
J'ai beau lui faire signe, et montrer que c'est ruse;
Point d'affaire: il poursuit sa pointe jusqu'au bout,
Et n'est point satisfait qu'il n'ait découvert tout.
Grand et sublime effort d'une imaginative
Qui ne le cède point à personne qui vive!
C'est une rare pièce, et digne, sur ma foi,
Qu'on en fasse présent au cabinet du roi.

LÉLIE.

Je ne m'étonne pas si je romps tes attentes;
A moins d'être informé des choses que tu tentes,
J'en ferois encor cent de la sorte.

MASCARILLE.

Tant pis.

LÉLIE.

Au moins pour t'emporter à de justes dépits
Fais-moi dans tes desseins entrer de quelque chose;
Mais que de leurs ressorts la porte me soit close,

ACTE III, SCÈNE V.

C'est ce qui fait toujours que je suis pris sans vert[1].

MASCARILLE.

Je crois que vous seriez un maître d'arme expert;
Vous savez à merveille, en toutes aventures,
Prendre les contre-temps et rompre les mesures.

LÉLIE.

Puisque la chose est faite, il n'y faut plus penser.
Mon rival, en tout cas, ne peut me traverser;
Et pourvu que tes soins en qui je me repose...

MASCARILLE.

Laissons là ce discours, et parlons d'autre chose.
Je ne m'apaise pas, non, si facilement;
Je suis trop en colère. Il faut premièrement
Me rendre un bon office, et nous verrons ensuite
Si je dois de vos feux reprendre la conduite.

LÉLIE.

S'il ne tient qu'à cela, je n'y résiste pas.
As-tu besoin, dis-moi, de mon sang, de mon bras?

MASCARILLE.

De quelle vision sa cervelle est frappée!
Vous êtes de l'humeur de ces amis d'épée
Que l'on trouve toujours plus prompts à dégaîner
Qu'à tirer un teston[2], s'il falloit le donner.

LÉLIE.

Que puis-je donc pour toi?

---

[1] *Le vert*, jeu très ancien, en usage au mois de mai. Ceux qui le jouoient devoient porter pendant tout le mois une feuille verte cueillie le même jour. Chaque joueur pris sans être muni de cette feuille étoit puni d'une amende : de là vient l'expression *pris sans vert* pour *pris au dépourvu*.

[2] *Teston*, pièce de monnoie de la valeur de dix sous tournois.

MASCARILLE.

C'est que de votre père
Il faut absolument apaiser la colère.

LÉLIE.

Nous avons fait la paix.

MASCARILLE.

Oui; mais non pas pour nous.
Je l'ai fait, ce matin, mort pour l'amour de vous;
La vision le choque; et de pareilles feintes
Aux vieillards comme lui sont de dures atteintes,
Qui sur l'état prochain de leur condition
Leur font faire à regret triste réflexion.
Le bon homme, tout vieux, chérit fort la lumière,
Et ne veut point de jeu dessus cette matière;
Il craint le pronostic, et contre moi fâché,
On m'a dit qu'en justice il m'avoit recherché.
J'ai peur, si le logis du roi fait ma demeure,
De m'y trouver si bien dès le premier quart d'heure,
Que j'aye peine aussi d'en sortir par après.
Contre moi dès long-temps l'on a force décrets;
Car enfin la vertu n'est jamais sans envie,
Et dans ce maudit siècle est toujours poursuivie.
Allez donc le fléchir.

LÉLIE.

Oui, nous le fléchirons :
Mais aussi tu promets...

MASCARILLE.

Ah, mon Dieu! nous verrons.
(*Lélie sort.*)
Ma foi, prenons haleine après tant de fatigues.

ACTE III, SCÈNE VI.

Cessons pour quelque temps le cours de nos intrigues,
Et de nous tourmenter de même qu'un lutin.
Léandre, pour nous nuire, est hors de garde enfin,
Et Célie arrêtée avecque l'artifice...

SCÈNE VI.

ERGASTE, MASCARILLE.

ERGASTE.

Je te cherchois partout pour te rendre un service,
Pour te donner avis d'un secret important.

MASCARILLE.

Quoi donc?

ERGASTE.

N'avons-nous point ici quelque écoutant?

MASCARILLE.

Non.

ERGASTE.

Nous sommes amis autant qu'on le peut être :
Je sais bien tes desseins et l'amour de ton maître;
Songez à vous tantôt. Léandre fait parti
Pour enlever Célie; et je suis averti
Qu'il a mis ordre à tout, et qu'il se persuade
D'entrer chez Trufaldin par une mascarade,
Ayant su qu'en ce temps, assez souvent le soir,
Des femmes du quartier en masque l'alloient voir.

MASCARILLE.

Oui? Suffit; il n'est pas au comble de sa joie,
Je pourrai bien tantôt lui souffler cette proie;

Et contre cet assaut je sais un coup fourré
Par qui je veux qu'il soit de lui-même enferré.
Il ne sait pas les dons dont mon ame est pourvue.
Adieu; nous boirons pinte à la première vue.

SCÈNE VII.

MASCARILLE.

Il faut, il faut tirer à nous ce que d'heureux
Pourroit avoir en soi ce projet amoureux,
Et, par une surprise adroite et non commune,
Sans courir le danger, en tenter la fortune.
Si je vais me masquer pour devancer ses pas,
Léandre assurément ne nous bravera pas.
Et là, premier que lui, si nous faisons la prise,
Il aura fait pour nous les frais de l'entreprise;
Puisque, par son dessein déja presque éventé,
Le soupçon tombera toujours de son côté,
Et que nous, à couvert de toutes ses poursuites,
De ce coup hasardeux ne craindrons point de suites.
C'est ne se point commettre à faire de l'éclat,
Et tirer les marrons de la pate du chat.
Allons donc nous masquer avec quelques bons frères;
Pour prévenir nos gens, il ne faut tarder guères.
Je sais où gît le lièvre, et me puis, sans travail,
Fournir en un moment d'hommes et d'attirail.
Croyez que je mets bien mon adresse en usage :
Si j'ai reçu du ciel les fourbes en partage,
Je ne suis point au rang de ces esprits mal nés
Qui cachent les talents que Dieu leur a donnés.

SCÈNE VIII.

LÉLIE, ERGASTE.

LÉLIE.

Il prétend l'enlever avec sa mascarade?
ERGASTE.
Il n'est rien plus certain. Quelqu'un de sa brigade
M'ayant de ce dessein instruit, sans m'arrêter,
A Mascarille alors j'ai couru tout conter,
Qui s'en va, m'a-t-il dit, rompre cette partie
Par une invention dessus le champ bâtie ;
Et, comme je vous ai rencontré par hasard,
J'ai cru que je devois de tout vous faire part.
LÉLIE.
Tu m'obliges par trop avec cette nouvelle :
Va, je reconnoîtrai ce service fidèle.

SCÈNE IX.

LÉLIE.

Mon drôle assurément leur jouera quelque trait ;
Mais je veux de ma part seconder son projet.
Il ne sera pas dit qu'en un fait qui me touche
Je ne me sois non plus remué qu'une souche.
Voici l'heure ; ils seront surpris à mon aspect.
Foin ! Que n'ai-je avec moi pris mon porte-respect ?
Mais vienne qui voudra contre notre personne,

L'ÉTOURDI.

J'ai deux bons pistolets, et mon épée est bonne.
Holà! quelqu'un, un mot.

SCÈNE X.

TRUFALDIN, *à sa fenêtre*, LÉLIE.

TRUFALDIN.

Qu'est-ce? qui me vient voir?

LÉLIE.

Fermez soigneusement votre porte ce soir.

TRUFALDIN.

Pourquoi?

LÉLIE.

Certaines gens font une mascarade
Pour vous venir donner une fâcheuse aubade;
Ils veulent enlever votre Célie.

TRUFALDIN.

O dieux!

LÉLIE.

Et sans doute bientôt ils viennent en ces lieux.
Demeurez; vous pourrez voir tout de la fenêtre.
Hé bien! qu'avois-je dit? Les voyez-vous paroître?
Chut, je veux à vos yeux leur en faire l'affront.
Nous allons voir beau jeu, si la corde ne rompt.

SCÈNE XI.

LÉLIE, TRUFALDIN; MASCARILLE
et sa suite, masqués.

TRUFALDIN.
Oh ! les plaisants robins[1], qui pensent me surprendre !
LÉLIE.
Masques, où courez-vous ? Le pourroit-on apprendre ?
Trufaldin, ouvrez-leur pour jouer un momon[2].
(à Mascarille, déguisé en femme.)
Bon Dieu, qu'elle est jolie, et qu'elle a l'air mignon !
Et quoi! vous murmurez? mais, sans vous faire outrage,
Peut-on lever le masque, et voir votre visage ?
TRUFALDIN.
Allez, fourbes méchants; retirez-vous d'ici,
Canaille; et vous, seigneur, bonsoir et grand merci.

SCÈNE XII.

LÉLIE, MASCARILLE.

LÉLIE, *après avoir démasqué Mascarille.*
Mascarille, est-ce toi ?
MASCARILLE.
                Nenni-dà, c'est quelque autre.

---

[1] Le mot *robin* signifioit autrefois un *bouffon*, un *sot*, un *facétieux*.
[2] *Momon*, mascarade. Suivant Ménage, ce mot vient de Momus, dieu de la folie.

LÉLIE.

Hélas! quelle surprise! et quel sort est le nôtre!
L'aurois-je deviné, n'étant point averti
Des secrètes raisons qui t'avoient travesti?
Malheureux que je suis, d'avoir dessous ce masque
Été, sans y penser, te faire cette frasque!
Il me prendroit envie, en mon juste courroux,
De me battre moi-même, et me donner cent coups.

MASCARILLE.

Adieu, sublime esprit, rare imaginative.

LÉLIE.

Las! si de ton secours ta colère me prive,
A quel saint me vouerai-je?

MASCARILLE.

      Au grand diable d'enfer.

LÉLIE.

Ah! si ton cœur pour moi n'est de bronze ou de fer,
Qu'encore un coup du moins mon imprudence ait grace!
S'il faut, pour l'obtenir, que tes genoux j'embrasse,
Vois-moi...

MASCARILLE.

  Tarare; allons, camarades, allons[1] :
J'entends venir des gens qui sont sur nos talons.

---

[1] *Tarare*, expression burlesque imaginée, suivant Richelet, pour imiter le son de la trompette, et dont on se sert pour exprimer qu'on ne veut rien entendre, qu'on n'ajoute aucune foi à la chose qu'on nous dit.

SCÈNE XIII.

LÉANDRE *et sa suite, masqués;* TRUFALDIN,
à sa fenêtre.

LÉANDRE.
Sans bruit; ne faisons rien que de la bonne sorte.
TRUFALDIN.
Quoi! masques toute nuit assiégeront ma porte!
Messieurs, ne gagnez point de rhumes à plaisir;
Tout cerveau qui le fait est certes de loisir.
Il est un peu trop tard pour enlever Célie;
Dispensez-l'en ce soir, elle vous en supplie;
La belle est dans le lit, et ne peut vous parler;
J'en suis fâché pour vous. Mais pour vous régaler
Du souci qui pour elle ici vous inquiète,
Elle vous fait présent de cette cassolette.
LÉANDRE.
Fi! cela sent mauvais, et je suis tout gâté.
Nous sommes découverts, tirons de ce côté.

FIN DU TROISIÈME ACTE.

ACTE QUATRIÈME.

SCÈNE I.

LÉLIE, *déguisé en Arménien* ; MASCARILLE.

MASCARILLE.
Vous voilà fagoté d'une plaisante sorte.
LÉLIE.
Tu ranimes par là mon espérance morte.
MASCARILLE.
Toujours de ma colère on me voit revenir ;
J'ai beau jurer, pester, je ne m'en puis tenir.
LÉLIE.
Aussi crois, si jamais je suis dans la puissance,
Que tu seras content de ma reconnoissance,
Et que, quand je n'aurois qu'un seul morceau de pain...
MASCARILLE.
Baste ; songez à vous dans ce nouveau dessein.
Au moins, si l'on vous voit commettre une sottise,
Vous n'imputerez plus l'erreur à la surprise ;
Votre rôle en ce jeu par cœur doit être su.
LÉLIE.
Mais comment Trufaldin chez lui t'a-t-il reçu ?
MASCARILLE.
D'un zèle simulé j'ai bridé le bon sire ;
Avec empressement je suis venu lui dire,

S'il ne songeoit à lui, que l'on le surprendroit;
Que l'on couchoit en joue, et de plus d'un endroit,
Celle dont il a vu qu'une lettre en avance
Avoit si faussement divulgué la naissance;
Qu'on avoit bien voulu m'y mêler quelque peu;
Mais que j'avois tiré mon épingle du jeu,
Et que, touché d'ardeur pour ce qui le regarde,
Je venois l'avertir de se donner de garde.
De là, moralisant, j'ai fait de grands discours
Sur les fourbes qu'on voit ici bas tous les jours;
Que, pour moi, las du monde et de sa vie infame,
Je voulois travailler au salut de mon ame,
A m'éloigner du trouble, et pouvoir longuement
Près de quelque honnête homme être paisiblement;
Que, s'il le trouvoit bon, je n'aurois d'autre envie
Que de passer chez lui le reste de ma vie;
Et que même à tel point il m'avoit su ravir,
Que, sans lui demander gages pour le servir,
Je mettrois en ses mains, que je tenois certaines,
Quelque bien de mon père, et le fruit de mes peines,
Dont, avenant que Dieu de ce monde m'ôtât,
J'entendois tout de bon que lui seul héritât.
C'étoit le vrai moyen d'acquérir sa tendresse.
Et comme, pour résoudre avec votre maîtresse
Des biais qu'on doit prendre à terminer vos vœux,
Je voulois en secret vous aboucher tous deux,
Lui-même a su m'ouvrir une voie assez belle
De pouvoir hautement vous loger avec elle;
Venant m'entretenir d'un fils privé du jour,
Dont cette nuit en songe il a vu le retour

A ce propos voici l'histoire qu'il m'a dite,
Et sur quoi j'ai tantôt notre fourbe construite.

LÉLIE.

C'est assez, je sais tout : tu me l'as dit deux fois.

MASCARILLE.

Oui, oui; mais quand j'aurois passé jusques à trois,
Peut-être encor qu'avec toute sa suffisance,
Votre esprit manquera dans quelque circonstance.

LÉLIE.

Mais à tant différer je me fais de l'effort.

MASCARILLE.

Ah! de peur de tomber, ne courons pas si fort!
Voyez-vous? Vous avez la caboche un peu dure;
Rendez-vous affermi dessus cette aventure.
Autrefois Trufaldin de Naples est sorti,
Et s'appeloit alors Zanobio Ruberti;
Un parti qui causa quelque émeute civile,
Dont il fut seulement soupçonné dans sa ville
(De fait il n'est pas homme à troubler un état),
L'obligea d'en sortir une nuit sans éclat.
Une fille fort jeune, et sa femme laissées,
A quelque temps de là se trouvant trépassées,
Il en sut la nouvelle, et, dans ce grand ennui,
Voulant dans quelque ville emmener avec lui,
Outre ses biens, l'espoir qui restoit de sa race,
Un sien fils, écolier, qui se nommoit Horace,
Il écrit à Bologne, où, pour mieux être instruit,
Un certain maître Albert, jeune l'avoit conduit;
Mais pour se joindre tous, le rendez-vous qu'il donne
Durant deux ans entiers ne lui fit voir personne :

ACTE IV, SCÈNE I.

Si bien que, les jugeant morts après ce temps-là,
Il vint en cette ville, et prit le nom qu'il a,
Sans que de cet Albert, ni de ce fils Horace
Douze ans aient découvert jamais la moindre trace.
Voilà l'histoire en gros, redite seulement
Afin de vous servir ici de fondement.
Maintenant vous serez un marchand d'Arménie,
Qui les aurez vus sains l'un et l'autre en Turquie.
Si j'ai, plus tôt qu'aucun, un tel moyen trouvé,
Pour les ressusciter sur ce qu'il a rêvé,
C'est qu'en fait d'aventure il est très ordinaire
De voir gens pris sur mer par quelque Turc corsaire,
Puis être à leur famille à point nommé rendus,
Après quinze ou vingt ans qu'on les a crus perdus.
Pour moi, j'ai vu déja cent contes de la sorte.
Sans nous alambiquer, servons-nous-en; qu'importe?
Vous leur aurez ouï leur disgrace conter;
Et leur aurez fourni de quoi se racheter;
Mais que, parti plus tôt pour chose nécessaire,
Horace vous chargea de voir ici son père
Dont il a su le sort, et chez qui vous devez
Attendre quelques jours qu'ils seroient arrivés.
Je vous ai fait tantôt des leçons étendues.

LÉLIE.

Ces répétitions ne sont que superflues;
Dès l'abord mon esprit a compris tout le fait.

MASCARILLE.

Je m'en vais là dedans donner le premier trait.

LÉLIE.

Écoute, Mascarille; un seul point me chagrine.

S'il alloit de son fils me demander la mine?
MASCARILLE.
Belle difficulté! Devez-vous pas savoir
Qu'il étoit fort petit alors qu'il l'a pu voir?
Et puis, outre cela, le temps et l'esclavage
Pourroient-ils pas avoir changé tout son visage?
LÉLIE.
Il est vrai. Mais dis-moi, s'il connoît qu'il m'a vu.
Que faire?
MASCARILLE.
De mémoire êtes-vous dépourvu?
Nous avons dit tantôt, qu'outre que votre image
N'avoit dans son esprit pu faire qu'un passage,
Pour ne vous avoir vu que durant un moment,
Et le poil et l'habit déguisoient grandement.
LÉLIE.
Fort bien. Mais à propos, cet endroit de Turquie?
MASCARILLE.
Tout, vous dis-je, est égal, Turquie ou Barbarie.
LÉLIE.
Mais le nom de la ville où j'aurai pu les voir?
MASCARILLE.
Tunis. Il me tiendra, je crois, jusques au soir.
La répétition, dit-il, est inutile,
Et j'ai déja nommé douze fois cette ville.
LÉLIE.
Va, va-t'en commencer, il ne me faut plus rien.
MASCARILLE.
Au moins soyez prudent, et vous conduisez bien;
Ne donnez point ici de l'imaginative.

LÉLIE.
Laisse-moi gouverner. Que ton ame est craintive!
MASCARILLE.
Horace dans Bologne écolier, Trufaldin
Zanobio Ruberti dans Naples citadin,
Le précepteur Albert...
LÉLIE.
Ah, c'est me faire honte
Que de me tant prêcher! Suis-je un sot, à ton compte?
MASCARILLE.
Non pas du tout; mais bien quelque chose approchant.

SCÈNE II.

LÉLIE.

Quand il m'est inutile, il fait le chien couchant;
Mais, parce qu'il sent bien le secours qu'il me donne,
Sa familiarité jusque là s'abandonne.
Je vais être de près éclairé des beaux yeux
Dont la force m'impose un joug si précieux;
Je m'en vais sans obstacle, avec des traits de flamme,
Peindre à cette beauté les tourments de mon ame;
Je saurai quel arrêt je dois... Mais les voici.

SCÈNE III.

TRUFALDIN, LÉLIE, MASCARILLE.

TRUFALDIN.
Sois béni, juste ciel, de mon sort adouci!
MASCARILLE.
C'est à vous de rêver et de faire des songes,
Puisqu'en vous il est faux que songes sont mensonges.
TRUFALDIN, *à Lélie.*
Quelle grace, quels biens vous rendrai-je, seigneur,
Vous, que je dois nommer l'ange de mon bonheur?
LÉLIE.
Ce sont soins superflus, et je vous en dispense.
TRUFALDIN, *à Mascarille.*
J'ai, je ne sais pas où, vu quelque ressemblance
De cet Arménien.
MASCARILLE.
C'est ce que je disois;
Mais on voit des rapports admirables parfois.
TRUFALDIN.
Vous avez vu ce fils où mon espoir se fonde?
LÉLIE.
Oui, seigneur Trufaldin, le plus gaillard du monde.
TRUFALDIN.
Il vous a dit sa vie, et parlé fort de moi?
LÉLIE.
Plus de dix mille fois.
MASCARILLE.
Quelque peu moins, je croi.

ACTE IV, SCÈNE III.

LÉLIE.

Il vous a dépeint tel que je vous vois paroître,
Le visage, le port...

TRUFALDIN.

Cela pourroit-il être,
Si, lorsqu'il m'a pu voir, il n'avoit que sept ans,
Et si son précepteur, même depuis ce temps,
Auroit peine à pouvoir connoître mon visage?

MASCARILLE.

Le sang, bien autrement, conserve cette image;
Par des traits si profonds ce portrait est tracé,
Que mon père...

TRUFALDIN.

Suffit. Où l'avez-vous laissé?

LÉLIE.

En Turquie, à Turin.

TRUFALDIN.

Turin? Mais cette ville
Est, je pense, en Piémont.

MASCARILLE, *à part.*

O cerveau malhabile!

(*à Trufaldin.*)
Vous ne l'entendez pas, il veut dire Tunis,
Et c'est en effet là qu'il laissa votre fils;
Mais les Arméniens ont tous une habitude,
Certain vice de langue à nous autres fort rude;
C'est que dans tous les mots ils changent *nis* en *rin*,
Et pour dire Tunis, ils prononcent Turin.

TRUFALDIN.

Il falloit, pour l'entendre, avoir cette lumière.

6.

Quel moyen vous dit-il de rencontrer son père?

MASCARILLE.

(*à part.*)   (*à Trufaldin, après s'être escrimé.*)
Voyez s'il répondra. Je repassois un peu
Quelque leçon d'escrime; autrefois en ce jeu
Il n'étoit point d'adresse à mon adresse égale,
Et j'ai battu le fer en mainte et mainte salle.

TRUFALDIN, *à Mascarille.*

Ce n'est pas maintenant ce que je veux savoir.
(*à Lélie.*)
Quel autre nom dit-il que je devois avoir?

MASCARILLE.

Ah! seigneur Zanobio Ruberti, quelle joie
Est celle maintenant que le ciel vous envoie!

LÉLIE.

C'est là votre vrai nom, et l'autre est emprunté.

TRUFALDIN.

Mais où vous a-t-il dit qu'il reçut la clarté?

MASCARILLE.

Naples est un séjour qui paroît agréable;
Mais pour vous ce doit être un lieu fort haïssable.

TRUFALDIN.

Ne peux-tu, sans parler, souffrir notre discours?

LÉLIE.

Dans Naples son destin a commencé son cours.

TRUFALDIN.

Où l'envoyai-je jeune, et sous quelle conduite?

MASCARILLE.

Ce pauvre maître Albert a beaucoup de mérite
D'avoir depuis Bologne accompagné ce fils,

ACTE IV, SCÈNE III.

Qu'à sa discrétion vos soins avoient commis.

TRUFALDIN.

Ah!

MASCARILLE, *à part*.

Nous sommes perdus si cet entretien dure.

TRUFALDIN.

Je voudrois bien savoir de vous leur aventure,
Sur quel vaisseau le sort qui m'a su travailler...

MASCARILLE.

Je ne sais ce que c'est, je ne fais que bâiller;
Mais, seigneur Trufaldin, songez-vous que peut-être
Ce monsieur l'étranger a besoin de repaître,
Et qu'il est tard aussi?

LÉLIE.

Pour moi, point de repas.

MASCARILLE.

Ah! vous avez plus faim que vous ne pensez pas.

TRUFALDIN.

Entrez donc.

LÉLIE.

Après vous.

MASCARILLE, *à Trufaldin*.

Monsieur, en Arménie,
Les maîtres du logis sont sans cérémonie.
(*à Lélie, après que Trufaldin est entré dans sa maison.*)
Pauvre esprit! Pas deux mots!

LÉLIE.

D'abord il m'a surpris;
Mais n'appréhende plus, je reprends mes esprits,
Et m'en vais débiter avecque hardiesse...

MASCARILLE.

Voici notre rival qui ne sait pas la pièce.
(*Ils entrent dans la maison de Trufaldin.*)

SCÈNE IV.

ANSELME, LÉANDRE.

ANSELME.

Arrêtez-vous, Léandre, et souffrez un discours
Qui cherche le repos et l'honneur de vos jours.
Je ne vous parle point en père de ma fille,
En homme intéressé pour ma propre famille,
Mais comme votre père, ému pour votre bien,
Sans vouloir vous flatter et vous déguiser rien ;
Bref, comme je voudrois, d'une ame franche et pure,
Que l'on fît à mon sang en pareille aventure.
Savez-vous de quel œil chacun voit cet amour,
Qui dedans une nuit vient d'éclater au jour ?
A combien de discours et de traits de risée
Votre entreprise d'hier est partout exposée ?
Quel jugement on fait du choix capricieux
Qui pour femme, dit-on, vous désigne en ces lieux
Un rebut de l'Égypte, une fille coureuse,
De qui le noble emploi n'est qu'un métier de gueuse ?
J'en ai rougi pour vous encor plus que pour moi,
Qui me trouve compris dans l'éclat que je voi :
Moi, dis-je, dont la fille, à vos ardeurs promise,
Ne peut, sans quelque affront, souffrir qu'on la méprise.
Ah, Léandre ! sortez de cet abaissement ;
Ouvrez un peu les yeux sur votre aveuglement.

Si notre esprit n'est pas sage à toutes les heures,
Les plus courtes erreurs sont toujours les meilleures.
Quand on ne prend en dot que la seule beauté,
Le remords est bien près de la solennité,
Et la plus belle femme a très peu de défense
Contre cette tiédeur qui suit la jouissance.
Je vous le dis encor, ces bouillants mouvements,
Ces ardeurs de jeunesse et ces emportements
Nous font trouver d'abord quelques nuits agréables;
Mais ces félicités ne sont guère durables,
Et notre passion alentissant son cours,
Après ces bonnes nuits, donne de mauvais jours :
De là viennent les soins, les soucis, les misères,
Les fils déshérités par le courroux des pères.

LÉANDRE.

Dans tout votre discours je n'ai rien écouté
Que mon esprit déja ne m'ait représenté.
Je sais combien je dois à cet honneur insigne
Que vous me voulez faire, et dont je suis indigne;
Et vois, malgré l'effort dont je suis combattu,
Ce que vaut votre fille et quelle est sa vertu :
Aussi veux-je tâcher...

ANSELME.

On ouvre cette porte :
Retirons-nous plus loin, de crainte qu'il n'en sorte
Quelque secret poison dont vous seriez surpris.

SCÈNE V.

LÉLIE, MASCARILLE.

MASCARILLE.

Bientôt de notre fourbe on verra le débris,
Si vous continuez des sottises si grandes.

LÉLIE.

Dois-je éternellement ouïr tes réprimandes?
De quoi te peux-tu plaindre? Ai-je pas réussi
En tout ce que j'ai dit depuis?

MASCARILLE.

Couci-couci.
Témoin les Turcs par vous appelés hérétiques,
Et que vous assurez, par serments authentiques,
Adorer pour leurs dieux la lune et le soleil.
Passe. Ce qui me donne un dépit nonpareil,
C'est qu'ici votre amour étrangement s'oublie :
Près de Célie, il est ainsi que la bouillie,
Qui par un trop grand feu s'enfle, croît jusqu'aux bords,
Et de tous les côtés se répand au dehors.

LÉLIE.

Pourroit-on se forcer à plus de retenue?
Je ne l'ai presque point encore entretenue.

MASCARILLE.

Oui, mais ce n'est pas tout que de ne parler pas;
Par vos gestes, durant un moment de repas,
Vous avez aux soupçons donné plus de matière,
Que d'autres ne feroient dans une année entière.

ACTE IV, SCÈNE V.

LÉLIE.

Et comment donc ?

MASCARILLE.

Comment ? Chacun a pu le voir.
A table, où Trufaldin l'oblige de se seoir,
Vous n'avez toujours fait qu'avoir les yeux sur elle.
Rouge, tout interdit, jouant de la prunelle,
Sans prendre jamais garde à ce qu'on vous servoit,
Vous n'aviez point de soif qu'alors qu'elle buvoit;
Et dans ses propres mains vous saisissant du verre,
Sans le vouloir rincer, sans rien jeter à terre,
Vous buviez sur son reste, et montriez d'affecter
Le côté qu'à sa bouche elle avoit su porter.
Sur les morceaux touchés de sa main délicate,
Ou mordus de ses dents, vous étendiez la pate
Plus brusquement qu'un chat dessus une souris,
Et les avaliez tous ainsi que des pois gris.
Puis, outre tout cela, vous faisiez sous la table
Un bruit, un triquetrac de pieds insupportable,
Dont Trufaldin, heurté de deux coups trop pressants,
A puni par deux fois deux chiens très innocents,
Qui, s'ils eussent osé, vous eussent fait querelle.
Et puis après cela votre conduite est belle ?
Pour moi, j'en ai souffert la gêne sur mon corps.
Malgré le froid, je sue encor de mes efforts.
Attaché dessus vous comme un joueur de boule
Après le mouvement de la sienne qui roule,
Je pensois retenir toutes vos actions,
En faisant de mon corps mille contorsions.

LÉLIE.

Mon Dieu ! qu'il t'est aisé de condamner des choses
Dont tu ne ressens point les agréables causes !
Je veux bien néanmoins, pour te plaire une fois,
Faire force à l'amour qui m'impose des lois.
Désormais...

SCÈNE VI.

TRUFALDIN, LÉLIE, MASCARILLE.

MASCARILLE.
Nous parlions des fortunes d'Horace.

TRUFALDIN.
(à Lélie).
C'est bien fait. Cependant me ferez-vous la grace
Que je puisse lui dire un seul mot en secret ?

LÉLIE.
Il faudroit autrement être fort indiscret.
(*Lélie entre dans la maison de Trufaldin.*)

SCÈNE VII.

TRUFALDIN, MASCARILLE.

TRUFALDIN.
Écoute : sais-tu bien ce que je viens de faire ?

MASCARILLE.
Non ; mais, si vous voulez, je ne tarderai guère,
Sans doute, à le savoir.

ACTE IV, SCÈNE VII.

TRUFALDIN.

                D'un chêne grand et fort,
Dont près de deux cents ans ont fait déja le sort,
Je viens de détacher une branche admirable,
Choisie expressément de grosseur raisonnable,
Dont j'ai fait sur-le-champ, avec beaucoup d'ardeur,
            (Il montre son bras.)
Un bâton à peu près... oui, de cette grandeur, [gaules,
Moins gros par l'un des bouts, mais, plus que trente
Propre, comme je pense, à rosser les épaules;
Car il est bien en main, vert, noueux et massif.

MASCARILLE.

Mais pour qui, je vous prie, un tel préparatif?

TRUFALDIN.

Pour toi, premièrement; puis pour ce bon apôtre
Qui veut m'en donner d'une, et m'en jouer d'une autre,
Pour cet Arménien, ce marchand déguisé,
Introduit sous l'appât d'un conte supposé.

MASCARILLE.

Quoi! vous ne croyez pas...

TRUFALDIN.

                   Ne cherche point d'excuse :
Lui-même heureusement a découvert sa ruse;
En disant à Célie, en lui serrant la main,
Que pour elle il venoit sous ce prétexte vain.
Il n'a pas aperçu Jeannette, ma fillole,
Laquelle a tout ouï, parole pour parole;
Et je ne doute point, quoiqu'il n'en ait rien dit,
Que tu ne sois de tout le complice maudit.

MASCARILLE.

Ah! vous me faites tort. S'il faut qu'on vous affronte,
Croyez qu'il m'a trompé le premier à ce conte.

TRUFALDIN.

Veux-tu me faire voir que tu dis vérité?
Qu'à le chasser mon bras soit du tien assisté;
Donnons-en à ce fourbe et du long et du large,
Et de tout crime après mon esprit te décharge.

MASCARILLE.

Oui-da, très volontiers, je l'épousterai bien,
Et par là vous verrez que je n'y trempe en rien.
   (à part.)
Ah! vous serez rossé, monsieur de l'Arménie,
Qui toujours gâtez tout!

SCÈNE VIII.

LÉLIE, TRUFALDIN, MASCARILLE.

TRUFALDIN, *à Lélie, après avoir heurté à sa porte.*
                Un mot, je vous supplie.
Donc, monsieur l'imposteur, vous osez aujourd'hui
Duper un honnête homme, et vous jouer de lui?

MASCARILLE.

Feindre avoir vu son fils en une autre contrée,
Pour vous donner chez lui plus aisément entrée?

TRUFALDIN *bat Lélie.*
Vidons, vidons sur l'heure.
   LÉLIE, *à Mascarille, qui le bat aussi.*
             Ah, coquin!

ACTE IV, SCÈNE VIII.

MASCARILLE.

C'est ainsi
Que les fourbes...

LÉLIE.
Bourreau !

MASCARILLE.

Sont ajustés ici.
Gardez-moi bien cela.

LÉLIE.

Quoi donc ! je serois homme...

MASCARILLE, *le battant toujours en le chassant.*
Tirez, tirez, vous dis-je, ou bien je vous assomme.

TRUFALDIN.
Voilà qui me plaît fort; rentre, je suis content.
(*Mascarille suit Trufaldin, qui rentre dans sa maison.*)

LÉLIE, *revenant.*
A moi, par un valet, cet affront éclatant !
L'auroit-on pu prévoir l'action de ce traître,
Qui vient insolemment de maltraiter son maître ?

MASCARILLE, *à la fenêtre de Trufaldin.*
Peut-on vous demander comment va votre dos ?

LÉLIE.
Quoi ! tu m'oses encor tenir un tel propos ?

MASCARILLE.
Voilà, voilà que c'est de ne voir pas Jeannette,
Et d'avoir en tout temps une langue indiscrète.
Mais, pour cette fois-ci, je n'ai point de courroux,
Je cesse d'éclater, de pester contre vous;
Quoique de l'action l'imprudence soit haute,
Ma main sur votre échine a lavé votre faute.

LÉLIE.
Ah! je me vengerai de ce trait déloyal!
MASCARILLE.
Vous vous êtes causé vous-même tout le mal.
LÉLIE.
Moi?
MASCARILLE.
Si vous n'étiez pas une cervelle folle,
Quand vous avez parlé naguère à votre idole,
Vous auriez aperçu Jeannette sur vos pas,
Dont l'oreille subtile a découvert le cas.
LÉLIE.
On auroit pu surprendre un mot dit à Célie?
MASCARILLE.
Et d'où doncques viendroit cette prompte sortie?
Oui, vous n'êtes dehors que par votre caquet.
Je ne sais si souvent vous jouez au piquet:
Mais au moins faites-vous des écarts admirables.
LÉLIE.
O le plus malheureux de tous les misérables!
Mais encore, pourquoi me voir chassé par toi?
MASCARILLE.
Je ne fis jamais mieux que d'en prendre l'emploi;
Par là j'empêche au moins que de cet artifice
Je ne sois soupçonné d'être auteur ou complice.
LÉLIE.
Tu devois donc, pour toi, frapper plus doucement.
MASCARILLE.
Quelque sot. Trufaldin lorgnoit exactement:
Et puis, je vous dirai, sous ce prétexte utile,

ACTE IV, SCÈNE VIII.

Je n'étois point fâché d'évaporer ma bile.
Enfin la chose est faite; et, si j'ai votre foi
Qu'on ne vous verra point vouloir venger sur moi,
Soit ou directement, ou par quelque autre voie,
Les coups sur votre râble assénés avec joie,
Je vous promets, aidé par le poste où je suis,
De contenter vos vœux avant qu'il soit deux nuits.

LÉLIE.

Quoique ton traitement ait eu trop de rudesse,
Qu'est-ce que dessus moi ne peut cette promesse?

MASCARILLE.

Vous le promettez donc?

LÉLIE.

Oui, je te le promets.

MASCARILLE.

Ce n'est pas encor tout. Promettez que jamais
Vous ne vous mêlerez dans quoi que j'entreprenne.

LÉLIE.

Soit.

MASCARILLE.

Si vous y manquez, votre fièvre quartaine!

LÉLIE.

Mais tiens-moi donc parole, et songe à mon repos.

MASCARILLE.

Allez quitter l'habit, et graisser votre dos.

LÉLIE, *seul*.

Faut-il que le malheur, qui me suit à la trace,
Me fasse voir toujours disgrace sur disgrace!

MASCARILLE, *sortant de chez Trufaldin*.

Quoi! vous n'êtes pas loin? Sortez vite d'ici;

Mais surtout gardez-vous de prendre aucun souci :
Puisque je fais pour vous, que cela vous suffise;
N'aidez point mon projet de la moindre entreprise;
Demeurez en repos.

LÉLIE, *en sortant*.

Oui, va, je m'y tiendrai.

MASCARILLE, *seul*.

Il faut voir maintenant quel biais je prendrai.

SCÈNE IX.

ERGASTE, MASCARILLE.

ERGASTE.

Mascarille, je viens te dire une nouvelle
Qui donne à tes desseins une atteinte cruelle.
A l'heure que je parle, un jeune Égyptien,
Qui n'est pas noir pourtant et sent assez son bien,
Arrive, accompagné d'une vieille fort hâve,
Et vient chez Trufaldin racheter cette esclave
Que vous vouliez; pour elle il paroît fort zélé.

MASCARILLE.

Sans doute c'est l'amant dont Célie a parlé.
Fut-il jamais destin plus brouillé que le nôtre !
Sortant d'un embarras, nous entrons dans un autre.
En vain nous apprenons que Léandre est au point
De quitter la partie, et ne nous troubler point;
Que son père, arrivé contre toute espérance,
Du côté d'Hippolyte emporte la balance,
Qu'il a tout fait changer par son autorité,
Et va, dès aujourd'hui, conclure le traité.

ACTE IV, SCÈNE IX.

Lorsqu'un rival s'éloigne, un autre plus funeste
S'en vient nous enlever tout l'espoir qui nous reste.
Toutefois, par un trait merveilleux de mon art,
Je crois que je pourrai retarder leur départ,
Et me donner le temps qui sera nécessaire
Pour tâcher de finir cette fameuse affaire.
Il s'est fait un grand vol; par qui? l'on n'en sait rien:
Eux autres rarement passent pour gens de bien;
Je veux adroitement, sur un soupçon frivole,
Faire pour quelques jours emprisonner ce drôle.
Je sais des officiers, de justice altérés,
Qui sont, pour de tels coups, de vrais délibérés;
Dessus l'avide espoir de quelque paraguante [1],
Il n'est rien que leur art aveuglément ne tente;
Et du plus innocent, toujours à leur profit
La bourse est criminelle, et paye son délit.

[1] *Paraguante*, présent que l'on faisoit aux personnes qui apportoient une bonne nouvelle : ce mot vient de l'espagnol *dar para guantes*, donner pour les gants.

FIN DU QUATRIÈME ACTE.

ACTE CINQUIÈME.

SCÈNE I.

MASCARILLE, ERGASTE.

MASCARILLE.
Ah, chien! ah, double chien! mâtine de cervelle!
Ta persécution sera-t-elle éternelle?

ERGASTE.
Par les soins vigilants de l'exempt Balafré,
Ton affaire alloit bien, le drôle étoit coffré,
Si ton maître au moment ne fût venu lui-même,
En vrai désespéré, rompre ton stratagème:
Je ne saurois souffrir, a-t-il dit hautement,
Qu'un honnête homme soit traîné honteusement;
J'en réponds sur sa mine, et je le cautionne;
Et, comme on résistoit à lâcher sa personne,
D'abord il a chargé si bien sur les recors,
Qui sont gens d'ordinaire à craindre pour leur corps,
Qu'à l'heure que je parle ils sont encore en fuite,
Et pensent tous avoir un Lélie à leur suite.

MASCARILLE.
Le traître ne sait pas que cet Égyptien
Est déja là-dedans pour lui ravir son bien.

ERGASTE.
Adieu. Certaine affaire à te quitter m'oblige.

SCÈNE II.

MASCARILLE.

Oui, je suis stupéfait de ce dernier prodige.
On diroit, et pour moi j'en suis persuadé,
Que ce démon brouillon dont il est possédé
Se plaise à me braver, et me l'aille conduire
Partout où sa présence est capable de nuire.
Pourtant je veux poursuivre, et, malgré tous ses coups,
Voir qui l'emportera de ce diable ou de nous.
Célie est quelque peu de notre intelligence,
Et ne voit son départ qu'avecque répugnance.
Je tâche à profiter de cette occasion.
Mais ils viennent; songeons à l'exécution.
Cette maison meublée est en ma bienséance,
Je puis en disposer avec grande licence :
Si le sort nous en dit, tout sera bien réglé;
Nul que moi ne s'y tient, et j'en garde la clé.
O Dieu! qu'en peu de temps on a vu d'aventures,
Et qu'un fourbe est contraint de prendre de figures!

SCÈNE III.

CÉLIE, ANDRÈS.

ANDRÈS.

Vous le savez, Célie, il n'est rien que mon cœur
N'ait fait pour vous prouver l'excès de son ardeur.
Chez les Vénitiens, dès un assez jeune âge,
La guerre en quelque estime avoit mis mon courage,

Et j'y pouvois un jour, sans trop croire de moi,
Prétendre, en les servant, un honorable emploi;
Lorsqu'on me vit pour vous oublier toute chose,
Et que le prompt effet d'une métamorphose,
Qui suivit de mon cœur le soudain changement,
Parmi vos compagnons sut ranger votre amant,
Sans que mille accidents, ni votre indifférence,
Aient pu me détacher de ma persévérance.
Depuis, par un hasard, d'avec vous séparé
Pour beaucoup plus de temps que je n'eusse auguré,
Je n'ai, pour vous rejoindre, épargné temps ni peine;
Enfin, ayant trouvé la vieille Égyptienne,
Et plein d'impatience apprenant votre sort,
Que, pour certain argent qui leur importoit fort,
Et qui de tous vos gens détourna le naufrage,
Vous aviez en ces lieux été mise en otage,
J'accours vite y briser ces chaînes d'intérêt,
Et recevoir de vous les ordres qu'il vous plaît :
Cependant on vous voit une morne tristesse
Alors que dans vos yeux doit briller l'alégresse.
Si pour vous la retraite avoit quelques appas,
Venise, du butin fait parmi les combats,
Me garde pour tous deux de quoi pouvoir y vivre;
Que si, comme devant, il vous faut encor suivre,
J'y consens, et mon cœur n'ambitionnera
Que d'être auprès de vous tout ce qu'il vous plaira.

CÉLIE.

Votre zèle pour moi visiblement éclate :
Pour en paroître triste, il faudroit être ingrate;
Et mon visage aussi, par son émotion,

N'explique point mon cœur en cette occasion.
Une douleur de tête y peint sa violence;
Et, si j'avois sur vous quelque peu de puissance,
Notre voyage, au moins pour trois ou quatre jours,
Attendroit que ce mal eût pris un autre cours.

ANDRÈS.
Autant que vous voudrez, faites qu'il se diffère.
Toutes mes volontés ne butent qu'à vous plaire.
Cherchons une maison à vous mettre en repos.
L'écriteau que voici s'offre tout à propos.

SCÈNE IV.

CÉLIE, ANDRÈS; MASCARILLE, *déguisé en Suisse.*

ANDRÈS.
Seigneur Suisse, êtes-vous de ce logis le maître?
MASCARILLE.
Moi pour serfir à fous.
ANDRÈS.
     Pourrons-nous y bien être?
MASCARILLE.
Oui; moi pour d'étrancher chafons champre carni.
Ma che non point locher te chans de méchant vi.
ANDRÈS.
Je crois votre maison franche de tout ombrage.
MASCARILLE.
Fous noufeau dans sti fil, moi foir à la fissage.

ANDRÈS.

Oui.

MASCARILLE.

La matame est-il mariace al monsieur?

ANDRÈS.

Quoi?

MASCARILLE.

S'il être son fame, ou s'il être son sœur?

ANDRÈS.

Non.

MASCARILLE.

Mon foi, pien choli; fenir pour marchantice,
Ou pien pour temanter à la palais choustice?
La procès il faut rien, il coûter tan t'archant!
La procurair larron, l'afocat pien méchant.

ANDRÈS.

Ce n'est pas pour cela.

MASCARILLE.

Fous tonc mener sti file
Pour fenir pourmener et recarter la file?

ANDRÈS.

(à Célie.)

Il n'importe. Je suis à vous dans un moment.
Je vais faire venir la vieille promptement,
Contremander aussi notre voiture prête.

MASCARILLE.

Li ne porte pas pien.

ANDRÈS.

Elle a mal à la tête.

ACTE V, SCÈNE VI.

MASCARILLE.

Moi chafoir de pon vin, et te fromage pon.
Entre fous, entre fous tans mon petit maison.
(*Célie, Andrès et Mascarille entrent dans la maison.*)

SCÈNE V.

LÉLIE.

Quel que soit le transport d'une ame impatiente,
Ma parole m'engage à rester en attente,
A laisser faire un autre, et voir, sans rien oser,
Comme de mes destins le ciel veut disposer.

SCÈNE VI.

ANDRÈS, LÉLIE.

LÉLIE, *à Andrès, qui sort de la maison.*
Demandiez-vous quelqu'un dedans cette demeure?

ANDRÈS.

C'est un logis garni que j'ai pris tout à l'heure.

LÉLIE.

A mon père pourtant la maison appartient,
Et mon valet, la nuit, pour la garder s'y tient.

ANDRÈS.

Je ne sais : l'écriteau marque au moins qu'on la loue;
Lisez.

LÉLIE.

Certes, ceci me surprend, je l'avoue.
Qui diantre l'auroit mis? et par quel intérêt...
Ah! ma foi, je devine à peu près ce que c'est!

Cela ne peut venir que de ce que j'augure.
ANDRÈS.
Peut-on vous demander quelle est cette aventure?
LÉLIE.
Je voudrois à tout autre en faire un grand secret;
Mais pour vous il n'importe, et vous serez discret.
Sans doute l'écriteau que vous voyez paroître,
Comme je conjecture, au moins ne sauroit être
Que quelque invention du valet que je di,
Que quelque nœud subtil qu'il doit avoir ourdi
Pour mettre en mon pouvoir certaine Égyptienne,
Dont j'ai l'ame piquée, et qu'il faut que j'obtienne.
Je l'ai déja manquée, et même plusieurs coups.
ANDRÈS.
Vous l'appelez?
LÉLIE.
Célie.
ANDRÈS.
Hé! que ne disiez-vous?
Vous n'aviez qu'à parler, je vous aurois sans doute
Épargné tous les soins que ce projet vous coûte.
LÉLIE.
Quoi! vous la connoissez?
ANDRÈS.
C'est moi qui maintenant
Viens de la racheter.
LÉLIE.
O discours surprenant!
ANDRÈS.
Sa santé, de partir ne nous pouvant permettre,

Au logis que voilà je venois de la mettre;
Et je suis très ravi, dans cette occasion,
Que vous m'ayez instruit de votre intention.

####### LÉLIE.

Quoi! j'obtiendrois de vous le bonheur que j'espère?
Vous pourriez...

####### ANDRÈS, *allant frapper à la porte.*

Tout à l'heure on va vous satisfaire.

####### LÉLIE.

Que pourrai-je vous dire? et quel remercîment...

####### ANDRÈS.

Non, ne m'en faites point, je n'en veux nullement.

SCÈNE VII.

LÉLIE, ANDRÈS, MASCARILLE.

####### MASCARILLE, *à part.*

Hé bien, ne voilà pas mon enragé de maître!
Il nous va faire encor quelque nouveau bissêtre [1].

####### LÉLIE.

Sous ce grotesque habit qui l'auroit reconnu?
Approche, Mascarille, et sois le bienvenu.

####### MASCARILLE.

Moi souis ein chant t'honneur, mais non point Maque-
Chai point fendre chamais le fame ni le fille.   [rille:

####### LÉLIE.

Le plaisant baragouin! il est bon, sur ma foi!

---

[1] Vieux mot qui signifioit *malheur*, par corruption du mot *bissexte*, parce qu'anciennement l'année bissextile étoit réputée malheureuse.

MASCARILLE.

Allez fous pourmener, sans toi rire te moi.

LÉLIE.

Va, va, lève le masque, et reconnois ton maître.

MASCARILLE.

Partié, tiable, mon foi chamais toi chai connoître.

LÉLIE.

Tout est accommodé, ne te déguise point.

MASCARILLE.

Si toi point t'en aller, che paille ein coup de poing.

LÉLIE.

Ton jargon allemand est superflu, te dis-je,
Car nous sommes d'accord, et sa bonté m'oblige.
J'ai tout ce que mes vœux lui pouvoient demander,
Et tu n'as pas sujet de rien appréhender.

MASCARILLE.

Si vous êtes d'accord par un bonheur extrême,
Je me dessuisse donc, et redeviens moi-même.

ANDRÈS.

Ce valet vous servoit avec beaucoup de feu :
Mais je reviens à vous, demeurez quelque peu.

SCÈNE VIII.

LÉLIE, MASCARILLE.

LÉLIE.

Hé bien! que diras-tu?

MASCARILLE.

Que j'ai l'ame ravie

ACTE V, SCÈNE IX.

De voir d'un beau succès notre peine suivie.

LÉLIE.

Tu feignois à sortir de ton déguisement,
Et ne pouvois me croire en cet événement.

MASCARILLE.

Comme je vous connois, j'étois dans l'épouvante,
Et trouve l'aventure aussi fort surprenante.

LÉLIE.

Mais confesse qu'enfin c'est avoir fait beaucoup.
Au moins j'ai réparé mes fautes à ce coup,
Et j'aurai cet honneur d'avoir fini l'ouvrage.

MASCARILLE.

Soit; vous aurez été bien plus heureux que sage.

SCÈNE IX.

CÉLIE, ANDRÈS, LÉLIE, MASCARILLE.

ANDRÈS.

N'est-ce pas là l'objet dont vous m'avez parlé?

LÉLIE.

Ah! quel bonheur au mien pourroit être égalé!

ANDRÈS.

Il est vrai, d'un bienfait je vous suis redevable;
Si je ne l'avouois, je serois condamnable :
Mais enfin ce bienfait auroit trop de rigueur,
S'il falloit le payer aux dépens de mon cœur.
Jugez, dans le transport où sa beauté me jette,
Si je dois à ce prix vous acquitter ma dette;
Vous êtes généreux, vous ne le voudriez pas :
Adieu pour quelques jours : retournons sur nos pas.

SCÈNE X.

LÉLIE, MASCARILLE.

MASCARILLE, *après avoir chanté.*
Je chante, et toutefois je n'en ai guère envie;
Vous voilà bien d'accord, il vous donne Célie;
Hem, vous m'entendez bien.

LÉLIE.

C'est trop; je ne veux plus
Te demander pour moi des secours superflus.
Je suis un chien, un traître, un bourreau détestable,
Indigne d'aucun soin, de rien faire incapable.
Va, cesse tes efforts pour un malencontreux,
Qui ne sauroit souffrir que l'on le rende heureux.
Après tant de malheurs, après mon imprudence,
Le trépas me doit seul prêter son assistance.

SCÈNE XI.

MASCARILLE.

Voilà le vrai moyen d'achever son destin;
Il ne lui manque plus que de mourir enfin
Pour le couronnement de toutes ses sottises.
Mais en vain son dépit pour ses fautes commises
Lui fait licencier mes soins et mon appui,
Je veux, quoi qu'il en soit, le servir malgré lui,
Et dessus son lutin obtenir la victoire.

Plus l'obstacle est puissant, plus on reçoit de gloire ;
Et les difficultés dont on est combattu
Sont les dames d'atour qui parent la vertu.

SCÈNE XII.

CÉLIE, MASCARILLE.

CÉLIE, *à Mascarille qui lui a parlé bas.*
Quoi que tu veuilles dire, et que l'on se propose,
De ce retardement j'attends fort peu de chose.
Ce qu'on voit de succès peut bien persuader
Qu'ils ne sont pas encor fort près de s'accorder.
Et je t'ai déja dit, qu'un cœur comme le nôtre
Ne voudroit pas pour l'un faire injustice à l'autre ;
Et que très fortement, par de différents nœuds,
Je me trouve attachée au parti de tous deux.
Si Lélie a pour lui l'amour et sa puissance,
Andrès pour son partage a la reconnoissance,
Qui ne souffrira point que mes pensers secrets
Consultent jamais rien contre ses intérêts ;
Oui, s'il ne peut avoir plus de place en mon ame,
Si le don de mon cœur ne couronne sa flamme,
Au moins dois-je ce prix à ce qu'il fait pour moi
De n'en choisir point d'autre, au mépris de sa foi,
Et de faire à mes vœux autant de violence
Que j'en fais aux désirs qu'il met en évidence.
Sur ces difficultés qu'oppose mon devoir,
Juge ce que tu peux te permettre d'espoir.

MASCARILLE.
Ce sont, à dire vrai, de très fâcheux obstacles ;

Et je ne sais point l'art de faire des miracles ;
Mais je vais employer mes efforts plus puissants,
Remuer terre et ciel, m'y prendre de tout sens
Pour tâcher de trouver un biais salutaire,
Et vous dirai bientôt ce qui se pourra faire.

SCÈNE XIII.

HIPPOLYTE, CÉLIE.

HIPPOLYTE.

Depuis votre séjour, les dames de ces lieux
Se plaignent justement des larcins de vos yeux.
Si vous leur dérobez leurs conquêtes plus belles,
Et de tous leurs amants faites des infidèles :
Il n'est guère de cœurs qui puissent échapper
Aux traits dont à l'abord vous savez les frapper ;
Et mille libertés, à vos chaînes offertes,
Semblent vous enrichir chaque jour de nos pertes.
Quant à moi, toutefois je ne me plaindrois pas
Du pouvoir absolu de vos rares appas,
Si, lorsque mes amants sont devenus les vôtres,
Un seul m'eût consolé de la perte des autres ;
Mais qu'inhumainement vous me les ôtiez tous,
C'est un dur procédé dont je me plains à vous.

CÉLIE.

Voilà d'un air galant faire une raillerie ;
Mais épargnez un peu celle qui vous en prie.
Vos yeux, vos propres yeux se connoissent trop bien,
Pour pouvoir de ma part redouter jamais rien ;

Ils sont fort assurés du pouvoir de leurs charmes,
Et ne prendront jamais de pareilles alarmes.

HIPPOLYTE.

Pourtant en ce discours je n'ai rien avancé
Qui dans tous les esprits ne soit déja passé;
Et sans parler du reste, on sait bien que Célie
A causé des désirs à Léandre et Lélie.

CÉLIE.

Je crois qu'étant tombés dans cet aveuglement,
Vous vous consoleriez de leur perte aisément,
Et trouveriez pour vous l'amant peu souhaitable
Qui d'un si mauvais choix se trouveroit capable.

HIPPOLYTE.

Au contraire, j'agis d'un air tout différent,
Et trouve en vos beautés un mérite si grand :
J'y vois tant de raisons capables de défendre
L'inconstance de ceux qui s'en laissent surprendre,
Que je ne puis blâmer la nouveauté des feux
Dont envers moi Léandre a parjuré ses vœux,
Et le vais voir tantôt, sans haine et sans colère,
Ramené sous mes lois par le pouvoir d'un père.

SCÈNE XIV.

CÉLIE, HIPPOLYTE, MASCARILLE.

MASCARILLE.

Grande, grande nouvelle, et succès surprenant,
Que ma bouche vous vient annoncer maintenant !

CÉLIE.

Qu'est-ce donc ?

MASCARILLE.
Écoutez ; voici sans flatterie...
CÉLIE.
Quoi ?
MASCARILLE.
La fin d'une vraie et pure comédie.
La vieille Égyptienne à l'heure même...
CÉLIE.
Hé bien ?
MASCARILLE.
Passoit dedans la place, et ne songeoit à rien,
Alors qu'une autre vieille assez défigurée,
L'ayant de près au nez long-temps considérée,
Par un bruit enroué de mots injurieux,
A donné le signal d'un combat furieux,
Qui pour armes, pourtant, mousquets, dagues ou flè- [ches,
Ne faisoit voir en l'air que quatre griffes sèches,
Dont ces deux combattants s'efforçoient d'arracher
Ce peu que sur leurs os les ans laissent de chair.
On n'entend que ces mots, chienne, louve, bagasse.
D'abord leurs escoffions ont volé par la place[1],
Et, laissant voir à nu deux têtes sans cheveux,
Ont rendu le combat risiblement affreux.
Andrès et Trufaldin, à l'éclat du murmure,
Ainsi que force monde, accourus d'aventure,
Ont à les décharpir eu de la peine assez[2],

---

[1] *Escoffions*, coiffes que portoient alors les femmes.

[2] *Décharpir*, vieux mot qui signifioit séparer, et qui ne se trouve pas dans le *Dictionnaire de l'Académie*.

ACTE V, SCÈNE XIV.

Tant leurs esprits étoient par la fureur poussés.
Cependant que chacune, après cette tempête,
Songe à cacher aux yeux la honte de sa tête,
Et que l'on veut savoir qui causoit cette humeur ;
Celle qui la première avoit fait la rumeur,
Malgré la passion dont elle étoit émue,
Ayant sur Trufaldin tenu long-temps la vue :
C'est vous, si quelque erreur n'abuse ici mes yeux,
Qu'on m'a dit qui viviez inconnu dans ces lieux,
A-t-elle dit tout haut ; ô rencontre opportune !
Oui, seigneur Zanobio Ruberti, la fortune
Me fait vous reconnoître, et dans le même instant
Que pour votre intérêt je me tourmentois tant.
Lorsque Naples vous vit quitter votre famille,
J'avois, vous le savez, en mes mains votre fille,
Dont j'élevois l'enfance, et qui, par mille traits,
Faisoit voir, dès quatre ans, sa grace et ses attraits.
Celle que vous voyez, cette infame sorcière,
Dedans notre maison se rendant familière,
Me vola ce trésor. Hélas ! de ce malheur ·
Votre femme, je crois, conçut tant de douleur,
Que cela servit fort pour avancer sa vie.
Si bien qu'entre mes mains cette fille ravie
Me faisant redouter un reproche fâcheux,
Je vous fis annoncer la mort de toutes deux.
Mais il faut maintenant, puisque je l'ai connue,
Qu'elle fasse savoir ce qu'elle est devenue.
Au nom de Zanobio Ruberti, que sa voix,
Pendant tout ce récit, répétoit plusieurs fois,
Andrès, ayant changé quelque temps de visage,

A Trufaldin surpris a tenu ce langage :
Quoi donc ! le ciel me fait trouver heureusement
Celui que jusqu'ici j'ai cherché vainement,
Et que j'avois pu voir, sans pourtant reconnoître
La source de mon sang et l'auteur de mon être !
Oui, mon père, je suis Horace votre fils.
D'Albert, qui me gardoit, les jours étant finis,
Me sentant naître au cœur d'autres inquiétudes,
Je sortis de Bologne, et, quittant mes études,
Portai durant six ans mes pas en divers lieux,
Selon que me poussoit un désir curieux :
Pourtant, après ce temps, une secrète envie
Me pressa de revoir les miens et ma patrie;
Mais dans Naples, hélas ! je ne vous trouvai plus,
Et n'y sus votre sort que par des bruits confus :
Si bien qu'à votre quête ayant perdu mes peines,
Venise, pour un temps, borna mes courses vaines;
Et j'ai vécu depuis, sans que de ma maison
J'eusse d'autres clartés que d'en savoir le nom.
Je vous laisse à juger si, pendant ces affaires,
Trufaldin ressentoit des transports ordinaires.
Enfin, pour retrancher ce que plus à loisir
Vous aurez le moyen de vous faire éclaircir
Par la confession de votre Égyptienne,
Trufaldin maintenant vous reconnoît pour sienne;
Andrès est votre frère; et comme de sa sœur
Il ne peut plus songer à se voir possesseur,
Une obligation qu'il prétend reconnoître
A fait qu'il vous obtient pour épouse à mon maître,
Dont le père, témoin de tout l'événement,

ACTE V, SCÈNE XV.

Donne à cet hyménée un plein consentement,
Et pour mettre une joie entière en sa famille,
Pour le nouvel Horace a proposé sa fille.
Voyez que d'incidents à la fois enfantés.

CÉLIE.
Je demeure immobile à tant de nouveautés.

MASCARILLE.
Tous viennent sur mes pas, hors les deux championnes,
Qui du combat encor remettent leurs personnes.
Léandre est de la troupe, et votre père aussi ;
Moi, je vais avertir mon maître de ceci,
Et que, lorsqu'à ses vœux on croit le plus d'obstacle,
Le ciel en sa faveur produit comme un miracle.

(*Mascarille sort.*)

HIPPOLYTE.
Un tel ravissement rend mes esprits confus,
Que pour mon propre sort je n'en aurois pas plus...
Mais les voici venir.

SCÈNE XV.

TRUFALDIN, ANSELME, PANDOLFE, CÉLIE, HIPPOLYTE, LÉANDRE, ANDRÈS.

TRUFALDIN.
Ah, ma fille !

CÉLIE.
Ah, mon père !

TRUFALDIN.
Sais-tu déja comment le ciel nous est prospere ?

8.

CÉLIE.

Je viens d'entendre ici ce succès merveilleux.

HIPPOLYTE, *à Léandre.*

En vain vous parleriez pour excuser vos feux,
Si j'ai devant les yeux ce que vous pouvez dire.

LÉANDRE.

Un généreux pardon est ce que je désire :
Mais j'atteste les cieux qu'en ce retour soudain
Mon père fait bien moins que mon propre dessein.

ANDRÈS, *à Célie.*

Qui l'auroit jamais cru que cette ardeur si pure
Pût être condamnée un jour par la nature !
Toutefois tant d'honneur la sut toujours régir,
Qu'en y changeant fort peu je puis la retenir.

CÉLIE.

Pour moi, je me blâmois, et croyois faire faute,
Quand je n'avois pour vous qu'une estime très haute.
Je ne pouvois savoir quel obstacle puissant
M'arrêtoit sur un pas si doux et si glissant,
Et détournoit mon cœur de l'aveu d'une flamme
Que mes sens s'efforçoient d'introduire en mon ame.

TRUFALDIN, *à Célie.*

Mais, en te recouvrant, que diras-tu de moi,
Si je songe aussitôt à me priver de toi,
Et t'engage à son fils sous les lois d'hyménée ?

CÉLIE.

Que de vous maintenant dépend ma destinée.

SCÈNE XVI.

TRUFALDIN, ANSELME, PANDOLFE, CÉLIE, HIPPOLYTE, LÉLIE, LÉANDRE, ANDRÈS, MASCARILLE.

MASCARILLE, *à Lélie.*
Voyons si votre diable aura bien le pouvoir
De détruire à ce coup un si solide espoir;
Et si, contre l'excès du bien qui nous arrive,
Vous armerez encor votre imaginative.
Par un coup imprévu des destins les plus doux,
Vos vœux sont couronnés, et Célie est à vous.
LÉLIE.
Croirai-je que du ciel la puissance absolue...
TRUFALDIN.
Oui, mon gendre, il est vrai.
PANDOLFE.
La chose est résolue.
ANDRÈS, *à Lélie.*
Je m'acquitte par là de ce que je vous dois.
LÉLIE, *à Mascarille.*
Il faut que je t'embrasse et mille et mille fois,
Dans cette joie...
MASCARILLE.
Ahi, ahi! doucement, je vous prie.
Il m'a presque étouffé. Je crains fort pour Célie,
Si vous la caressez avec tant de transport.
De vos embrassements on se passeroit fort.

TRUFALDIN, *à Lélie.*

Vous savez le bonheur que le ciel me renvoie;
Mais puisqu'un même jour nous met tous dans la joie,
Ne nous séparons point qu'il ne soit terminé;
Et que son père aussi nous soit vite amené.

MASCARILLE.

Vous voilà tous pourvus. N'est-il point quelque fille
Qui pût accommoder le pauvre Mascarille?
A voir chacun se joindre à sa chacune ici,
J'ai des démangeaisons de mariage aussi.

ANSELME.

J'ai ton fait.

MASCARILLE.

Allons donc; et que les cieux prospères
Nous donnent des enfants dont nous soyons les pères!

FIN DE L'ÉTOURDI.

LE
DÉPIT AMOUREUX,

COMÉDIE EN CINQ ACTES

ET EN VERS,

Représentée pour la première fois à Béziers, en 1654; et à Paris sur le théâtre du Petit-Bourbon, en décembre 1658.

PERSONNAGES.

ÉRASTE, amant de Lucile [1].
ALBERT, père de Lucile et d'Ascagne [2].
GROS-RENÉ, valet d'Éraste [3].
VALÈRE, fils de Polidore [4].
LUCILE, fille d'Albert [5].
MARINETTE, suivante de Lucile [6].
POLIDORE, père de Valère.
FROSINE, confidente d'Ascagne.
ASCAGNE, fille d'Albert, déguisée en homme.
MASCARILLE, valet de Valère.
MÉTAPHRASTE, pédant [7].
LA RAPIÈRE, bretteur [8].

ACTEURS.

[1] Béjart aîné. — [2] Molière. — [3] Duparc. — [4] Béjart jeune. — [5] Mademoiselle de Brie. — [6] Magdeleine Béjart. — [7] Du Croisy. — [8] De Brie.

LE DÉPIT AMOUREUX.

ACTE PREMIER.

SCÈNE I.

ÉRASTE, GROS-RENÉ.

ÉRASTE.

Veux-tu que je te die ? une atteinte secrète
Ne laisse point mon ame en une bonne assiette.
Oui, quoi qu'à mon amour tu puisses repartir,
Il craint d'être la dupe, à ne te point mentir;
Qu'en faveur d'un rival ta foi ne se corrompe,
Ou du moins qu'avec moi toi-même on ne te trompe.

GROS-RENÉ.

Pour moi, me soupçonner de quelque mauvais tour,
Je dirai, n'en déplaise à monsieur votre amour,
Que c'est injustement blesser ma prud'homie,
Et se connoître mal en physionomie.
Les gens de mon minois ne sont point accusés
D'être, graces à Dieu, ni fourbes, ni rusés.
Cet honneur qu'on nous fait, je ne le démens guères,
Et suis homme fort rond de toutes les manières.
Pour que l'on me trompât, cela se pourroit bien,
Le doute est mieux fondé; pourtant je n'en crois rien.

Je ne vois point encore, ou je suis une bête,
Sur quoi vous avez pu prendre martel en tête.
Lucile, à mon avis, vous montre assez d'amour;
Elle vous voit, vous parle à toute heure du jour;
Et Valère, après tout, qui cause votre crainte,
Semble n'être à présent souffert que par contrainte.

ÉRASTE.

Souvent d'un faux espoir un amant est nourri :
Le mieux reçu toujours n'est pas le plus chéri;
Et tout ce que d'ardeur font paroître les femmes,
Parfois n'est qu'un beau voile à couvrir d'autres flammes.
Valère enfin, pour être un amant rebuté,
Montre depuis un temps trop de tranquillité;
Et ce qu'à ces faveurs, dont tu crois l'apparence,
Il témoigne de joie ou bien d'indifférence,
M'empoisonne à tous coups leurs plus charmants appas,
Me donne ce chagrin que tu ne comprends pas,
Tient mon bonheur en doute, et me rend difficile
Une entière croyance aux propos de Lucile.
Je voudrois, pour trouver un tel destin plus doux,
Y voir entrer un peu de son transport jaloux,
Et, sur ses déplaisirs et son impatience,
Mon ame prendroit lors une pleine assurance.
Toi-même penses-tu qu'on puisse, comme il fait,
Voir chérir un rival d'un esprit satisfait?
Et, si tu n'en crois rien, dis-moi, je t'en conjure,
Si j'ai lieu de rêver dessus cette aventure?

GROS-RENÉ.

Peut-être que son cœur a changé de désirs,
Connoissant qu'il poussoit d'inutiles soupirs.

ÉRASTE.

Lorsque par les rebuts une ame est détachée,
Elle veut fuir l'objet dont elle fut touchée,
Et ne rompt point sa chaîne avec si peu d'éclat
Qu'elle puisse rester en un paisible état.
De ce qu'on a chéri la fatale présence
Ne nous laisse jamais dedans l'indifférence;
Et, si de cette vue on n'accroît son dédain,
Notre amour est bien près de nous rentrer au sein :
Enfin, crois-moi, si bien qu'on éteigne une flamme,
Un peu de jalousie occupe encore une ame;
Et l'on ne sauroit voir, sans en être piqué,
Posséder par un autre un cœur qu'on a manqué.

GROS-RENÉ.

Pour moi, je ne sais point tant de philosophie :
Ce que voyent mes yeux franchement je m'y fie;
Et ne suis point de moi si mortel ennemi,
Que je m'aille affliger sans sujet ni demi [1].
Pourquoi subtiliser, et faire le capable
A chercher des raisons pour être misérable ?
Sur des soupçons en l'air je m'irois alarmer !
Laissons venir la fête avant que la chômer.
Le chagrin me paroît une incommode chose;
Je n'en prends point pour moi sans bonne et juste cause,
Et mêmes à mes yeux cent sujets d'en avoir
S'offrent le plus souvent que je ne veux pas voir.
Avec vous en amour je cours même fortune,

---

[1] C'est-à-dire *sans sujet* ni *demi-sujet;* ancienne locution qui n'est plus en usage.

Celle que vous aurez me doit être cõmune;
La maîtresse ne peut abuser votre foi,
A moins que la suivante en fasse autant pour moi :
Mais j'en fuis la pensée avec un soin extrême.
Je veux croire les gens, quand on me dit : Je t'aime;
Et ne vais point chercher, pour m'estimer heureux,
Si Mascarille ou non s'arrache les cheveux.
Que tantôt Marinette endure qu'à son aise
Jodelet par plaisir la caresse et la baise,
Et que ce beau rival en rie ainsi qu'un fou,
A son exemple aussi j'en rirai tout mon soûl;
Et l'on verra qui rit avec meilleure grace.

ÉRASTE.

Voilà de tes discours.

GROS-RENÉ.

      Mais je la vois qui passe.

SCÈNE II.

ÉRASTE, MARINETTE, GROS-RENÉ.

GROS-RENÉ.

S't, Marinette !

MARINETTE.

   Ho! ho! Que fais-tu là ?

GROS-RENÉ.

               Ma foi,
Demande? nous étions tout à l'heure sur toi.

MARINETTE.

Vous êtes aussi là, monsieur ! Depuis une heure,

ACTE I, SCÈNE II.

Vous m'avez fait trotter comme un Basque, ou je meure.
ÉRASTE.
Comment?
MARINETTE.
Pour vous chercher j'ai fait dix mille pas,
Et vous promets, ma foi...
ÉRASTE.
Quoi?
MARINETTE.
Que vous n'êtes pas
Au temple, au cours, chez vous, ni dans la grande place.
GROS-RENÉ.
Il falloit en jurer.
ÉRASTE.
Apprends-moi donc, de grace,
Qui te fait me chercher.
MARINETTE.
Quelqu'un, en vérité,
Qui pour vous n'a pas trop mauvaise volonté;
Ma maîtresse, en un mot.
ÉRASTE.
Ah! chère Marinette,
Ton discours de son cœur est-il bien l'interprète?
Ne me déguise point un mystère fatal;
Je ne t'en voudrois pas pour cela plus de mal :
Au nom des dieux, dis-moi si ta belle maîtresse
N'abuse point mes vœux d'une fausse tendresse.
MARINETTE.
Hé, hé! d'où vous vient donc ce plaisant mouvement?
Elle ne fait pas voir assez son sentiment!

Quel garant est-ce encor que votre amour demande ?
Que lui faut-il ?

GROS-RENÉ.

A moins que Valère se pende,
Bagatelle; son cœur ne s'assurera point.

MARINETTE.

Comment ?

GROS-RENÉ.

Il est jaloux jusques en un tel point.

MARINETTE.

De Valère ? Ah ! vraiment la pensée est bien belle !
Elle peut seulement naître en votre cervelle.
Je vous croyois du sens, et jusqu'à ce moment
J'avois de votre esprit quelque bon sentiment;
Mais, à ce que je vois, je m'étois fort trompée.
Ta tête de ce mal est-elle aussi frappée ?

GROS-RENÉ.

Moi, jaloux ? Dieu m'en garde, et d'être assez badin
Pour m'aller emmaigrir avec un tel chagrin !
Outre que de ton cœur ta foi me cautionne,
L'opinion que j'ai de moi-même est trop bonne
Pour croire auprès de moi que quelque autre te plût.
Où diantre pourrois-tu trouver qui me valût ?

MARINETTE.

En effet, tu dis bien; voilà comme il faut être :
Jamais de ces soupçons qu'un jaloux fait paroître.
Tout le fruit qu'on en cueille est de se mettre mal,
Et d'avancer par là les desseins d'un rival.
Au mérite souvent de qui l'éclat vous blesse,
Vos chagrins font ouvrir les yeux d'une maîtresse,

Et j'en sais tel, qui doit son destin le plus doux
Aux soins trop inquiets de son rival jaloux.
Enfin, quoi qu'il en soit, témoigner de l'ombrage,
C'est jouer en amour un mauvais personnage,
Et se rendre, après tout, misérable à crédit.
Cela, seigneur Éraste, en passant vous soit dit.

ÉRASTE.

Hé bien, n'en parlons plus. Que venois-tu m'apprendre?

MARINETTE.

Vous mériteriez bien que l'on vous fît attendre,
Qu'afin de vous punir je vous tinsse caché
Le grand secret pour quoi je vous ai tant cherché.
Tenez, voyez ce mot, et sortez hors de doute;
Lisez-le donc tout haut, personne ici n'écoute.

ÉRASTE *lit.*

« Vous m'avez dit que votre amour
    « Étoit capable de tout faire;
« Il se couronnera lui-même dans ce jour,
    « S'il peut avoir l'aveu d'un père.
« Faites parler les droits qu'on a dessus mon cœur,
    « Je vous en donne la licence;
    « Et si c'est en votre faveur,
    « Je vous réponds de mon obéissance. »

Ah, quel bonheur! O toi, qui me l'as apporté,
Je te dois regarder comme une déité!

GROS-RENÉ.

Je vous le disois bien : contre votre croyance,
Je ne me trompe guère aux choses que je pense.

ÉRASTE *relit.*

« Faites parler les droits qu'on a dessus mon cœur,
 « Je vous en donne la licence;
  « Et si c'est en votre faveur,
 « Je vous réponds de mon obéissance. »

MARINETTE.

Si je lui rapportois vos foiblesses d'esprit,
Elle désavoueroit bientôt un tel écrit.

ÉRASTE.

Ah! cache lui, de grace, une peur passagère,
Où mon ame a cru voir quelque peu de lumière;
Oui, si tu la lui dis, ajoute que ma mort
Est prête d'expier l'erreur de ce transport;
Que je vais à ses pieds, si j'ai pu lui déplaire,
Sacrifier ma vie à sa juste colère.

MARINETTE.

Ne parlons point de mort, ce n'en est pas le temps.

ÉRASTE.

Au reste, je te dois beaucoup, et je prétends
Reconnoître dans peu, de la bonne manière,
Les soins d'une si noble et si belle courrière.

MARINETTE.

A propos, savez-vous où je vous ai cherché
Tantôt encore?

ÉRASTE.

Hé bien?

MARINETTE.

   Tout proche du marché,
Où vous savez.

ACTE I, SCÈNE II.

ÉRASTE.
Où donc?

MARINETTE.
Là... dans cette boutique,
Où, dès le mois passé, votre cœur magnifique
Me promit, de sa grace, une bague.

ÉRASTE.
Ah! j'entends.

GROS-RENÉ.
La matoise!

ÉRASTE.
Il est vrai, j'ai tardé trop long-temps
A m'acquitter vers toi d'une telle promesse;
Mais...

MARINETTE.
Ce que j'en ai dit n'est pas que je vous presse.

GROS-RENÉ.
Ho, que non!

ÉRASTE *lui donne sa bague.*
Celle-ci peut-être aura de quoi
Te plaire; accepte-la pour celle que je doi.

MARINETTE.
Monsieur, vous vous moquez; j'aurois honte à la pren-
GROS-RENÉ.   [dre.
Pauvre honteuse, prends sans davantage attendre;
Refuser ce qu'on donne est bon à faire aux fous.

MARINETTE.
Ce sera pour garder quelque chose de vous.

ÉRASTE.
Quand puis-je rendre grace à cet ange adorable?

LE DÉPIT AMOUREUX.

MARINETTE.

Travaillez à vous rendre un père favorable.

ÉRASTE.

Mais, s'il me rebutoit, dois-je...

MARINETTE.

Alors comme alors;
Pour vous on emploîra toutes sortes d'efforts.
D'une façon ou d'autre il faut qu'elle soit vôtre :
Faites votre pouvoir, et nous ferons le nôtre.

ÉRASTE.

Adieu, nous en saurons le succès dans ce jour.

(*Éraste relit la lettre tout bas.*)

MARINETTE, *à Gros-René.*

Et nous, que dirons-nous aussi de notre amour?
Tu ne m'en parles point.

GROS-RENÉ.

Un hymen qu'on souhaite,
Entre gens comme nous, est chose bientôt faite.
Je te veux; me veux-tu de même?

MARINETTE.

Avec plaisir.

GROS-RENÉ.

Touche, il suffit.

MARINETTE.

Adieu, Gros-René, mon désir.

GROS-RENÉ.

Adieu, mon astre.

MARINETTE.

Adieu, beau tison de ma flamme.

ACTE I, SCÈNE III.

GROS-RENÉ.

Adieu, chère comète, arc-en-ciel de mon ame.
(*Marinette sort.*)
Le bon Dieu soit loué, nos affaires vont bien;
Albert n'est pas un homme à vous refuser rien.

ÉRASTE.

Valère vient à nous.

GROS-RENÉ.

Je plains le pauvre hère,
Sachant ce qui se passe.

SCÈNE III.

VALÈRE, ÉRASTE, GROS-RENÉ.

ÉRASTE.

Hé bien, seigneur Valère?

VALÈRE.

Hé bien, seigneur Éraste?

ÉRASTE.

En quel état l'amour?

VALÈRE.

En quel état vos feux?

ÉRASTE.

Plus forts de jour en jour.

VALÈRE.

Et mon amour plus fort.

ÉRASTE.

Pour Lucile?

9.

LE DÉPIT AMOUREUX.

VALÈRE.

Pour elle.

ÉRASTE.

Certes, je l'avouerai, vous êtes le modèle
D'une rare constance.

VALÈRE.

Et votre fermeté
Doit être un rare exemple à la postérité.

ÉRASTE.

Pour moi, je suis peu fait à cette amour austère,
Qui dans les seuls regards trouve à se satisfaire;
Et je ne forme point d'assez beaux sentiments
Pour souffrir constamment les mauvais traitements;
Enfin, quand j'aime bien, j'aime fort que l'on m'aime.

VALÈRE.

Il est très naturel, et j'en suis bien de même.
Le plus parfait objet dont je serois charmé
N'auroit pas mes tributs, n'en étant point aimé.

ÉRASTE.

Lucile cependant...

VALÈRE.

Lucile, dans son ame,
Rend tout ce que je veux qu'elle rende à ma flamme.

ÉRASTE.

Vous êtes donc facile à contenter?

VALÈRE.

Pas tant
Que vous pourriez penser.

ÉRASTE.

Je puis croire pourtant,

ACTE I, SCÈNE III.

Sans trop de vanité, que je suis en sa grace.
VALÈRE.
Moi, je sais que j'y tiens une assez bonne place.
ÉRASTE.
Ne vous abusez point, croyez-moi.
VALÈRE.
       Croyez-moi,
Ne laissez point duper vos yeux à trop de foi.
ÉRASTE.
Si j'osois vous montrer une preuve assurée
Que son cœur... Non, votre ame en seroit altérée.
VALÈRE.
Si je vous osois, moi, découvrir un secret...
Mais je vous fâcherois, et veux être discret.
ÉRASTE.
Vraiment, vous me poussez; et, contre mon envie,
Votre présomption veut que je l'humilie.
Lisez.
VALÈRE, *après avoir lu.*
 Ces mots sont doux.
ÉRASTE.
      Vous connoissez la main.
VALÈRE.
Oui, de Lucile.
ÉRASTE.
   Hé bien ? cet espoir si certain...
VALÈRE, *riant et s'en allant.*
Adieu, seigneur Éraste.
GROS-RENÉ.
    Il est fou, le bon sire.

Où vient-il donc pour lui de voir le mot pour rire?
ÉRASTE.
Certes, il me surprend, et j'ignore, entre nous,
Quel diable de mystère est caché là dessous.
GROS-RENÉ.
Son valet vient, je pense.
ÉRASTE.
Oui, je le vois paroître.
Feignons, pour le jeter sur l'amour de son maître.

SCÈNE IV.

ÉRASTE, MASCARILLE, GROS-RENÉ.

MASCARILLE, *à part*.
Non, je ne trouve point d'état plus malheureux
Que d'avoir un patron jeune et fort amoureux.
GROS-RENÉ.
Bonjour.
MASCARILLE.
Bonjour.
GROS-RENÉ.
Où tend Mascarille à cette heure?
Que fait-il? revient-il? va-t-il? ou s'il demeure?
MASCARILLE.
Non, je ne reviens pas, car je n'ai pas été;
Je ne vais pas aussi, car je suis arrêté;
Et ne demeure point, car, tout de ce pas même,
Je prétends m'en aller.
ÉRASTE.
La rigueur est extrême;

Doucement, Mascarille.

MASCARILLE.

Ah! monsieur, serviteur.

ÉRASTE.

Vous nous fuyez bien vite! hé quoi! vous fais-je peur?

MASCARILLE.

Je ne crois pas cela de votre courtoisie.

ÉRASTE.

Touche; nous n'avons plus sujet de jalousie,
Nous devenons amis, et mes feux, que j'éteins,
Laissent la place libre à vos heureux desseins.

MASCARILLE.

Plût à Dieu!

ÉRASTE.

Gros-René sait qu'ailleurs je me jette.

GROS-RENÉ.

Sans doute; et je te cède aussi la Marinette.

MASCARILLE.

Passons sur ce point-là; notre rivalité
N'est pas pour en venir à grande extrémité :
Mais est-ce un coup bien sûr que votre seigneurie
Soit désenamourée[1], ou si c'est raillerie?

ÉRASTE.

J'ai su qu'en ses amours ton maître étoit trop bien,
Et je serois un fou de prétendre plus rien
Aux étroites faveurs qu'il a de cette belle.

MASCARILLE.

Certes, vous me plaisez avec cette nouvelle.

[1] *Enamouré* vient de l'espagnol *enamorado*, dont Molière a composé le privatif *des-enamouré*.

Outre qu'en nos projets je vous craignois un peu,
Vous tirez sagement votre épingle du jeu.
Oui, vous avez bien fait de quitter une place
Où l'on vous caressoit pour la seule grimace;
Et mille fois, sachant tout ce qui se passoit,
J'ai plaint le faux espoir dont on vous repaissoit.
On offense un brave homme alors que l'on l'abuse;
Mais d'où diantre, après tout, avez-vous su la ruse?
Car cet engagement mutuel de leur foi
N'eut pour témoins, la nuit, que deux autres et moi,
Et l'on croit jusqu'ici la chaîne fort secrète,
Qui rend de nos amants la flamme satisfaite.

ÉRASTE.

Hé! que dis-tu?

MASCARILLE.

Je dis que je suis interdit,
Et ne sais pas, monsieur, qui peut vous avoir dit
Que, sous ce faux semblant, qui trompe tout le monde
En vous trompant aussi, leur ardeur sans seconde
D'un secret mariage a serré le lien.

ÉRASTE.

Vous en avez menti.

MASCARILLE.

Monsieur, je le veux bien.

ÉRASTE.

Vous êtes un coquin.

MASCARILLE.

D'accord.

ÉRASTE.

Et cette audace

ACTE I, SCÈNE IV.

Mériteroit cent coups de bâton sur la place.

MASCARILLE.

Vous avez tout pouvoir.

ÉRASTE.

Ah, Gros-René!

GROS-RENÉ.

Monsieur?

ÉRASTE.

Je démens un discours dont je n'ai que trop peur.
(*à Mascarille.*)
Tu penses fuir?

MASCARILLE.

Nenni.

ÉRASTE.

Quoi! Lucile est la femme...

MASCARILLE.

Non, monsieur, je raillois.

ÉRASTE.

Ah! vous railliez, infame!

MASCARILLE.

Non, je ne raillois point.

ÉRASTE.

Il est donc vrai?

MASCARILLE.

Non pas.
Je ne dis pas cela.

ÉRASTE.

Que dis-tu donc?

MASCARILLE.

Hélas!

Je ne dis rien de peur de mal parler.
ÉRASTE.
Assure
Ou si c'est chose vraie, ou si c'est imposture.
MASCARILLE.
C'est ce qu'il vous plaira : je ne suis pas ici
Pour vous rien contester.
ÉRASTE, *tirant son épée.*
Veux-tu dire? Voici,
Sans marchander, de quoi te délier la langue.
MASCARILLE.
Elle ira faire encor quelque sotte harangue.
Hé! de grace, plutôt, si vous le trouvez bon,
Donnez-moi vitement quelques coups de bâton,
Et me laissez tirer mes chausses sans murmure.
ÉRASTE.
Tu mourras, ou je veux que la vérité pure
S'exprime par ta bouche.
MASCARILLE.
Hélas! je la dirai :
Mais peut-être, monsieur, que je vous fâcherai.
ÉRASTE.
Parle : mais prends bien garde à ce que tu vas faire.
A ma juste fureur rien ne te peut soustraire,
Si tu mens d'un seul mot en ce que tu diras.
MASCARILLE.
J'y consens, rompez-moi les jambes et les bras,
Faites-moi pis encor, tuez-moi, si j'impose,
En tout ce que j'ai dit ici, la moindre chose.

ÉRASTE.

Ce mariage est vrai?

MASCARILLE.

      Ma langue, en cet endroit,
A fait un pas de clerc, dont elle s'aperçoit :
Mais enfin cette affaire est comme vous la dites.
Et c'est après cinq jours de nocturnes visites,
Tandis que vous serviez à mieux couvrir leur jeu,
Que depuis avant-hier ils sont joints de ce nœud;
Et Lucile depuis fait encor moins paroître
La violente amour qu'elle porte à mon maître,
Et veut absolument que tout ce qu'il verra,
Et qu'en votre faveur son cœur témoignera,
Il l'impute à l'effet d'une haute prudence,
Qui veut de leurs secrets ôter la connoissance.
Si, malgré mes serments, vous doutez de ma foi,
Gros-René peut venir une nuit avec moi,
Et je lui ferai voir, étant en sentinelle,
Que nous avons dans l'ombre un libre accès chez elle?

ÉRASTE.

Ote-toi de mes yeux, maraud!

MASCARILLE.

      Et de grand cœur
C'est ce que je demande.

SCÈNE V.

ÉRASTE, GROS-RENÉ.

ÉRASTE.
Hé bien?
GROS-RENÉ.
Hé bien, monsieur?
Nous en tenons tous deux, si l'autre est véritable.
ÉRASTE.
Las! il ne l'est que trop, le bourreau détestable!
Je vois trop d'apparence à tout ce qu'il a dit;
Et ce qu'a fait Valère, en voyant cet écrit,
Marque bien leur concert, et que c'est une baie [1]
Qui sert, sans doute, aux feux dont l'ingrate le paie.

SCÈNE VI.

ÉRASTE, MARINETTE, GROS-RENÉ.

MARINETTE.
Je viens vous avertir que tantôt sur le soir
Ma maîtresse au jardin vous permet de la voir.
ÉRASTE.
Oses-tu me parler, ame double et traîtresse!
Va, sors de ma présence; et dis à ta maîtresse
Qu'avecque ses écrits elle me laisse en paix,
Et que voilà l'état, infame! que j'en fais.
(*Il déchire la lettre et sort.*)

[1] *Baie*, ruse, tromperie.

MARINETTE.

Gros-René, dis-moi donc quelle mouche le pique.

GROS-RENÉ.

M'oses-tu bien encor parler, femelle inique,
Crocodile trompeur, de qui le cœur félon
Est pire qu'un satrape, ou bien qu'un Lestrigon?
Va, va rendre réponse à ta bonne maîtresse,
Et dis-lui bien et beau que, malgré sa souplesse,
Nous ne sommes plus sots, ni mon maître ni moi,
Et désormais qu'elle aille au diable avecque toi.

MARINETTE, *seule*.

Ma pauvre Marinette, es-tu bien éveillée?
De quel démon est donc leur ame travaillée?
Quoi! faire un tel accueil à nos soins obligeants!
Oh! que ceci chez nous va surprendre les gens!

FIN DU PREMIER ACTE.

ACTE SECOND.

SCÈNE I.

ASCAGNE, FROSINE.

FROSINE.
Ascagne, je suis fille à secret, dieu merci.
ASCAGNE.
Mais pour un tel discours sommes-nous bien ici?
Prenons garde qu'aucun ne nous vienne surprendre,
Ou que de quelque endroit on ne nous puisse entendre.
FROSINE.
Nous serions au logis beaucoup moins sûrement :
Ici de tous côtés on découvre aisément;
Et nous pouvons parler avec toute assurance.
ASCAGNE.
Hélas! que j'ai de peine à rompre mon silence!
FROSINE.
Ouais! ceci doit donc être un important secret?
ASCAGNE.
Trop, puisque je le dis à vous-même à regret,
Et que, si je pouvois le cacher davantage,
Vous ne le sauriez point.
FROSINE.
　　　　　　　Ah! c'est me faire outrage!
Feindre à s'ouvrir à moi, dont vous avez connu

ACTE II, SCÈNE I.

Dans tous vos intérêts l'esprit si retenu !
Moi, nourrie avec vous, et qui tiens sous silence
Des choses qui vous sont de si grande importance,
Qui sais...

ASCAGNE.

Oui, vous savez la secrète raison
Qui cache aux yeux de tous mon sexe et ma maison ;
Vous savez que dans celle où passa mon bas âge
Je suis pour y pouvoir retenir l'héritage
Que relâchoit ailleurs le jeune Ascagne mort,
Dont mon déguisement fait revivre le sort ;
Et c'est aussi pourquoi ma bouche se dispense
A vous ouvrir mon cœur avec plus d'assurance.
Mais avant que passer, Frosine, à ce discours,
Éclaircissez un doute où je tombe toujours.
Se pourroit-il qu'Albert ne sût rien du mystère
Qui masque ainsi mon sexe, et l'a rendu mon père ?

FROSINE.

En bonne foi, ce point sur quoi vous me pressez
Est une affaire aussi qui m'embarrasse assez :
Le fond de cette intrigue est pour moi lettre close ;
Et ma mère ne put m'éclaircir mieux la chose.
Quand il mourut, ce fils, l'objet de tant d'amour,
Au destin de qui, même avant qu'il vînt au jour,
Le testament d'un oncle abondant en richesses
D'un soin particulier avoit fait des largesses ;
Et que sa mère fit un secret de sa mort,
De son époux absent redoutant le transport,
S'il voyoit chez un autre aller tout l'héritage,
Dont sa maison tiroit un si grand avantage ;

Quand, dis-je, pour cacher un tel événement,
La supposition fut de son sentiment,
Et qu'on vous prit chez nous, où vous étiez nourrie
(Votre mère d'accord de cette tromperie
Qui remplaçoit ce fils à sa garde commis),
En faveur des présents le secret fut promis.
Albert ne l'a point su de nous; et pour sa femme,
L'ayant plus de douze ans conservé dans son ame,
Comme le mal fut prompt dont on la vit mourir,
Son trépas imprévu ne put rien découvrir;
Mais cependant je vois qu'il garde intelligence
Avec celle de qui vous tenez la naissance.
J'ai su qu'en secret même il lui faisoit du bien,
Et peut-être cela ne se fait pas pour rien.
D'autre part, il vous veut porter au mariage;
Et, comme il le prétend, c'est un mauvais langage.
Je ne sais s'il sauroit la supposition
Sans le déguisement. Mais la digression
Tout insensiblement pourroit trop loin s'étendre;
Revenons au secret que je brûle d'apprendre.

ASCAGNE.

Sachez donc que l'Amour ne sait point s'abuser.
Que mon sexe à ses yeux n'a pu se déguiser,
Et que ses traits subtils, sous l'habit que je porte,
Ont su trouver le cœur d'une fille peu forte;
J'aime enfin.

FROSINE.

Vous aimez!

ASCAGNE.

Frosine, doucement.

ACTE II, SCÈNE I.

N'entrez pas tout-à-fait dedans l'étonnement,
Il n'est pas temps encore; et ce cœur qui soupire
A bien, pour vous surprendre, autre chose à vous dire.

FROSINE.

Et quoi?

ASCAGNE.

J'aime Valère.

FROSINE.

Ah! vous avez raison.
L'objet de votre amour, lui, dont à la maison
Votre imposture enlève un puissant héritage,
Et qui, de votre sexe ayant le moindre ombrage,
Verroit incontinent ce bien lui retourner!
C'est encore un plus grand sujet de s'étonner.

ASCAGNE.

J'ai de quoi, toutefois, surprendre plus votre ame:
Je suis sa femme.

FROSINE.

O dieux! sa femme?

ASCAGNE.

Oui, sa femme.

FROSINE.

Ah! certes celui-là l'emporte, et vient à bout
De toute ma raison.

ASCAGNE.

Ce n'est pas encor tout.

FROSINE.

Encore?

ASCAGNE.

Je la suis, dis-je, sans qu'il le pense,

Ni qu'il ait de mon sort la moindre connoissance.
FROSINE.
Ho! poussez; je le quitte, et ne raisonne plus,
Tant mes sens coup sur coup se trouvent confondus!
A ces énigmes-là je ne puis rien comprendre.
ASCAGNE.
Je vais vous l'expliquer, si vous voulez m'entendre.
Valère, dans les fers de ma sœur arrêté,
Me sembloit un amant digne d'être écouté;
Et je ne pouvois voir qu'on rebutât sa flamme,
Sans qu'un peu d'intérêt touchât pour lui mon ame;
Je voulois que Lucile aimât son entretien;
Je blâmois ses rigueurs, et les blâmai si bien,
Que moi-même j'entrai, sans pouvoir m'en défendre,
Dans tous les sentiments qu'elle ne pouvoit prendre.
C'étoit, en lui parlant, moi qu'il persuadoit;
Je me laissois gagner aux soupirs qu'il perdoit;
Et ses vœux, rejetés de l'objet qui l'enflamme,
Étoient, comme vainqueurs, reçus dedans mon ame.
Ainsi mon cœur, Frosine, un peu trop foible, hélas!
Se rendit à des soins qu'on ne lui rendoit pas,
Par un coup réfléchi reçut une blessure,
Et paya pour un autre avec beaucoup d'usure.
Enfin, ma chère, enfin, l'amour que j'eus pour lui
Se voulut expliquer, mais sous le nom d'autrui.
Dans ma bouche, une nuit, cet amant trop aimable
Crut rencontrer Lucile à ses vœux favorable,
Et je sus ménager si bien cet entretien,
Que du déguisement il ne reconnut rien.
Sous ce voile trompeur, qui flattoit sa pensée,

Je lui dis que pour lui mon ame étoit blessée,
Mais que voyant mon père en d'autres sentiments,
Je devois une feinte à ses commandements;
Qu'ainsi de notre amour nous ferions un mystère
Dont la nuit seulement seroit dépositaire;
Et qu'entre nous, de jour, de peur de rien gâter,
Tout entretien secret se devoit éviter;
Qu'il me verroit alors la même indifférence
Qu'avant que nous eussions aucune intelligence;
Et que de son côté, de même que du mien,
Geste, parole, écrit, ne m'en dît jamais rien.
Enfin, sans m'arrêter sur toute l'industrie
Dont j'ai conduit le fil de cette tromperie,
J'ai poussé jusqu'au bout un projet si hardi,
Et me suis assuré l'époux que je vous di.

FROSINE.

Peste! les grands talents que votre esprit possède!
Diroit-on qu'elle y touche, avec sa mine froide?
Cependant vous avez été bien vite ici;
Car je veux que la chose ait d'abord réussi,
Ne jugez-vous pas bien, à regarder l'issue,
Qu'elle ne peut long-temps éviter d'être sue?

ASCAGNE.

Quand l'amour est bien fort, rien ne peut l'arrêter;
Ses projets seulement vont à se contenter;
Et, pourvu qu'il arrive au but qu'il se propose,
Il croit que tout le reste après est peu de chose.
Mais enfin aujourd'hui je me découvre à vous,
Afin que vos conseils... Mais voici cet époux.

SCÈNE II.

VALÈRE, ASCAGNE, FROSINE.

VALÈRE.

Si vous êtes tous deux en quelque conférence
Où je vous fasse tort de mêler ma présence,
Je me retirerai.

ASCAGNE.

Non, non, vous pouvez bien,
Puisque vous le faisiez, rompre notre entretien.

VALÈRE.

Moi?

ASCAGNE.

Vous-même.

VALÈRE.

Et comment?

ASCAGNE.

Je disois que Valère
Auroit, si j'étois fille, un peu trop su me plaire,
Et que, si je faisois tous les vœux de son cœur,
Je ne tarderois guère à faire son bonheur.

VALÈRE.

Ces protestations ne coûtent pas grand'chose;
Alors qu'à leur effet un pareil si s'oppose;
Mais vous seriez bien pris, si quelque événement
Alloit mettre à l'épreuve un si doux compliment.

ASCAGNE.

Point du tout; je vous dis que, régnant dans votre ame,
Je voudrois de bon cœur couronner votre flamme.

ACTE II, SCÈNE II.

VALÈRE.

Et si c'étoit quelqu'une où, par votre secours,
Vous pussiez être utile au bonheur de mes jours?

ASCAGNE.

Je pourrois assez mal répondre à votre attente.

VALÈRE.

Cette confession n'est pas fort obligeante.

ASCAGNE.

Hé quoi! vous voudriez, Valère, injustement,
Qu'étant fille, et mon cœur vous aimant tendrement,
Je m'allasse engager avec une promesse
De servir vos ardeurs pour quelque autre maîtresse?
Un si pénible effort, pour moi, m'est interdit.

VALÈRE.

Mais cela n'étant pas?

ASCAGNE.

Ce que je vous ai dit,
Je l'ai dit comme fille, et vous le devez prendre
Tout de même.

VALÈRE.

Ainsi donc il ne faut rien prétendre,
Ascagne, à des bontés que vous auriez pour nous,
A moins que le ciel fasse un grand miracle en vous;
Bref, si vous n'êtes fille, adieu votre tendresse,
Il ne vous reste rien qui pour nous s'intéresse.

ASCAGNE.

J'ai l'esprit délicat plus qu'on ne peut penser,
Et le moindre scrupule a de quoi m'offenser
Quand il s'agit d'aimer. Enfin je suis sincère;
Je ne m'engage point à vous servir, Valère,

Si vous ne m'assurez, au moins absolument,
Que vous gardez pour moi le même sentiment;
Que pareille chaleur d'amitié vous transporte,
Et que, si j'étois fille, une flamme plus forte
N'outrageroit point celle où je vivrois pour vous.

VALÈRE.

Je n'avois jamais vu ce scrupule jaloux;
Mais, tout nouveau qu'il est, ce mouvement m'oblige,
Et je vous fais ici tout l'aveu qu'il exige.

ASCAGNE.

Mais sans fard?

VALÈRE.

Oui, sans fard.

ASCAGNE.

S'il est vrai, désormais
Vos intérêts seront les miens, je vous promets.

VALÈRE.

J'ai bientôt à vous dire un important mystère
Où l'effet de ces mots me sera nécessaire.

ASCAGNE.

Et j'ai quelque secret de même à vous ouvrir,
Où votre cœur pour moi se pourra découvrir.

VALÈRE.

Hé! de quelle façon cela pourroit-il être?

ASCAGNE.

C'est que j'ai de l'amour qui n'oseroit paroître;
Et vous pourriez avoir sur l'objet de mes vœux
Un empire à pouvoir rendre mon sort heureux.

VALÈRE.

Expliquez-vous, Ascagne; et croyez, par avance,

ACTE II, SCÈNE II.

Que votre heur est certain, s'il est en ma puissance.

ASCAGNE.

Vous promettez ici plus que vous ne croyez.

VALÈRE.

Non, non; dites l'objet pour qui vous m'employez.

ASCAGNE.

Il n'est pas encor temps; mais c'est une personne
Qui vous touche de près.

VALÈRE.

Votre discours m'étonne.
Plût à Dieu que ma sœur...

ASCAGNE.

Ce n'est pas la saison
De m'expliquer, vous dis-je.

VALÈRE.

Et pourquoi?

ASCAGNE.

Pour raison.
Vous saurez mon secret quand je saurai le vôtre.

VALÈRE.

J'ai besoin pour cela de l'avis de quelque autre.

ASCAGNE.

Ayez-le donc; et lors, nous expliquant nos vœux,
Nous verrons qui tiendra mieux parole des deux.

VALÈRE.

Adieu, j'en suis content.

ASCAGNE.

Et moi content, Valère.

(*Valère sort.*)

FROSINE.

Il croit trouver en vous l'assistance d'un frère.

SCÈNE III.

LUCILE, ASCAGNE, FROSINE, MARINETTE.

LUCILE, *à Marinette, les trois premiers vers.*
C'en est fait; c'est ainsi que je me puis venger;
Et si cette action a de quoi l'affliger,
C'est toute la douceur que mon cœur s'y propose.
Mon frère, vous voyez une métamorphose.
Je veux chérir Valère après tant de fierté,
Et mes vœux maintenant tournent de son côté.

ASCAGNE.
Que dites-vous, ma sœur? Comment! courir au change!
Cette inégalité me semble trop étrange.

LUCILE.
La vôtre me surprend avec plus de sujet.
De vos soins autrefois Valère étoit l'objet,
Je vous ai vu pour lui m'accuser de caprice,
D'aveugle cruauté, d'orgueil et d'injustice;
Et, quand je veux l'aimer, mon dessein vous déplaît!
Et je vous vois parler contre son intérêt!

ASCAGNE.
Je le quitte, ma sœur, pour embrasser le vôtre;
Je sais qu'il est rangé dessous les lois d'une autre;
Et ce seroit un trait honteux à vos appas,
Si vous le rappeliez et qu'il ne revînt pas.

ACTE II, SCÈNE III.

LUCILE.

Si ce n'est que cela, j'aurai soin de ma gloire,
Et je sais, pour son cœur, tout ce que j'en dois croire;
Il s'explique à mes yeux intelligiblement;
Ainsi découvrez-lui, sans peur, mon sentiment;
Ou, si vous refusez de le faire, ma bouche
Lui va faire savoir que son ardeur me touche.
Quoi! mon frère, à ces mots vous restez interdit?

ASCAGNE.

Ah, ma sœur! si sur vous je puis avoir crédit,
Si vous êtes sensible aux prières d'un frère,
Quittez un tel dessein, et n'ôtez point Valère
Aux vœux d'un jeune objet dont l'intérêt m'est cher,
Et qui, sur ma parole, a droit de vous toucher.
La pauvre infortunée aime avec violence :
A moi seul de ses feux elle fait confidence,
Et je vois dans son cœur de tendres mouvements
A dompter la fierté des plus durs sentiments.
Oui, vous auriez pitié de l'état de son ame,
Connoissant de quel coup vous menacez sa flamme,
Et je ressens si bien la douleur qu'elle aura,
Que je suis assuré, ma sœur, qu'elle en mourra,
Si vous lui dérobez l'amant qui peut lui plaire.
Éraste est un parti qui doit vous satisfaire,
Et des feux mutuels...

LUCILE.

Mon frère, c'est assez;
Je ne sais point pour qui vous vous intéressez;
Mais, de grace, cessons ce discours, je vous prie,
Et me laissez un peu dans quelque rêverie.

ASCAGNE.

Allez, cruelle sœur, vous me désespérez,
Si vous effectuez vos desseins déclarés.

SCÈNE IV.

LUCILE, MARINETTE.

MARINETTE.

La résolution, madame, est assez prompte.

LUCILE.

Un cœur ne pèse rien alors que l'on l'affronte;
Il court à sa vengeance, et saisit promptement
Tout ce qu'il croit servir à son ressentiment.
Le traître! faire voir cette insolence extrême!

MARINETTE.

Vous m'en voyez encor toute hors de moi-même;
Et quoique là dessus je rumine sans fin,
L'aventure me passe, et j'y perds mon latin.
Car enfin aux transports d'une bonne nouvelle
Jamais cœur ne s'ouvrit d'une façon plus belle;
De l'écrit obligeant le sien tout transporté
Ne me donnoit pas moins que de la déité;
Et cependant jamais, à cet autre message,
Fille ne fut traitée avecque tant d'outrage.
Je ne sais, pour causer de si grands changements,
Ce qui s'est pu passer entre ces courts moments.

LUCILE.

Rien ne s'est pu passer dont il faille être en peine,
Puisque rien ne le doit défendre de ma haine.
Quoi! tu voudrois chercher hors de sa lâcheté

La secrète raison de cette indignité ?
Cet écrit malheureux, dont mon ame s'accuse,
Peut-il à son transport souffrir la moindre excuse ?

MARINETTE.

En effet, je comprends que vous avez raison,
Et que cette querelle est pure trahison.
Nous en tenons, madame : et puis, prêtons l'oreille
Aux bons chiens de pendards qui nous chantent merveil-
Qui, pour nous accrocher, feignent tant de langueur; [le,
Laissons à leurs beaux mots fondre notre rigueur;
Rendons-nous à leurs vœux, trop foibles que nous som-
Foin de notre sottise, et peste soit des hommes ! [mes !

LUCILE.

Hé bien, bien ! qu'il s'en vante et rie à nos dépens,
Il n'aura pas sujet d'en triompher long-temps :
Et je lui ferai voir qu'en une ame bien faite
Le mépris suit de près la faveur qu'on rejette.

MARINETTE.

Au moins, en pareils cas, est-ce un bonheur bien doux,
Quand on sait qu'on n'a pas d'avantage sur vous.
Marinette eut bon nez, quoi qu'on en puisse dire,
De ne permettre rien un soir qu'on vouloit rire.
Quelque autre, sous espoir du *matrimonion*,
Auroit ouvert l'oreille à la tentation ;
Mais moi, *nescio vos.*

LUCILE.

Que tu dis de folies,
Et choisis mal ton temps pour de telles saillies !
Enfin je suis touchée au cœur sensiblement ;
Et si jamais celui de ce perfide amant,

Par un coup de bonheur, dont j'aurois tort, je pense,
De vouloir à présent concevoir l'espérance
(Car le ciel a trop pris plaisir à m'affliger,
Pour me donner celui de me pouvoir venger);
Quand, dis-je, par un sort à mes désirs propice,
Il reviendroit m'offrir sa vie en sacrifice,
Détester à mes pieds l'action d'aujourd'hui,
Je te défends surtout de me parler pour lui.
Au contraire, je veux que ton zèle s'exprime
A me bien mettre aux yeux la grandeur de son crime;
Et même si mon cœur étoit pour lui tenté
De descendre jamais à quelque lâcheté,
Que ton affection me soit alors sévère,
Et tienne, comme il faut, la main à ma colère.

MARINETTE.

Vraiment n'ayez point peur, et laissez faire à nous;
J'ai pour le moins autant de colère que vous;
Et je serois plutôt fille toute ma vie,
Que mon gros traître aussi me redonnât envie.
S'il vient...

SCÈNE V.

ALBERT, LUCILE, MARINETTE.

ALBERT.

Rentrez, Lucile, et me faites venir
Le précepteur; je veux un peu l'entretenir,
Et m'informer de lui, qui me gouverne Ascagne,
S'il sait point quel ennui depuis peu l'accompagne.

SCÈNE VI.

ALBERT.

En quel gouffre de soins et de perplexité
Nous jette une action faite sans équité !
D'un enfant supposé par mon trop d'avarice
Mon cœur depuis long-temps souffre bien le supplice ;
Et quand je vois les maux où je me suis plongé,
Je voudrois à ce bien n'avoir jamais songé.
Tantôt je crains de voir, par la fourbe éventée,
Ma famille en opprobre et misère jetée ;
Tantôt pour ce fils-là qu'il me faut conserver,
Je crains cent accidents qui peuvent arriver.
S'il advient que dehors quelque affaire m'appelle,
J'appréhende au retour cette triste nouvelle :
Las ! vous ne savez pas ? Vous l'a-t-on annoncé ?
Votre fils a la fièvre, ou jambe ou bras cassé ;
Enfin, à tous moments, sur quoi que je m'arrête,
Cent sortes de chagrins me roulent par la tête.
Ah !...

SCÈNE VII.

ALBERT, MÉTAPHRASTE.

MÉTAPHRASTE.
Mandatum tuum curo diligenter.
ALBERT.
Maître, j'ai voulu...

MÉTAPHRASTE.

Maître est dit *a magis ter;*
C'est comme qui diroit trois fois plus grand.

ALBERT.

Je meure,
Si je savois cela. Mais, soit, à la bonne heure.
Maître donc...

MÉTAPHRASTE.

Poursuivez.

ALBERT.

Je veux poursuivre aussi;
Mais ne poursuivez point, vous, d'interrompre ainsi;
Donc, encore une fois, maître, c'est la troisième,
Mon fils me rend chagrin, vous savez que je l'aime,
Et que soigneusement je l'ai toujours nourri.

MÉTAPHRASTE.

Il est vrai : *Filio non potest præferri
Nisi filius.*

ALBERT.

Maître, en discourant ensemble,
Ce jargon n'est pas fort nécessaire, me semble;
Je vous crois grand latin et grand docteur juré;
Je m'en rapporte à ceux qui m'en ont assuré,
Mais dans un entretien qu'avec vous je destine,
N'allez point déployer toute votre doctrine,
Faire le pédagogue, et cent mots me cracher,
Comme si vous étiez en chaire pour prêcher.
Mon père, quoiqu'il eût la tête des meilleures,
Ne m'a jamais rien fait apprendre que mes heures,
Qui, depuis cinquante ans, dites journellement,

Ne sont encor pour moi que du haut allemand.
Laissez donc en repos votre science auguste,
Et que votre langage à mon foible s'ajuste.
MÉTAPHRASTE.
Soit.
ALBERT.
A mon fils, l'hymen me paroît faire peur;
Et sur quelque parti que je sonde son cœur,
Pour un pareil lien il est froid et recule.
MÉTAPHRASTE.
Peut-être a-t-il l'humeur du frère de Marc-Tulle,
Dont avec Atticus le même fait sermon;
Et comme aussi les Grecs disent *Atanaton*...
ALBERT.
Mon dieu! maître éternel, laissez là, je vous prie,
Les Grecs, les Albanois, avec l'Esclavonie,
Et tous ces autres gens dont vous voulez parler;
Eux et mon fils n'ont rien ensemble à démêler.
MÉTAPHRASTE.
Hé bien donc, votre fils?
ALBERT.
Je ne sais si dans l'ame
Il ne sentiroit point une secrète flamme :
Quelque chose le trouble, ou je suis fort déçu;
Et je l'aperçus hier sans en être aperçu,
Dans un recoin du bois où nul ne se retire.
MÉTAPHRASTE.
Dans un lieu reculé du bois, voulez-vous dire,
Un endroit écarté, *latine, secessus;*
Virgile l'a dit : *Est in secessu... locus...*

ALBERT.
Comment auroit-il pu l'avoir dit, ce Virgile,
Puisque je suis certain que dans ce lieu tranquille,
Ame du monde enfin n'étoit lors que nous deux?
MÉTAPHRASTE.
Virgile est nommé là comme un auteur fameux
D'un terme plus choisi que le mot que vous dites,
Et non comme témoin de ce qu'hier vous vîtes.
ALBERT.
Et moi, je vous dis, moi, que je n'ai pas besoin
De terme plus choisi, d'auteur, ni de témoin,
Et qu'il suffit ici de mon seul témoignage.
MÉTAPHRASTE.
Il faut choisir pourtant les mots mis en usage
Par les meilleurs auteurs. *Tu vivendo, bonos,*
Comme on dit, *scribendo, sequare peritos.*
ALBERT.
Homme ou démon, veux-tu m'entendre sans conteste?
MÉTAPHRASTE.
Quintilien en fait le précepte.
ALBERT.
     La peste
Soit du causeur.
MÉTAPHRASTE.
    Et dit là dessus doctement
Un mot que vous serez bien aise assurément
D'entendre.
ALBERT.
   Je serai le diable qui t'emporte,
Chien d'homme! Oh! que je suis tenté d'étrange sorte

ACTE II, SCÈNE VII.

De faire sur ce mufle une application !

MÉTAPHRASTE.

Mais qui cause, seigneur, votre inflammation :
Que voulez-vous de moi ?

ALBERT.

Je veux que l'on m'écoute,
Vous ai-je dit vingt fois, quand je parle.

MÉTAPHRASTE.

Ah! sans doute;
Vous serez satisfait s'il ne tient qu'à cela;
Je me tais.

ALBERT.

Vous ferez sagement.

MÉTAPHRASTE.

Me voilà
Tout prêt à vous ouïr.

ALBERT.

Tant mieux.

MÉTAPHRASTE.

Que je trépasse,
Si je dis plus mot.

ALBERT.

Dieu vous en fasse la grace !

MÉTAPHRASTE.

Vous n'accuserez point mon caquet désormais.

ALBERT.

Ainsi soit-il !

MÉTAPHRASTE.

Parlez quand vous voudrez.

ALBERT.

J'y vais.

MÉTAPHRASTE.
Et n'appréhendez plus l'interruption nôtre.

ALBERT.
C'est assez dit.

MÉTAPHRASTE.
Je suis exact plus qu'aucun autre.

ALBERT.
Je le crois.

MÉTAPHRASTE.
J'ai promis que je ne dirois rien.

ALBERT.
Suffit.

MÉTAPHRASTE.
Dès à présent je suis muet.

ALBERT.

Fort bien.

MÉTAPHRASTE.
Parlez; courage! au moins je vous donne audience.
Vous ne vous plaindrez pas de mon peu de silence:
Je ne desserre pas la bouche seulement.

ALBERT, *à part*.
Le traître!

MÉTAPHRASTE.
Mais, de grace, achevez vitement:
Depuis long-temps j'écoute; il est bien raisonnable
Que je parle à mon tour.

ALBERT.
Donc, bourreau détestable...

ACTE II, SCÈNE VIII.

MÉTAPHRASTE.

Hé, bon dieu! Voulez-vous que j'écoute à jamais?
Partageons le parler, au moins, ou je m'en vais.

ALBERT.

Ma patience est bien...

MÉTAPHRASTE.

Quoi! voulez-vous poursuivre?
Ce n'est pas encor fait? *Per Jovem*, je suis ivre!

ALBERT.

Je n'ai pas dit...

MÉTAPHRASTE.

Encor? Bon dieu, que de discours!
Rien n'est-il suffisant d'en arrêter le cours?

ALBERT.

J'enrage.

MÉTAPHRASTE.

Derechef? O l'étrange torture!
Hé! laissez-moi parler un peu, je vous conjure.
Un sot qui ne dit mot ne se distingue pas
D'un savant qui se tait.

ALBERT.

Parbleu! tu te tairas.

SCÈNE VIII.

MÉTAPHRASTE.

D'où vient fort à propos cette sentence expresse
D'un philosophe : Parle, afin qu'on te connoisse?
Doncque, si de parler le pouvoir m'est ôté,

Pour moi, j'aime autant perdre aussi l'humanité,
Et changer mon essence en celle d'une bête.
Me voilà pour huit jours avec un mal de tête.
Oh! que les grands parleurs sont par moi détestés!
Mais quoi! si les savants ne sont point écoutés,
Si l'on veut que toujours ils aient la bouche close,
Il faut donc renverser l'ordre de chaque chose;
Que les poules dans peu dévorent les renards;
Que les jeunes enfants remontrent aux vieillards;
Qu'à poursuivre les loups les agnelets s'ébattent;
Qu'un fou fasse les lois; que les femmes combattent;
Que par les criminels les juges soient jugés,
Et par les écoliers les maîtres fustigés;
Que le malade au sain présente le remède;
Que le lièvre craintif...

SCÈNE IX.

ALBERT, MÉTAPHRASTE.

(Albert sonne aux oreilles de Métaphraste une cloche de mulet, qui le fait fuir.)

MÉTAPHRASTE, *fuyant.*
  Miséricorde! à l'aide!

FIN DU SECOND ACTE.

ACTE TROISIÈME.

SCÈNE I.

MASCARILLE.

Le ciel parfois seconde un dessein téméraire,
Et l'on sort, comme on peut, d'une méchante affaire.
Pour moi, qu'une imprudence a trop fait discourir,
Le remède plus prompt où j'ai su recourir,
C'est de pousser ma pointe, et dire en diligence
A notre vieux patron toute la manigance.
Son fils, qui m'embarrasse, est un évaporé :
L'autre, diable! disant ce que j'ai déclaré,
Gare une irruption sur notre friperie!
Au moins, avant qu'on puisse échauffer sa furie,
Quelque chose de bon nous pourra succéder,
Et les vieillards entre eux se pourront accorder.
C'est ce qu'on va tenter; et, de la part du nôtre,
Sans perdre un seul moment, je m'en vais trouver l'autre.
(Il frappe à la porte d'Albert.)

SCÈNE II.

ALBERT, MASCARILLE.

ALBERT.

Qui frappe?

MASCARILLE.

Ami.

ALBERT.

Oh, oh! qui te peut amener, Mascarille?

MASCARILLE.

Je viens, monsieur, pour vous donner
Le bonjour.

ALBERT.

Ah! vraiment, tu prends beaucoup de peine.
De tout mon cœur, bonjour.

(*Il s'en va.*)

MASCARILLE.

La réplique est soudaine.
Quel homme brusque!

(*Il heurte.*)

ALBERT.

Encor?

MASCARILLE.

Vous n'avez pas ouï,
Monsieur.

ALBERT.

Ne m'as-tu pas donné le bonjour?

MASCARILLE.

Oui.

ALBERT.

Hé bien! bonjour, te dis-je.

(*Il s'en va, Mascarille l'arrête.*)

MASCARILLE.

Oui; mais je viens encore

ACTE III, SCÈNE II.

Vous saluer au nom du seigneur Polidore.

ALBERT.

Ah! c'est un autre fait. Ton maître t'a chargé
De me saluer?

MASCARILLE.

Oui.

ALBERT.

Je lui suis obligé;
Va, que je lui souhaite une joie infinie.

(*Il s'en va.*)

MASCARILLE.

Cet homme est ennemi de la cérémonie.

(*Il heurte.*)

Je n'ai pas achevé, monsieur, son compliment;
Il voudroit vous prier d'une chose instamment.

ALBERT.

Hé bien! quand il voudra, je suis à son service.

MASCARILLE, *l'arrêtant.*

Attendez, et souffrez qu'en deux mots je finisse.
Il souhaite un moment pour vous entretenir
D'une affaire importante, et doit ici venir.

ALBERT.

Hé, quelle est-elle encor l'affaire qui l'oblige
A me vouloir parler?

MASCARILLE.

Un grand secret, vous dis-je,
Qu'il vient de découvrir en ce même moment,
Et qui, sans doute, importe à tous deux grandement.
Voilà mon ambassade.

SCÈNE III.

ALBERT.

O juste ciel! je tremble :
Car enfin nous avons peu de commerce ensemble.
Quelque tempête va renverser mes desseins,
Et ce secret, sans doute, est celui que je crains.
L'espoir de l'intérêt m'a fait quelque infidèle,
Et voilà sur ma vie une tache éternelle.
Ma fourbe est découverte. Oh! que la vérité
Se peut cacher long-temps avec difficulté!
Et qu'il eût mieux valu, pour moi, pour mon estime,
Suivre les mouvements d'une peur légitime,
Par qui je me suis vu tenté plus de vingt fois
De rendre à Polidore un bien que je lui dois,
De prévenir l'éclat où ce coup-ci m'expose,
Et faire qu'en douceur passât toute la chose!
Mais, hélas! c'en est fait, il n'est plus de saison,
Et ce bien, par la fraude entré dans ma maison,
N'en sera point tiré, que dans cette sortie
Il n'entraîne du mien la meilleure partie.

SCÈNE IV.

ALBERT, POLIDORE.

POLIDORE, *les quatre premiers vers sans voir Albert.*
S'être ainsi marié sans qu'on en ait su rien!
Puisse cette action se terminer à bien!

ACTE III, SCÈNE IV.

Je ne sais qu'en attendre ; et je crains fort du père
Et la grande richesse, et la juste colère.
Mais je l'aperçois seul.

ALBERT.

Dieu! Polidore vient!

POLIDORE.

Je tremble à l'aborder.

ALBERT.

La crainte me retient.

POLIDORE.

Par où lui débuter ?

ALBERT.

Quel sera mon langage ?

POLIDORE.

Son ame est tout émue.

ALBERT.

Il change de visage.

POLIDORE.

Je vois, seigneur Albert, au trouble de vos yeux,
Que vous savez déja qui m'amène en ces lieux.

ALBERT.

Hélas! oui.

POLIDORE.

La nouvelle a droit de vous surprendre ;
Et je n'eusse pas cru ce que je viens d'apprendre.

ALBERT.

J'en dois rougir de honte et de confusion.

POLIDORE.

Je trouve condamnable une telle action ,
Et je ne prétends point excuser le coupable.

ALBERT.
Dieu fait miséricorde au pécheur misérable.
POLIDORE.
C'est ce qui doit par vous être considéré.
ALBERT.
Il faut être chrétien.
POLIDORE.
Il est très assuré.
ALBERT.
Grace, au nom de Dieu! grace, ô seigneur Polidore!
POLIDORE.
Hé! c'est moi qui de vous présentement l'implore.
ALBERT.
Afin de l'obtenir je me jette à genoux.
POLIDORE.
Je dois en cet état être plutôt que vous.
ALBERT.
Prenez quelque pitié de ma triste aventure.
POLIDORE.
Je suis le suppliant dans une telle injure.
ALBERT.
Vous me fendez le cœur avec cette bonté.
POLIDORE.
Vous me rendez confus de tant d'humilité.
ALBERT.
Pardon, encore un coup.
POLIDORE.
Hélas, pardon vous-même!
ALBERT.
J'ai de cette action une douleur extrême.

POLIDORE.
Et moi, j'en suis touché de même au dernier point.
ALBERT.
J'ose vous convier qu'elle n'éclate point.
POLIDORE.
Hélas! seigneur Albert, je ne veux autre chose.
ALBERT.
Conservons mon honneur.
POLIDORE.
     Hé! oui, je m'y dispose.
ALBERT.
Quant au bien qu'il faudra, vous-même en résoudrez.
POLIDORE.
Je ne veux de vos biens que ce que vous voudrez :
De tous ces intérêts je vous ferai le maître;
Et je suis trop content si vous le pouvez être.
ALBERT.
Ah! quel homme de Dieu! Quel excès de douceur!
POLIDORE.
Quelle douceur, vous-même, après un tel malheur!
ALBERT.
Que puissiez-vous avoir toutes choses prospères!
POLIDORE.
Le bon Dieu vous maintienne!
ALBERT.
     Embrassons-nous en frères.
POLIDORE.
J'y consens de grand cœur, et me réjouis fort
Que tout soit terminé par un heureux accord.

ALBERT.

J'en rends graces au ciel.

POLIDORE.

Il ne vous faut rien feindre,
Votre ressentiment me donnoit lieu de craindre;
Et Lucile tombée en faute avec mon fils,
Comme on vous voit puissant et de biens et d'amis...

ALBERT.

Hé! que parlez-vous là de faute et de Lucile?

POLIDORE.

Soit, ne commençons point un discours inutile.
Je veux bien que mon fils y trempe grandement :
Même, si cela fait à votre allégement,
J'avouerai qu'à lui seul en est toute la faute :
Que votre fille avoit une vertu trop haute
Pour avoir jamais fait ce pas contre l'honneur,
Sans l'incitation d'un méchant suborneur;
Que le traître a séduit sa pudeur innocente,
Et de votre conduite ainsi détruit l'attente.
Puisque la chose est faite, et que, selon mes vœux,
Un esprit de douceur nous met d'accord tous deux,
Ne ramentevons rien[1], et réparons l'offense
Par la solennité d'une heureuse alliance.

ALBERT, *à part.*

O dieu! quelle méprise! et qu'est-ce qu'il m'apprend?
Je rentre ici d'un trouble en un autre aussi grand.
Dans ces divers transports je ne sais que répondre,

---

[1] *Ramentevons,* du verbe ramentevoir, tiré de l'italien *ramentare,* rappeler à l'esprit, faire souvenir.

Et, si je dis un mot, j'ai peur de me confondre.
POLIDORE.
A quoi pensez-vous là, seigneur Albert?
ALBERT.
A rien.

Remettons, je vous prie, à tantôt l'entretien.
Un mal subit me prend, qui veut que je vous laisse.

SCÈNE V.

POLIDORE.

Je lis dedans son ame, et vois ce qui le presse.
A quoi que sa raison l'eût déja disposé,
Son déplaisir n'est pas encor tout apaisé.
L'image de l'affront lui revient, et sa fuite
Tâche à me déguiser le trouble qui l'agite.
Je prends part à sa honte, et son deuil m'attendrit.
Il faut qu'un peu de temps remette son esprit.
La douleur trop contrainte aisément se redouble.
Voici mon jeune fou d'où nous vient tout ce trouble.

SCÈNE VI.

POLIDORE, VALÈRE.

POLIDORE.
Enfin, le beau mignon, vos beaux déportements
Troubleront les vieux jours d'un père à tous moments;
Tous les jours vous ferez de nouvelles merveilles,
Et nous n'aurons jamais autre chose aux oreilles.

VALÈRE.

Que fais-je tous les jours qui soit si criminel ?
En quoi mériter tant le courroux paternel ?

POLIDORE.

Je suis un étrange homme, et d'une humeur terrible,
D'accuser un enfant si sage et si paisible !
Las ! il vit comme un saint, et dedans la maison
Du matin jusqu'au soir il est en oraison !
Dire qu'il pervertit l'ordre de la nature,
Et fait du jour la nuit; ô la grande imposture !
Qu'il n'a considéré père ni parenté
En vingt occasions; horrible fausseté !
Que de fraîche mémoire un furtif hyménée
A la fille d'Albert a joint sa destinée,
Sans craindre de la suite un désordre puissant;
On le prend pour un autre, et le pauvre innocent
Ne sait pas seulement ce que je lui veux dire !
Ah ! chien, que j'ai reçu du ciel pour mon martyre,
Te croiras-tu toujours ? et ne pourrai-je pas
Te voir être une fois sage avant mon trépas ?

VALÈRE, *seul et rêvant.*

D'où peut venir ce coup ? Mon ame embarrassée
Ne voit que Mascarille où jeter sa pensée.
Il ne sera pas homme à m'en faire un aveu.
Il faut user d'adresse, et me contraindre un peu
Dans ce juste courroux.

SCÈNE VII.

VALÈRE, MASCARILLE.

VALÈRE.

Mascarille, mon père,
Que je viens de trouver, sait toute notre affaire.

MASCARILLE.

Il la sait?

VALÈRE.

Oui.

MASCARILLE.

D'où diantre a-t-il pu la savoir?

VALÈRE.

Je ne sais point sur qui ma conjecture asseoir;
Mais enfin d'un succès cette affaire est suivie,
Dont j'ai tous les sujets d'avoir l'ame ravie.
Il ne m'en a pas dit un mot qui fût fâcheux;
Il excuse ma faute, il approuve mes feux,
Et je voudrois savoir qui peut être capable
D'avoir pu rendre ainsi son esprit si traitable.
Je ne puis t'exprimer l'aise que j'en reçoi.

MASCARILLE.

Et que me diriez-vous, monsieur, si c'étoit moi
Qui vous eût procuré cette heureuse fortune?

VALÈRE.

Bon! bon! tu voudrois bien ici m'en donner d'une.

MASCARILLE.

C'est moi, vous dis-je, moi, dont le patron le sait,

Et qui vous ai produit ce favorable effet.

MASCARILLE.

Mais, la, sans te railler?

MASCARILLE.

Que le diable m'emporte
Si je fais raillerie, et s'il n'est de la sorte!

VALÈRE, *mettant l'épée à la main.*

Et qu'il m'entraîne, moi, si tout présentement
Tu n'en vas recevoir le juste payement!

MASCARILLE.

Ah, monsieur! qu'est-ce-ci? Je défends la surprise.

VALÈRE.

C'est la fidélité que tu m'avois promise?
Sans ma feinte, jamais tu n'eusses avoué
Le trait que j'ai bien cru que tu m'avois joué.
Traître, de qui la langue, à causer trop habile,
D'un père contre moi vient d'échauffer la bile,
Qui me perds tout-à-fait, il faut, sans discourir,
Que tu meures.

MASCARILLE.

Tout beau. Mon ame, pour mourir,
N'est pas en bon état. Daignez, je vous conjure,
Attendre le succès qu'aura cette aventure.
J'ai de fortes raisons qui m'ont fait révéler
Un hymen que vous-même aviez peine à celer:
C'étoit un coup d'état, et vous verrez l'issue
Condamner la fureur que vous avez conçue.
De quoi vous fâchez-vous, pourvu que vos souhaits
Se trouvent par mes soins pleinement satisfaits,
Et voyent mettre à fin la contrainte où vous êtes?

ACTE III, SCÈNE VIII.

VALÈRE.

Et si tous ces discours ne sont que des sornettes?

MASCARILLE.

Toujours serez-vous lors à temps pour me tuer.
Mais enfin mes projets pourront s'effectuer.
Dieu fera pour les siens, et content dans la suite,
Vous me remercierez de ma rare conduite.

VALÈRE.

Nous verrons. Mais Lucile...

MASCARILLE.

Halte; son père sort.

SCÈNE VIII.

ALBERT, VALÈRE, MASCARILLE.

ALBERT, *les cinq premiers vers sans voir Valère.*
Plus je reviens du trouble où j'ai donné d'abord,
Plus je me sens piqué de ce discours étrange,
Sur qui ma peur prenoit un si dangereux change:
Car Lucile soutient que c'est une chanson,
Et m'a parlé d'un air à m'ôter tout soupçon.
Ah, monsieur! est-ce vous de qui l'audace insigne
Met en jeu mon honneur, et fait ce conte indigne?

MASCARILLE.

Seigneur Albert, prenez un ton un peu plus doux,
Et contre votre gendre ayez moins de courroux.

ALBERT.

Comment, gendre? coquin! Tu portes bien la mine
De pousser les ressorts d'une telle machine,

Et d'en avoir été le premier inventeur.
MASCARILLE.
Je ne vois ici rien à vous mettre en fureur.
ALBERT.
Trouves-tu beau, dis-moi, de diffamer ma fille,
Et faire un tel scandale à toute une famille?
MASCARILLE.
Le voilà prêt à faire en tout vos volontés.
ALBERT.
Que voudrois-je, sinon qu'il dît des vérités?
Si quelque intention le pressoit pour Lucile,
La recherche en pouvoit être honnête et civile;
Il falloit l'attaquer du côté du devoir,
Il falloit de son père implorer le pouvoir,
Et non pas recourir à cette lâche feinte,
Qui porte à la pudeur une sensible atteinte.
MASCARILLE.
Quoi! Lucile n'est pas, sous des liens secrets,
A mon maître?
ALBERT.
Non, traître, et n'y sera jamais.
MASCARILLE.
Tout doux: et s'il est vrai que ce soit chose faite,
Voulez-vous l'approuver, cette chaîne secrète?
ALBERT.
Et, s'il est constant, toi, que cela ne soit pas,
Veux-tu te voir casser les jambes et les bras?
VALÈRE.
Monsieur, il est aisé de vous faire paroître
Qu'il dit vrai.

ACTE III, SCÈNE VIII.

ALBERT.
Bon! voilà l'autre encor, digne maître
D'un semblable valet! O les menteurs hardis!

MASCARILLE.
D'homme d'honneur, il est ainsi que je le dis.

VALÈRE.
Quel seroit notre but de vous en faire accroire?

ALBERT, *à part.*
Ils s'entendent tous deux comme larrons en foire.

MASCARILLE.
Mais venons à la preuve; et sans nous quereller,
Faites sortir Lucile, et la laissez parler.

ALBERT.
Et si le démenti par elle vous en reste?

MASCARILLE.
Elle n'en fera rien, monsieur, je vous proteste.
Promettez à leurs vœux votre consentement,
Et je veux m'exposer au plus dur châtiment,
Si de sa propre bouche elle ne vous confesse
Et la foi qui l'engage, et l'ardeur qui la presse.

ALBERT.
Il faut voir cette affaire. (*Il va frapper à sa porte.*)

MASCARILLE, *à Valère.*
Allez, tout ira bien.

ALBERT.
Holà! Lucile, un mot.

VALÈRE, *à Mascarille.*
Je crains...

MASCARILLE.
Ne craignez rien.

SCÈNE IX.

LUCILE, ALBERT, VALÈRE, MASCARILLE.

MASCARILLE.

Seigneur Albert, au moins, silence. Enfin, madame,
Toute chose conspire au bonheur de votre ame,
Et monsieur votre père, averti de vos feux,
Vous laisse votre époux, et confirme vos vœux,
Pourvu que, bannissant toutes craintes frivoles,
Deux mots de votre aveu confirment nos paroles.

LUCILE.

Que me vient donc conter ce coquin assuré?

MASCARILLE.

Bon! me voilà déja d'un beau titre honoré.

LUCILE.

Sachons un peu, monsieur, quelle belle saillie
Fait ce conte galant qu'aujourd'hui l'on publie?

VALÈRE.

Pardon, charmant objet : un valet a parlé;
Et j'ai vu, malgré moi, notre hymen révélé.

LUCILE.

Notre hymen?

VALÈRE.

On sait tout, adorable Lucile,
Et vouloir déguiser est un soin inutile.

LUCILE.

Quoi! l'ardeur de mes feux vous a fait mon époux?

VALÈRE.

C'est un bien qui me doit faire mille jaloux :

Mais j'impute bien moins ce bonheur de ma flamme
A l'ardeur de vos feux qu'aux bontés de votre ame.
Je sais que vous avez sujet de vous fâcher,
Que c'étoit un secret que vous vouliez cacher,
Et j'ai de mes transports forcé la violence
A ne point violer votre expresse défense;
Mais...

MASCARILLE.

Hé bien, oui, c'est moi; le grand mal que voilà!

LUCILE.

Est-il une imposture égale à celle-là?
Vous l'osez soutenir en ma présence même,
Et pensez m'obtenir par ce beau stratagème?
O le plaisant amant, dont la galante ardeur
Veut blesser mon honneur au défaut de mon cœur,
Et que mon père, ému de l'éclat d'un sot conte,
Paye avec mon hymen qui me couvre de honte!
Quand tout contribueroit à votre passion,
Mon père, les destins, mon inclination,
On me verroit combattre, en ma juste colère,
Mon inclination, les destins, et mon père,
Perdre même le jour, avant que de m'unir
A qui par ce moyen auroit cru m'obtenir.
Allez; et si mon sexe avecque bienséance
Se pouvoit emporter à quelque violence,
Je vous apprendrois bien à me traiter ainsi.

VALÈRE, *à Mascarille*.

C'en est fait, son courroux ne peut être adouci.

MASCARILLE.

Laissez-moi lui parler. Hé! madame, de grace,

A quoi bon maintenant toute cette grimace?
Quelle est votre pensée, et quel bourru transport
Contre vos propres vœux vous fait roidir si fort?
Si monsieur votre père étoit homme farouche,
Passe; mais il permet que la raison le touche;
Et lui-même m'a dit qu'une confession
Vous va tout obtenir de son affection.
Vous sentez, je crois bien, quelque petite honte
A faire un libre aveu de l'amour qui vous dompte;
Mais, s'il vous a fait prendre un peu de liberté,
Par un bon mariage on voit tout rajusté;
Et, quoi que l'on reproche au feu qui vous consomme,
Le mal n'est pas si grand que de tuer un homme.
On sait que la chair est fragile quelquefois,
Et qu'une fille enfin n'est ni caillou ni bois.
Vous n'avez pas été, sans doute, la première,
Et vous ne serez pas, que je crois, la dernière.

LUCILE.

Quoi! vous pouvez ouïr ces discours effrontés,
Et vous ne dites rien à ces indignités?

ALBERT.

Que veux-tu que je die? Une telle aventure
Me met tout hors de moi.

MASCARILLE.

Madame, je vous jure
Que déja vous devriez avoir tout confessé.

LUCILE.

Et quoi donc confesser?

MASCARILLE.

Quoi? ce qui s'est passé

ACTE III, SCÈNE X.

Entre mon maître et vous. La belle raillerie!

LUCILE.

Et que s'est-il passé, monstre d'effronterie,
Entre ton maître et moi?

MASCARILLE.

Vous devez, que je croi,
En savoir un peu plus de nouvelles que moi;
Et pour vous cette nuit fut trop douce pour croire
Que vous puissiez si vite en perdre la mémoire.

LUCILE.

C'est trop souffrir, mon père, un impudent valet.
(*Elle lui donne un soufflet.*)

SCÈNE X.

ALBERT, VALÈRE, MASCARILLE.

MASCARILLE.

Je crois qu'elle me vient de donner un soufflet.

ALBERT.

Va, coquin, scélérat, sa main vient sur ta joue
De faire une action dont son père la loue.

MASCARILLE.

Et nonobstant cela, qu'un diable en cet instant
M'emporte, si j'ai rien dit que de très constant!

ALBERT.

Et nonobstant cela, qu'on me coupe une oreille,
Si tu portes fort loin une audace pareille!

MASCARILLE.

Voulez-vous deux témoins qui me justifieront?

ALBERT.
Veux-tu deux de mes gens qui te bâtonneront?
MASCARILLE.
Leur rapport doit au mien donner toute créance.
ALBERT.
Leurs bras peuvent du mien réparer l'impuissance.
MASCARILLE.
Je vous dis que Lucile agit par honte ainsi.
ALBERT.
Je te dis que j'aurai raison de tout ceci.
MASCARILLE.
Connoissez-vous Ormin, ce gros notaire habile?
ALBERT.
Connois-tu bien Grimpant, le bourreau de la ville?
MASCARILLE.
Et Simon le tailleur, jadis si recherché?
ALBERT.
Et la potence mise au milieu du marché?
MASCARILLE.
Vous verrez confirmer par eux cet hyménée.
ALBERT.
Tu verras achever par eux ta destinée.
MASCARILLE.
Ce sont eux qu'ils ont pris pour témoins de leur foi.
ALBERT.
Ce sont eux qui dans peu me vengeront de toi.
MASCARILLE.
Et ces yeux les ont vus s'entre-donner parole.
ALBERT.
Et ces yeux te verront faire la capriole.

MASCARILLE.
Et, pour signe, Lucile avoit un voile noir.
ALBERT.
Et, pour signe, ton front nous le fait assez voir.
MASCARILLE.
O l'obstiné vieillard !
ALBERT.
O le fourbe damnable !
Va, rends grace à mes ans, qui me font incapable
De punir sur-le-champ l'affront que tu me fais ;
Tu n'en perds que l'attente, et je te le promets.

SCÈNE XI.

VALÈRE, MASCARILLE.

VALÈRE.
Hé bien ? ce beau succès que tu devois produire...
MASCARILLE.
J'entends à demi-mot ce que vous voulez dire :
Tout s'arme contre moi ; pour moi de tous côtés
Je vois coups de bâton et gibets apprêtés.
Aussi pour être en paix dans ce désordre extrême,
Je me vais d'un rocher précipiter moi-même,
Si, dans le désespoir dont mon cœur est outré,
Je puis en rencontrer d'assez haut à mon gré.
Adieu, monsieur.
VALÈRE.
Non, non, ta fuite est superflue ;
Si tu meurs, je prétends que ce soit à ma vue.

MASCARILLE.

Je ne saurois mourir quand je suis regardé,
Et mon trépas ainsi se verroit retardé.

VALÈRE.

Suis-moi, traître, suis-moi; mon amour en furie
Te fera voir si c'est matière à raillerie.

MASCARILLE, *seul*.

Malheureux Mascarille, à quels maux aujourd'hui
Te vois-tu condamné pour le péché d'autrui !

FIN DU TROISIÈME ACTE.

ACTE QUATRIÈME.

SCÈNE I.

ASCAGNE, FROSINE.

FROSINE.
L'aventure est fâcheuse.
ASCAGNE.
                    Ah, ma chère Frosine!
Le sort absolument a conclu ma ruine.
Cette affaire, venue au point où la voilà,
N'est pas assurément pour en demeurer là;
Il faut qu'elle passe outre; et Lucile et Valère,
Surpris des nouveautés d'un semblable mystère,
Voudront chercher un jour dans ces obscurités,
Par qui tous mes projets se verront avortés.
Car enfin, soit qu'Albert ait part au stratagème,
Ou qu'avec tout le monde on l'ait trompé lui-même,
S'il arrive une fois que mon sort éclairci
Mette ailleurs tout le bien dont le sien a grossi,
Jugez s'il aura lieu de souffrir ma présence:
Son intérêt détruit me laisse à ma naissance;
C'est fait de sa tendresse; et, quelque sentiment
Où pour ma fourbe alors pût être mon amant,
Voudra-t-il avouer pour épouse une fille

Qu'il verra sans appui de biens et de famille?
FROSINE.
Je trouve que c'est là raisonner comme il faut;
Mais ces réflexions doivent venir plus tôt.
Qui vous a jusqu'ici caché cette lumière?
Il ne falloit pas être une grande sorcière
Pour voir, dès le moment de vos desseins pour lui,
Tout ce que votre esprit ne voit que d'aujourd'hui;
L'action le disoit; et dès que je l'ai sue,
Je n'en ai prévu guère une meilleure issue.
ASCAGNE.
Que dois-je faire enfin? Mon trouble est sans pareil:
Mettez-vous en ma place, et me donnez conseil.
FROSINE.
Ce doit être à vous-même, en prenant votre place,
A me donner conseil dessus cette disgrace:
Car je suis maintenant vous, et vous êtes moi:
Conseillez-moi, Frosine. Au point où je me voi,
Quel remède trouver? Dites, je vous en prie.
ASCAGNE.
Hélas! ne traitez point ceci de raillerie;
C'est prendre peu de part à mes cuisants ennuis
Que de rire, et de voir les termes où j'en suis.
FROSINE.
Non, vraiment, tout de bon, votre ennui m'est sensible,
Et pour vous en tirer je ferois mon possible.
Mais que puis-je, après tout? Je vois fort peu de jour
A tourner cette affaire au gré de votre amour.
ASCAGNE.
Si rien ne peut m'aider, il faut donc que je meure.

FROSINE.

Ah! pour cela, toujours il est assez bonne heure :
La mort est un remède à trouver quand on veut;
Et l'on s'en doit servir le plus tard que l'on peut.

ASCAGNE.

Non, non, Frosine, non; si vos conseils propices
Ne conduisent mon sort parmi ces précipices,
Je m'abandonne toute aux traits du désespoir.

FROSINE.

Savez-vous ma pensée? Il faut que j'aille voir
Là... Mais Éraste vient, qui pourroit nous distraire.
Nous pourrons en marchant parler de cette affaire.
Allons, retirons-nous.

SCÈNE II.

ÉRASTE, GROS-RENÉ.

ÉRASTE.
Encore rebuté?

GROS-RENÉ.

Jamais ambassadeur ne fut moins écouté.
A peine ai-je voulu lui porter la nouvelle
Du moment d'entretien que vous souhaitiez d'elle,
Qu'elle m'a répondu, tenant son quant-à-moi :
Va, va, je fais état de lui comme de toi;
Dis-lui qu'il se promène; et, sur ce beau langage,
Pour suivre son chemin, m'a tourné le visage;
Et Marinette aussi, d'un dédaigneux museau,
Lâchant un : Laissez-nous, beau valet de carreau,

M'a planté là comme elle; et mon sort et le vôtre
N'ont rien à se pouvoir reprocher l'un à l'autre.

ÉRASTE.

L'ingrate! recevoir avec tant de fierté
Le prompt retour d'un cœur justement emporté!
Quoi! le premier transport d'une ame qu'on abuse
Sous tant de vraisemblance est indigne d'excuse?
Et ma plus vive ardeur, en ce moment fatal,
Devoit être insensible au bonheur d'un rival?
Tout autre n'eût pas fait même chose en ma place,
Et se fût moins laissé surprendre à tant d'audace?
De mes justes soupçons suis-je sorti trop tard?
Je n'ai point attendu de serments de sa part;
Et, lorsque tout le monde encor ne sait qu'en croire,
Ce cœur impatient lui rend toute sa gloire,
Il cherche à s'excuser; et le sien voit si peu
Dans ce profond respect la grandeur de mon feu!
Loin d'assurer une ame, et lui fournir des armes,
Contre ce qu'un rival lui veut donner d'alarmes,
L'ingrate m'abandonne à mon jaloux transport,
Et rejette de moi, message, écrit, abord!
Ah! sans doute un amour a peu de violence,
Qu'est capable d'éteindre une si foible offense;
Et ce dépit si prompt à s'armer de rigueur
Découvre assez pour moi tout le fond de son cœur,
Et de quel prix doit être à présent à mon ame
Tout ce dont son caprice a pu flatter ma flamme.
Non, je ne prétends plus demeurer engagé
Pour un cœur où je vois le peu de part que j'ai;
Et, puisque l'on témoigne une froideur extrême

A conserver les gens, je veux faire de même.
GROS-RENÉ.
Et moi de même aussi. Soyons tous deux fâchés,
Et mettons notre amour au rang des vieux péchés.
Il faut apprendre à vivre à ce sexe volage,
Et lui faire sentir que l'on a du courage.
Qui souffre ses mépris les veut bien recevoir.
Si nous avions l'esprit de nous faire valoir,
Les femmes n'auroient pas la parole si haute.
Oh! qu'elles nous sont bien fières par notre faute!
Je veux être pendu, si nous ne les verrions
Sauter à notre cou plus que nous ne voudrions,
Sans tous ces vils devoirs dont la plupart des hommes
Les gâtent tous les jours dans le siècle où nous sommes.
ÉRASTE.
Pour moi, sur toute chose, un mépris me surprend;
Et, pour punir le sien par un autre aussi grand,
Je veux mettre en mon cœur une nouvelle flamme.
GROS-RENÉ.
Et moi, je ne veux plus m'embarrasser de femme;
A toutes je renonce, et crois, en bonne foi,
Que vous feriez fort bien de faire comme moi.
Car, voyez-vous, la femme est, comme on dit, mon maître,
Un certain animal difficile à connoître,
Et de qui la nature est fort encline au mal:
Et comme un animal est toujours animal,
Et ne sera jamais qu'animal, quand sa vie
Dureroit cent mille ans; aussi, sans repartie,
La femme est toujours femme, et jamais ne sera
Que femme, tant qu'entier le monde durera.

D'où vient qu'un certain Grec dit que sa tête passe
Pour un sable mouvant; car, goûtez bien, de grace,
Ce raisonnement-ci, lequel est des plus forts :
Ainsi que la tête est comme le chef du corps,
Et que le corps sans chef est pire qu'une bête;
Si le chef n'est pas bien d'accord avec la tête,
Que tout ne soit pas bien réglé par le compas,
Nous voyons arriver de certains embarras;
La brutale partie alors veut prendre empire
Dessus la sensitive, et l'on voit que l'un tire
A dia, l'autre à hurhaut; l'un demande du mou,
L'autre du dur; enfin tout va sans savoir où :
Pour montrer qu'ici-bas, ainsi qu'on l'interprète,
La tête d'une femme est comme la girouette
Au haut d'une maison, qui tourne au premier vent;
C'est pourquoi le cousin Aristote souvent
La compare à la mer; d'où vient qu'on dit qu'au monde
On ne peut rien trouver de si stable que l'onde.
Or, par comparaison, car la comparaison
Nous fait distinctement comprendre une raison,
Et nous aimons bien mieux, nous autres gens d'étude,
Une comparaison qu'une similitude;
Par comparaison donc, mon maître, s'il vous plaît,
Comme on voit que la mer, quand l'orage s'accroît,
Vient à se courroucer, le vent souffle et ravage,
Les flots contre les flots font un remû-ménage
Horrible; et le vaisseau, malgré le nautonier,
Va tantôt à la cave, et tantôt au grenier :
Ainsi, quand une femme a sa tête fantasque,
On voit une tempête en forme de bourrasque,

Qui veut compétiter, par de certains... propos,
Et lors un... certain vent, qui par... de certains flots,
De... certaine façon, ainsi qu'un banc de sable...
Quand... les femmes enfin ne valent pas le diable.

ÉRASTE.

C'est fort bien raisonner.

GROS-RENÉ.

Assez bien, Dieu merci.
Mais je les vois, monsieur, qui passent par ici.
Tenez-vous ferme au moins.

ÉRASTE.

Ne te mets pas en peine.

GROS-RENÉ.

J'ai bien peur que ses yeux resserrent votre chaîne.

SCÈNE III.

LUCILE, ÉRASTE, MARINETTE, GROS-RENÉ.

MARINETTE.

Je l'aperçois encor ; mais ne vous rendez point.

LUCILE.

Ne me soupçonne pas d'être foible à ce point.

MARINETTE.

Il vient à nous.

ÉRASTE.

Non, non, ne croyez pas, madame,
Que je revienne encor vous parler de ma flamme.
C'en est fait ; je me veux guérir, et connois bien
Ce que de votre cœur a possédé le mien.

Un courroux si constant pour l'ombre d'une offense
M'a trop bien éclairci de votre indifférence,
Et je dois vous montrer que les traits du mépris
Sont sensibles surtout aux généreux esprits.
Je l'avouerai, mes yeux observoient dans les vôtres
Des charmes qu'ils n'ont point trouvés dans tous les au-
Et le ravissement où j'étois de mes fers   [tres,
Les auroit préférés à des sceptres offerts.
Oui, mon amour pour vous, sans doute, étoit extrême,
Je vivois tout en vous; et je l'avouerai même,
Peut-être qu'après tout j'aurai, quoique outragé,
Assez de peine encore à m'en voir dégagé :
Possible que, malgré la cure qu'elle essaie,
Mon ame saignera long-temps de cette plaie,
Et qu'affranchi d'un joug qui faisoit tout mon bien,
Il faudra me résoudre à n'aimer jamais rien.
Mais enfin il n'importe; et puisque votre haine
Chasse un cœur tant de fois que l'amour vous ramène,
C'est la dernière ici des importunités
Que vous aurez jamais de mes vœux rebutés.

LUCILE.

Vous pouvez faire aux miens la grace tout entière,
Monsieur, et m'épargner encor cette dernière.

ÉRASTE.

Hé bien, madame, hé bien! ils seront satisfaits.
Je romps avecque vous, et j'y romps pour jamais,
Puisque vous le voulez. Que je perde la vie
Lorsque de vous parler je reprendrai l'envie!

LUCILE.

Tant mieux; c'est m'obliger.

ACTE IV, SCÈNE III.

ÉRASTE.

Non, non, n'ayez pas peur
Que je fausse parole; eussé-je un foible cœur
Jusques à n'en pouvoir effacer votre image,
Croyez que vous n'aurez jamais cet avantage
De me voir revenir.

LUCILE.

Ce seroit bien en vain.

ÉRASTE.

Moi-même de cent coups je percerois mon sein,
Si j'avois jamais fait cette bassesse insigne
De vous revoir après ce traitement indigne.

LUCILE.

Soit; n'en parlons donc plus.

ÉRASTE.

Oui, oui, n'en parlons plus;
Et, pour trancher ici tous propos superflus,
Et vous donner, ingrate, une preuve certaine
Que je veux, sans retour, sortir de votre chaîne,
Je ne veux rien garder qui puisse retracer
Ce que de mon esprit il me faut effacer.
Voici votre portrait; il présente à la vue
Cent charmes merveilleux dont vous êtes pourvue;
Mais il cache sous eux cent défauts aussi grands,
Et c'est un imposteur enfin que je vous rends.

GROS-RENÉ.

Bon.

LUCILE.

Et moi, pour vous suivre au dessein de tout rendre,
Voilà le diamant que vous m'avez fait prendre.

MARINETTE.

Fort bien.

ÉRASTE.

Il est à vous encor ce bracelet.

LUCILE.

Et cette agate à vous, qu'on fit mettre en cachet.

ÉRASTE *lit*.

« Vous m'aimez d'une amour extrême,
« Éraste, et de mon cœur voulez être éclairci ;
  « Si je n'aime Éraste de même,
« Au moins aimé-je fort qu'Éraste m'aime ainsi. »

LUCILE.

Vous m'assuriez par là d'agréer mon service ;
C'est une fausseté digne de ce supplice.

(*Il déchire la lettre.*)

LUCILE *lit*.

« J'ignore le destin de mon amour ardente,
  « Et jusqu'à quand je souffrirai ;
  « Mais je sais, ô beauté charmante !
  « Que toujours je vous aimerai. »

ÉRASTE.

Voilà qui m'assuroit à jamais de vos feux ;
Et la main et la lettre ont menti toutes deux.

(*Elle déchire la lettre.*)

GROS-RENÉ.

Poussez.

ÉRASTE.

Elle est de vous. Suffit, même fortune.

MARINETTE, *à Lucile*.

Ferme.

ACTE IV, SCÈNE III.

LUCILE.

J'aurois regret d'en épargner aucune.

GROS-RENÉ, *à Éraste.*

N'ayez pas le dernier.

MARINETTE, *à Lucile.*

Tenez bon jusqu'au bout.

LUCILE.

Enfin voilà le reste.

ÉRASTE.

Et, grace au ciel, c'est tout.
Que sois-je exterminé, si je ne tiens parole!

LUCILE.

Me confonde le ciel, si la mienne est frivole!

ÉRASTE.

Adieu donc.

LUCILE.

Adieu donc.

MARINETTE, *à Lucile.*

Voilà qui va des mieux.

GROS-RENÉ, *à Éraste.*

Vous triomphez.

MARINETTE, *à Lucile.*

Allons, ôtez-vous de ses yeux.

GROS-RENÉ, *à Éraste.*

Retirez-vous après cet effort de courage.

MARINETTE, *à Lucile.*

Qu'attendez-vous encor?

GROS-RENÉ, *à Éraste.*

Que faut-il davantage?

ÉRASTE.

Ah! Lucile, Lucile, un cœur comme le mien
Se fera regretter, et je le sais fort bien.

LUCILE.

Éraste, Éraste, un cœur fait comme est fait le vôtre
Se peut facilement réparer par un autre.

ÉRASTE.

Non, non, cherchez partout, vous n'en aurez jamais
De si passionné pour vous, je vous promets.
Je ne dis pas cela pour vous rendre attendrie ;
J'aurois tort d'en former encore quelque envie.
Mes plus ardents respects n'ont pu vous obliger ;
Vous avez voulu rompre, il n'y faut plus songer ;
Mais personne, après moi, quoi qu'on vous fasse en-
N'aura jamais pour vous de passion si tendre. [tendre,

LUCILE.

Quand on aime les gens, on les traite autrement ;
On fait de leur personne un meilleur jugement.

ÉRASTE.

Quand on aime les gens, on peut, de jalousie,
Sur beaucoup d'apparence, avoir l'ame saisie ;
Mais alors qu'on les aime, on ne peut en effet
Se résoudre à les perdre ; et vous, vous l'avez fait.

LUCILE.

La pure jalousie est plus respectueuse.

ÉRASTE.

On voit d'un œil plus doux une offense amoureuse.

LUCILE.

Non, votre cœur, Éraste, étoit mal enflammé.

ACTE IV, SCÈNE III.

ÉRASTE.

Non, Lucile, jamais vous ne m'avez aimé.

LUCILE.

Hé! je crois que cela foiblement vous soucie.
Peut-être en seroit-il beaucoup mieux pour ma vie,
Si je... Mais laissons là ces discours superflus :
Je ne dis point quels sont mes pensers là dessus.

ÉRASTE.

Pourquoi?

LUCILE.

Par la raison que nous rompons ensemble,
Et que cela n'est plus de saison, ce me semble.

ÉRASTE.

Nous rompons?

LUCILE.

Oui vraiment; quoi! n'en est-ce pas fait?

ÉRASTE.

Et vous voyez cela d'un esprit satisfait?

LUCILE.

Comme vous.

ÉRASTE.

Comme moi!

LUCILE.

Sans doute. C'est foiblesse
De faire voir aux gens que leur perte nous blesse.

ÉRASTE.

Mais, cruelle, c'est vous qui l'avez bien voulu.

LUCILE.

Moi? point du tout. C'est vous qui l'avez résolu.

ÉRASTE.
Moi? je vous ai cru là faire un plaisir extrême.
LUCILE.
Point, vous avez voulu vous contenter vous-même.
ÉRASTE.
Mais si mon cœur encor revouloit sa prison;
Si, tout fâché qu'il est, il demandoit pardon?
LUCILE.
Non, non, n'en faites rien; ma foiblesse est trop grande;
J'aurois peur d'accorder trop tôt votre demande.
ÉRASTE.
Ah! vous ne pouvez pas trop tôt me l'accorder,
Ni moi sur cette peur trop tôt le demander:
Consentez-y, madame; une flamme si belle
Doit, pour votre intérêt, demeurer immortelle.
Je le demande enfin, me l'accorderez-vous,
Ce pardon obligeant?
LUCILE.
Remenez-moi chez nous.

SCÈNE IV.

MARINETTE, GROS-RENÉ.

MARINETTE.
Oh, la lâche personne!
GROS-RENÉ.
Ah, le foible courage!
MARINETTE.
J'en rougis de dépit.

ACTE IV, SCÈNE IV.

GROS-RENÉ.

J'en suis gonflé de rage.
Ne t'imagine pas que je me rende ainsi.

MARINETTE.

Et ne pense pas, toi, trouver ta dupe aussi.

GROS-RENÉ.

Viens, viens frotter ton nez auprès de ma colère

MARINETTE.

Tu nous prends pour une autre, et tu n'as pas affaire
A ma sotte maîtresse. Ardez le beau museau [1],
Pour nous donner envie encore de sa peau !
Moi ! j'aurois de l'amour pour ta chienne de face?
Moi, je te chercherois? Ma foi! l'on t'en fricasse
Des filles comme nous.

GROS-RENÉ.

Oui, tu le prends par là?
Tiens, tiens, sans y chercher tant de façon, voilà
Ton beau galant de neige [2], avec ta nonpareille;
Il n'aura plus l'honneur d'être sur mon oreille.

MARINETTE.

Et toi, pour te montrer que tu m'es à mépris,
Voilà ton demi-cent d'épingles de Paris,
Que tu me donnas hier avec tant de fanfare.

GROS-RENÉ.

Tiens encor ton couteau. La pièce est riche et rare !
Il te coûta six blancs lorsque tu m'en fis don.

---

[1] *Ardez*, abréviation de *regarder*.
[2] Du temps de Molière, un *galant* signifioit un *nœud de rubans*.

MARINETTE.
Tiens, tes ciseaux, avec ta chaîne de laiton.
GROS-RENÉ.
J'oubliois d'avant-hier ton morceau de fromage,
Tiens. Je voudrois pouvoir rejeter le potage
Que tu me fis manger, pour n'avoir rien à toi.
MARINETTE.
Je n'ai point maintenant de tes lettres sur moi;
Mais j'en ferai du feu jusques à la dernière.
GROS-RENÉ.
Et des tiennes tu sais ce que j'en saurai faire.
MARINETTE.
Prends garde à ne venir jamais me reprier.
GROS-RENÉ.
Pour couper tout chemin à nous rapatrier,
Il faut rompre la paille. Une paille rompue
Rend, entre gens d'honneur, une affaire conclue.
Ne fais point les doux yeux; je veux être fâché.
MARINETTE.
Ne me lorgne point, toi; j'ai l'esprit trop touché.
GROS-RENÉ.
Romps; voilà le moyen de ne s'en plus dédire;
Romps. Tu ris, bonne bête!
MARINETTE.
                    Oui, car tu me fais rire.
GROS-RENÉ.
La peste soit ton ris! voilà tout mon courroux
Déja dulcifié. Qu'en dis-tu? romprons-nous,
Ou ne romprons-nous pas?

ACTE IV, SCÈNE IV.

MARINETTE.
Vois.

GROS-RENÉ.
Vois, toi.

MARINETTE.
Vois, toi-même.

GROS-RENÉ.
Est-ce que tu consens que jamais je ne t'aime?

MARINETTE.
Moi? ce que tu voudras.

GROS-RENÉ.
Ce que tu voudras, toi,
Dis.

MARINETTE.
Je ne dirai rien.

GROS-RENÉ.
Ni moi non plus.

MARINETTE.
Ni moi.

GROS-RENÉ.
Ma foi! nous ferons mieux de quitter la grimace.
Touche, je te pardonne.

MARINETTE.
Et moi, je te fais grace.

GROS-RENÉ.
Mon dieu, qu'à tes appas je suis acoquiné!

MARINETTE.
Que Marinette est sotte après son Gros-René!

FIN DU QUATRIÈME ACTE.

ACTE CINQUIÈME.

SCÈNE I.

MASCARILLE.

« Dès que l'obscurité régnera dans la ville,
« Je me veux introduire au logis de Lucile ;
« Va vite de ce pas préparer pour tantôt,
« Et la lanterne sourde, et les armes qu'il faut. »
Quand il m'a dit ces mots, il m'a semblé d'entendre :
Va vitement chercher un licou pour te pendre.
Venez çà, mon patron ; car, dans l'étonnement
Où m'a jeté d'abord un tel commandement,
Je n'ai pas eu le temps de vous pouvoir répondre ;
Mais je vous veux ici parler, et vous confondre :
Défendez-vous donc bien, et raisonnons sans bruit.
Vous voulez, dites-vous, aller voir cette nuit
Lucile ? « Oui, Mascarille. » Et que pensez-vous faire ?
« Une action d'amant qui se veut satisfaire. »
Une action d'un homme à fort petit cerveau,
Que d'aller sans besoin risquer ainsi sa peau.
« Mais tu sais quel motif à ce dessein m'appelle ;
« Lucile est irritée. » Hé bien, tant pis pour elle.
« Mais l'amour veut que j'aille apaiser son esprit. »
Mais l'amour est un sot qui ne sait ce qu'il dit.
Nous garantira-t-il, cet amour, je vous prie,

ACTE V, SCÈNE I.

D'un rival, ou d'un père, ou d'un frère en furie?
« Penses-tu qu'aucun d'eux songe à nous faire mal ? »
Oui vraiment, je le pense; et surtout ce rival.
« Mascarille, en tout cas, l'espoir où je me fonde,
« Nous irons bien armés, et si quelqu'un nous gronde,
« Nous nous chamaillerons. » Oui? Voilà justement
Ce que votre valet ne prétend nullement.   [tre,
Moi, chamailler, bon Dieu! Suis-je un Roland, mon maî-
Ou quelque Ferragus? C'est fort mal me connoître.
Quand je viens à songer, moi, qui me suis si cher,
Qu'il ne faut que deux doigts d'un misérable fer
Dans le corps, pour vous mettre un humain dans la bière,
Je suis scandalisé d'une étrange manière.
« Mais tu seras armé de pied en cap. » Tant pis,
J'en serai moins léger à gagner le taillis ;
Et de plus il n'est point d'armure si bien jointe
Où ne puisse glisser une vilaine pointe.
« Oh ! tu seras ainsi tenu pour un poltron ! »
Soit, pourvu que toujours je branle le menton.
A table comptez-moi, si vous voulez, pour quatre ;
Mais comptez-moi pour rien s'il s'agit de se battre.
Enfin, si l'autre monde a des charmes pour vous,
Pour moi, je trouve l'air de celui-ci fort doux.
Je n'ai pas grande faim de mort ni de blessure,
Et vous ferez le sot tout seul, je vous assure.

SCÈNE II.

VALÈRE, MASCARILLE.

VALÈRE.

Je n'ai jamais trouvé de jour plus ennuyeux.
Le soleil semble s'être oublié dans les cieux;
Et jusqu'au lit qui doit recevoir sa lumière,
Je vois rester encore une telle carrière,
Que je crois que jamais il ne l'achèvera,
Et que de sa lenteur mon ame enragera.

MASCARILLE.

Et cet empressement, pour s'en aller dans l'ombre,
Pêcher vite à tâtons quelque sinistre encombre...
Vous voyez que Lucile, entière en ses rebuts...

VALÈRE.

Ne me fais point ici de contes superflus.
Quand j'y devrois trouver cent embûches mortelles,
Je sens de son courroux des gênes trop cruelles;
Et je veux l'adoucir, ou terminer mon sort.
C'est un point résolu.

MASCARILLE.

J'approuve ce transport:
Mais le mal est, monsieur, qu'il faudra s'introduire
En cachette.

VALÈRE.

Fort bien.

MASCARILLE.

Et j'ai peur de vous nuire.

ACTE V, SCÈNE III.

VALÈRE.

Et comment?

MASCARILLE.

Une toux me tourmente à mourir,
Dont le bruit importun vous fera découvrir:
(*Il tousse.*)
De moment en moment... vous voyez le supplice.

VALÈRE.

Ce mal te passera, prends du jus de réglisse.

MASCARILLE.

Je ne crois pas, monsieur, qu'il se veuille passer.
Je serois ravi, moi, de ne vous point laisser;
Mais j'aurois un regret mortel, si j'étois cause
Qu'il fût à mon cher maître arrivé quelque chose.

SCÈNE III.

VALÈRE, LA RAPIÈRE, MASCARILLE.

LA RAPIÈRE.

Monsieur, de bonne part je viens d'être informé
Qu'Éraste est contre vous fortement animé,
Et qu'Albert parle aussi de faire pour sa fille
Rouer jambes et bras à votre Mascarille.

MASCARILLE.

Moi? je ne suis pour rien dans tout cet embarras.
Qu'ai-je fait pour me voir rouer jambes et bras?
Suis-je donc gardien, pour employer ce style,
De la virginité des filles de la ville?
Sur la tentation ai-je quelque crédit?

Et puis-je mais, chétif, si le cœur leur en dit?
VALÈRE.
Oh! qu'ils ne seront pas si méchants qu'ils le disent!
Et quelque belle ardeur que ses feux lui produisent,
Éraste n'aura pas si bon marché de nous.
LA RAPIÈRE.
S'il vous faisoit besoin, mon bras est tout à vous.
Vous savez de tout temps que je suis un bon frère.
VALÈRE.
Je vous suis obligé, monsieur de La Rapière.
LA RAPIÈRE.
J'ai deux amis aussi que je puis vous donner,
Qui contre tous venants sont gens à dégaîner,
Et sur qui vous pourrez prendre toute assurance.
MASCARILLE.
Acceptez-les, monsieur.
VALÈRE.
          C'est trop de complaisance.
LA RAPIÈRE.
Le petit Gille encore eût pu nous assister,
Sans le triste accident qui vient de nous l'ôter.
Monsieur, le grand dommage! et l'homme de service!
Vous avez su le tour que lui fit la justice;
Il mourut en César; et, lui cassant les os,
Le bourreau ne lui put faire lâcher deux mots.
VALÈRE.
Monsieur de La Rapière, un homme de la sorte
Doit être regretté : mais, quant à votre escorte,
Je vous rends graces.

ACTE V, SCÈNE IV.

LA RAPIÈRE.
Soit; mais soyez averti
Qu'il vous cherche, et vous peut faire un mauvais parti.
VALÈRE.
Et moi, pour vous montrer combien je l'appréhende,
Je lui veux, s'il me cherche, offrir ce qu'il demande,
Et par toute la ville aller présentement,
Sans être accompagné que de lui seulement.

SCÈNE IV.

VALÈRE, MASCARILLE.

MASCARILLE.
Quoi, monsieur! vous voulez tenter Dieu? Quelle audace!
Las! vous voyez tous deux comme l'on nous menace;
Combien de tous côtés...
VALÈRE.
Que regardes-tu là?
MASCARILLE.
C'est qu'il sent le bâton du côté que voilà.
Enfin, si maintenant ma prudence en est crue,
Ne nous obstinons point à rester dans la rue;
Allons nous renfermer.
VALÈRE.
Nous renfermer, faquin!
Tu m'oses proposer un acte de coquin?
Sus, sans plus de discours, résous-toi de me suivre.
MASCARILLE.
Hé! monsieur mon cher maître, il est si doux de vivre!

On ne meurt qu'une fois, et c'est pour si long-temps...
####### VALÈRE.
Je m'en vais t'assommer de coups, si je t'entends.
Ascagne vient ici, laissons-le ; il faut attendre
Quel parti de lui-même il résoudra de prendre.
Cependant avec moi viens prendre à la maison
Pour nous frotter...
####### MASCARILLE.
Je n'ai nulle démangeaison.
Que maudit soit l'amour, et les filles maudites,
Qui veulent en tâter, puis font les chattemites !

SCÈNE V.

ASCAGNE, FROSINE.

####### ASCAGNE.
Est-il bien vrai, Frosine, et ne rêvé-je point ?
De grace, contez-moi bien tout de point en point.
####### FROSINE.
Vous en saurez assez le détail, laissez faire :
Ces sortes d'incidents ne sont, pour l'ordinaire,
Que redits trop de fois de moment en moment.
Suffit que vous sachiez qu'après ce testament
Qui vouloit un garçon pour tenir sa promesse,
De la femme d'Albert la dernière grossesse
N'accoucha que de vous ; et que lui, dessous main,
Ayant depuis long-temps concerté son dessein,
Fit son fils de celui d'Ignès la bouquetière,
Qui vous donna pour sienne à nourrir à ma mère.

ACTE V, SCÈNE V.

La mort ayant ravi ce petit innocent
Quelque dix mois après, Albert étant absent,
La crainte d'un époux et l'amour maternelle
Firent l'événement d'une ruse nouvelle.
Sa femme en secret lors se rendit son vrai sang,
Vous devîntes celui qui tenoit votre rang,
Et la mort de ce fils mis dans votre famille
Se couvrit pour Albert de celle de sa fille.
Voilà de votre sort un mystère éclairci,
Que votre feinte mère a caché jusqu'ici;
Elle en dit des raisons, et peut en avoir d'autres,
Par qui ses intérêts n'étoient pas tous les vôtres.
Enfin cette visite, où j'espérois si peu,
Plus qu'on ne pouvoit croire a servi votre feu.
Cette Ignès vous relâche, et, par votre autre affaire,
L'éclat de son secret devenu nécessaire,
Nous en avons nous deux votre père informé;
Un billet de sa femme a le tout confirmé;
En poussant plus avant encore notre pointe,
Quelque peu de fortune à notre adresse jointe,
Aux intérêts d'Albert, de Polidore, après,
Nous avons ajusté si bien les intérêts,
Si doucement à lui déplié ces mystères,
Pour n'effaroucher pas d'abord trop les affaires;
Enfin, pour dire tout, mené si prudemment
Son esprit pas à pas à l'accommodement,
Qu'autant que votre père il montre de tendresse
A confirmer les nœuds qui font votre alégresse.

ASCAGNE.

Ah, Frosine! la joie où vous m'acheminez...

Hé! que ne dois-je point à vos soins fortunés!
FROSINE.
Au reste, le bon homme est en humeur de rire,
Et pour son fils encor nous défend de rien dire.

SCÈNE VI.

POLIDORE, ASCAGNE, FROSINE.

POLIDORE.
Approchez-vous, ma fille, un tel nom m'est permis,
Et j'ai su le secret que cachoient ces habits.
Vous avez fait un trait, qui, dans sa hardiesse,
Fait briller tant d'esprit et tant de gentillesse,
Que je vous en excuse, et tiens mon fils heureux
Quand il saura l'objet de ses soins amoureux.
Vous valez tout un monde, et c'est moi qui l'assure.
Mais le voici; prenons plaisir de l'aventure.
Allez faire venir tous vos gens promptement.
ASCAGNE.
Vous obéir sera mon premier compliment.

SCÈNE VII.

POLIDORE, VALÈRE, MASCARILLE.

MASCARILLE, *à Valère*.
Les disgraces, souvent, sont du ciel révélées.
J'ai songé cette nuit de perles défilées,

Et d'œufs cassés, monsieur; un tel songe m'abat.
VALÈRE.
Chien de poltron!
POLIDORE.
Valère, il s'apprête un combat
Où toute ta valeur te sera nécessaire.
Tu vas avoir en tête un puissant adversaire.
MASCARILLE.
Et personne, monsieur, qui se veuille bouger
Pour retenir des gens qui se vont égorger?
Pour moi, je le veux bien; mais au moins s'il arrive
Qu'un funeste accident de votre fils vous prive,
Ne m'en accusez point.
POLIDORE.
Non, non, en cet endroit,
Je le pousse moi-même à faire ce qu'il doit.
MASCARILLE.
Père dénaturé!
VALÈRE.
Ce sentiment, mon père,
Est d'un homme de cœur, et je vous en révère.
J'ai dû vous offenser, et je suis criminel
D'avoir fait tout ceci sans l'aveu paternel;
Mais, à quelque dépit que ma faute vous porte,
La nature toujours se montre la plus forte,
Et votre honneur fait bien quand il ne veut pas voir
Que le transport d'Éraste ait de quoi m'émouvoir.
POLIDORE.
On me faisoit tantôt redouter sa menace;
Mais les choses depuis ont bien changé de face;

Et, sans le pouvoir fuir, d'un ennemi plus fort
Tu vas être attaqué.

MASCARILLE.

Point de moyen d'accord?

VALÈRE

Moi, le fuir! Dieu m'en garde! Et qui donc pourroit-ce

POLIDORE.   [être?

Ascagne.

VALÈRE.

Ascagne!

POLIDORE.

Oui, tu le vas voir paroître.

VALÈRE.

Lui, qui de me servir m'avoit donné sa foi!

POLIDORE.

Oui, c'est lui qui prétend avoir affaire à toi;
Et qui veut, dans le champ où l'honneur vous appelle,
Qu'un combat seul à seul vide votre querelle.

MASCARILLE.

C'est un brave homme; il sait que les cœurs généreux
Ne mettent point les gens en compromis pour eux.

POLIDORE.

Enfin d'une imposture ils te rendent coupable,
Dont le ressentiment m'a paru raisonnable;
Si bien qu'Albert et moi sommes tombés d'accord
Que tu satisferois Ascagne sur ce tort;
Mais aux yeux d'un chacun, et sans nulles remises,
Dans les formalités en pareil cas requises.

VALÈRE.

Et Lucile, mon père, a, d'un cœur endurci...

ACTE V, SCÈNE VIII.

POLIDORE.

Lucile épouse Éraste, et te condamne aussi,
Et, pour convaincre mieux tes discours d'injustice,
Veut qu'à tes propres yeux cet hymen s'accomplisse.

VALÈRE.

Ah! c'est une impudence à me mettre en fureur.
Elle a donc perdu sens, foi, conscience, honneur!

SCÈNE VIII.

ALBERT, POLIDORE, LUCILE, ÉRASTE, VALÈRE, MASCARILLE.

ALBERT.

Hé bien! les combattants? On amène le nôtre.
Avez-vous disposé le courage du vôtre?

VALÈRE.

Oui, oui, me voilà prêt puisqu'on m'y veut forcer,
Et, si j'ai pu trouver sujet de balancer,
Un reste de respect en pouvoit être cause,
Et non pas la valeur du bras que l'on m'oppose;
Mais c'est trop me pousser, ce respect est à bout,
A toute extrémité mon esprit se résout,
Et l'on fait voir un trait de perfidie étrange,
Dont il faut hautement que mon amour se venge.
  (*à Lucile.*)
Non pas que cet amour prétende encore à vous:
Tout son feu se résout en ardeur de courroux;
Et, quand j'aurai rendu votre honte publique,
Votre coupable hymen n'aura rien qui me pique.

LE DÉPIT AMOUREUX.

Allez, ce procédé, Lucile, est odieux :
A peine en puis-je croire au rapport de mes yeux;
C'est de toute pudeur se montrer ennemie,
Et vous devriez mourir d'une telle infamie.

LUCILE.

Un semblable discours me pourroit affliger,
Si je n'avois en main qui m'en saura venger.
Voici venir Ascagne, il aura l'avantage
De vous faire changer bien vite de langage,
Et sans beaucoup d'effort.

SCÈNE IX.

ALBERT, POLIDORE, ASCAGNE, LUCILE, ÉRASTE, VALÈRE, FROSINE, MARINETTE, GROS-RENÉ, MASCARILLE.

VALÈRE.

Il ne le fera pas,
Quand il joindroit au sien encor vingt autres bras.
Je le plains de défendre une sœur criminelle;
Mais puisque son erreur me veut faire querelle,
Nous le satisferons, et vous, mon brave, aussi.

ÉRASTE.

Je prenois intérêt tantôt à tout ceci;
Mais enfin, comme Ascagne a pris sur lui l'affaire,
Je ne veux plus en prendre, et je le laisse faire.

VALÈRE.

C'est bien fait; la prudence est toujours de saison.
Mais...

ACTE V, SCÈNE IX.

ÉRASTE.

Il saura pour tous vous mettre à la raison.

VALÈRE.

Lui?

POLIDORE.

Ne t'y trompe pas, tu ne sais pas encore
Quel étrange garçon est Ascagne.

ALBERT.

Il l'ignore,
Mais il pourra dans peu le lui faire savoir.

VALÈRE.

Sus donc, que maintenant il me le fasse voir.

MARINETTE.

Aux yeux de tous?

GROS-RENÉ.

Cela ne seroit pas honnête.

VALÈRE.

Se moque-t-on de moi? Je casserai la tête
A quelqu'un des rieurs. Enfin voyons l'effet.

ASCAGNE.

Non, non, je ne suis pas si méchant qu'on me fait;
Et, dans cette aventure où chacun m'intéresse,
Vous allez voir plutôt éclater ma foiblesse,
Connoître que le ciel, qui dispose de nous,
Ne me fit pas un cœur pour tenir contre vous,
Et qu'il vous réservoit, pour victoire facile,
De finir le destin du frère de Lucile.
Oui, bien loin de vanter le pouvoir de mon bras,
Ascagne va par vous recevoir le trépas:
Mais il veut bien mourir, si sa mort nécessaire

Peut avoir maintenant de quoi vous satisfaire,
En vous donnant pour femme, en présence de tous,
Celle qui justement ne peut être qu'à vous.

VALÈRE.

Non, quand toute la terre, après sa perfidie
Et les traits effrontés...

ASCAGNE.

     Ah! souffrez que je die,
Valère, que le cœur qui vous est engagé,
D'aucun crime envers vous ne peut être chargé;
Sa flamme est toujours pure et sa constance extrême,
Et j'en prends à témoin votre père lui-même.

POLIDORE.

Oui, mon fils, c'est assez rire de ta fureur,
Et je vois qu'il est temps de te tirer d'erreur.
Celle à qui par serment ton ame est attachée
Sous l'habit que tu vois à tes yeux est cachée;
Un intérêt de bien, dès ses plus jeunes ans,
Fit ce déguisement qui trompe tant de gens,
Et, depuis peu, l'amour en a su faire un autre,
Qui t'abusa, joignant leur famille à la nôtre.
Ne va point regarder à tout le monde aux yeux.
Je te fais maintenant un discours sérieux.
Oui, c'est elle, en un mot, dont l'adresse subtile,
La nuit, reçut ta foi sous le nom de Lucile,
Et qui, par ce ressort qu'on ne comprenoit pas,
A semé parmi vous un si grand embarras.
Mais, puisque Ascagne ici fait place à Dorothée,
Il faut voir de vos feux toute imposture ôtée,
Et qu'un nœud plus sacré donne force au premier.

ACTE V, SCÈNE IX.

ALBERT.

Et c'est là justement ce combat singulier
Qui devoit envers nous réparer votre offense,
Et pour qui les édits n'ont point fait de défense.

POLIDORE.

Un tel événement rend tes esprits confus :
Mais en vain tu voudrois balancer là dessus.

VALÈRE.

Non, non, je ne veux pas songer à m'en défendre,
Et si cette aventure a lieu de me surprendre,
La surprise me flatte, et je me sens saisir
De merveille à la fois, d'amour et de plaisir :
Se peut-il que ces yeux...

ALBERT.

Cet habit, cher Valère,
Souffre mal les discours que vous lui pourriez faire.
Allons lui faire en prendre un autre, et cependant
Vous saurez le détail de tout cet incident.

VALÈRE.

Vous, Lucile, pardon, si mon ame abusée...

LUCILE.

L'oubli de cette injure est une chose aisée.

ALBERT.

Allons, ce compliment se fera bien chez nous,
Et nous aurons loisir de nous en faire tous.

ÉRASTE.

Mais vous ne songez pas, en tenant ce langage,
Qu'il reste encore ici des sujets de carnage.
Voilà bien à tous deux notre amour couronné ;

Mais de son Mascarille et de mon Gros-René,
Par qui doit Marinette être ici possédée?
Il faut que par le sang l'affaire soit vidée.

MASCARILLE.

Nenni, nenni, mon sang dans mon corps sied trop bien;
Qu'il l'épouse en repos, cela ne me fait rien.
De l'humeur que je sais la chère Marinette,
L'hymen ne ferme pas la porte à la fleurette.

MARINETTE.

Et tu crois que de toi je ferois mon galant?
Un mari, passe encor; tel qu'il est, on le prend;
On n'y va pas chercher tant de cérémonie:
Mais il faut qu'un galant soit fait à faire envie.

GROS-RENÉ.

Écoute, quand l'hymen aura joint nos deux peaux,
Je prétends qu'on soit sourde à tous les damoiseaux.

MASCARILLE.

Tu crois te marier pour toi tout seul, compère?

GROS-RENÉ.

Bien entendu; je veux une femme sévère,
Ou je ferai beau bruit.

MASCARILLE.

            Hé, mon dieu! tu feras
Comme les autres font, et tu t'adouciras.
Ces gens, avant l'hymen, si fâcheux et critiques,
Dégénèrent souvent en maris pacifiques.

MARINETTE.

Va, va, petit mari, ne crains rien de ma foi;
Les douceurs ne feront que blanchir contre moi;

Et je te dirai tout.

MASCARILLE.

O la fine pratique !
Un mari confident !

MARINETTE.

Taisez-vous, as de pique.

ALBERT.

Pour la troisième fois, allons-nous-en chez nous
Poursuivre en liberté des entretiens si doux.

FIN DU DÉPIT AMOUREUX.

SCÈNE

DU DÉNIAISÉ

DE GILLET DE LA TESSONNIÈRE,

IMITÉE PAR MOLIÈRE.

JODELET, PANCRACE.

JODELET.
Tandis qu'ils vont dîner, un petit mot, Pancrace.
Dirois-tu qu'une fille eût de l'amour pour moi?
PANCRACE.
C'est qu'elle a reconnu quelques appas en toi.
JODELET.
Qu'est-ce que des appas? est-ce une belle chose?
PANCRACE.
C'est le visible effet d'une agréable cause;
C'est un enthousiasme, un puissant attractif,
Qui rend individu le passif et l'actif,
Et qui, dans nos esprits, domptant sa tyrannie,
Forme le plus farouche au gré de son génie.
JODELET.
Je m'en étois douté; mais...
PANCRACE.
              Les doutes sont grands
Pour définir s'il est des appas différents.
Pythagore, Zénon, Aristote, Socrate,
Philostrate, Bias, Eschyle, Démocrate,

SCÈNE DU DÉNIAISÉ.

Aristippe, Plutarque, Isocrate, Platon,
Démosthène, Luculle, Hésiode, Caton,
Ésope, Eusèbe, Érasme, Ennius, Aulu-Gelle,
Épictète, Garden, Boëce, Columelle,
Ménandre, Scaliger, Aristarque, Solon,
Homère, Buchanan, Polybe, Cicéron,
Ausone, Lucian, Xénophon, Thucydide,
Diogène, Tibulle, Appian, Aristide,
Anacréon, Pindare, Horace, Martial,
Plaute, Ovide, Lucain, Catulle, Juvénal,
Carnéade, Sapho, Théophraste, Lactance,
Sophocles et Sénèque, Euripide et Térence,
Chrisippe...

JODELET.

A quel besoin nommer tous ces démons?

PANCRACE.

C'est des dieux, des savants, dont je t'ai dit les noms;
Et j'en ai mille encor, que, manque de mémoire...

JODELET.

Ah! ne m'en nomme plus, je suis prêt à te croire.

PANCRACE.

Donc, tous ces vieux savants n'ont pu nous exprimer
D'où vient cet ascendant qui nous force d'aimer.
Les uns disent que c'est un vif éclat de flamme,
Qu'un être indépendant alluma dans notre ame,
Et qui fait son effet malgré notre pouvoir,
Quand il trouve un objet propre à le recevoir.

JODELET.

Les autres...

PANCRACE.

Éclairés d'une moindre lumière,
Enveloppent sa force au sein de la matière,
Et nomment un instinct ce premier mouvement

SCÈNE DU DÉNIAISÉ.

Qui nous frappe d'abord avec aveuglement,
Et qui prenant du temps des forces suffisantes,
En forme dans les sens des images pressantes,
Qui n'en font le rapport à notre entendement
Qu'après s'être engagés sans son consentement.

JODELET, *levant la main pour parler.*

Ainsi donc...

PANCRACE, *l'interrompant.*

Nous perdrions le droit du libre arbitre.

JODELET *veut parler.*

Mais...

PANCRACE.

Il n'est point de mais, c'est notre plus beau titre.

JODELET, *encore de même.*

Hé quoi...

PANCRACE.

Nous naissons tous en pleine liberté.

JODELET, *voulant parler.*

C'est sans doute...

PANCRACE.

Autrement notre essence est mortelle.

JODELET, *voulant parler.*

D'effet...

PANCRACE.

Et nous n'aurions qu'une ame naturelle.

JODELET.

Bon!

PANCRACE.

C'est le sentiment que nous devons avoir.

JODELET.

Donc...

PANCRACE.

C'est la vérité que nous devons savoir.

SCÈNE DU DÉNIAISÉ.

JODELET.

Un mot...

PANCRACE.

Quoi! voudrois-tu des ames radicales,
Où l'opération pareille aux animales...

JODELET, *en lui voulant fermer la bouche.*

Je voudrois te casser la gueule...

PANCRACE, *en se débarrassant.*

On a grand tort
De vouloir que l'esprit s'éteigne par la mort.
Il faut, pour en avoir l'entière connoissance,
Savoir que l'ame vient d'une immortelle essence,
Et qu'en nous animant, il est tout évident
Qu'elle est une substance, et non un accident;
Ayant des attributs du maître du tonnerre,
Elle n'est pas de feu, d'air, d'eau, ni moins de terre,
Ni le tempérament des quatre qualités
Qui renferme dans soi tant de diversités.

JODELET, *s'apprête à parler.*

Enfin...

PANCRACE.

Les minéraux, produits d'air et de flamme,
Ont un tempérament, mais ce n'est pas une ame.
L'ame est encore plus que n'est le mouvement;
Plusieurs choses en ont sans avoir sentiment,
Et qui sur les objets agissent avec force.
D'un arbre mort le fruit, ou la feuille, ou l'écorce,
Donnent à nos humeurs un secret mouvement;
L'ambre attire des corps, ainsi que fait l'aimant.

JODELET, *lassé.*

Ah!...

PANCRACE.

L'ame n'est donc pas cette aveugle puissance

SCÈNE DU DÉNIAISÉ.

Qui se meut, ou qui fait mouvoir sans connaissance.

JODELET, *jetant son chapeau à terre.*

J'enrage...

PANCRACE.

Elle n'est pas le sang, comme on a dit.

JODELET, *en le regardant de colère.*

Parlera-t-il toujours ? mais...

PANCRACE.

Ce mais m'étourdit.

JODELET, *fermant les poings.*

Peste !

PANCRACE.

Nous pouvons voir des choses animées,
Qui sans avoir de sang avoient été formées.
Il est des animaux qui n'en répandent pas
Après le coup fatal qui cause leur trépas.
L'ame n'est pas aussi l'acte ni l'énergie ;
C'est au corps qu'appartient le mot d'antéléchie.

JODELET.

Holà...

PANCRACE.

Prête l'oreille à mes solutions.
L'ame n'ayant donc point ces définitions,
Pour te faire savoir comme elle est immortelle,
Écoute les vertus qui subsistent en elle :
Par un divin génie et des ressorts divers,
Trois ames font mouvoir tout ce grand univers.
Aux plantes seulement est la végétative,
La sensitive au corps, l'ame a l'intellective,
Et donne l'existence aux deux qu'elle comprend,
Ainsi qu'un petit nombre est compris au plus grand.
Des trois la corruptible est jointe à la matière ;
La seconde, approchant de sa clarté première,

Agit dans les démons sans commerce des corps;
Et la troisième enfin, par de divins efforts,
Pour faire un composé, sut renfermer en elle
La nature divine avecque la mortelle;
Aussi l'ame a l'arbitre...

JODELET.

Ah, c'est trop arbitré!
Au diable le moment que je t'ai rencontré!

PANCRACE.

Au diable le pendard qui ne veut rien apprendre!

JODELET.

Au diable les savants, et qui les peut comprendre!

PANCRACE.

Va, si tu m'y retiens, on y verra beau bruit.
Mais...

JODELET.

Encor me parler! bon soir et bonne nuit.

LES PRÉCIEUSES RIDICULES,

COMÉDIE EN UN ACTE

ET EN PROSE,

Représentée à Paris, sur le théâtre du Petit-Bourbon, le 18 novembre 1659.

PRÉFACE.

C'est une chose étrange qu'on imprime les gens malgré eux. Je ne vois rien de si injuste, et je pardonnerois toute autre violence plutôt que celle-là.

Ce n'est pas que je veuille faire ici l'auteur modeste, et mépriser par honneur ma comédie. J'offenserois mal à propos tout Paris, si je l'accusois d'avoir pu applaudir à une sottise. Comme le public est le juge absolu de ces sortes d'ouvrages, il y auroit de l'impertinence à moi de le démentir; et quand j'aurois eu la plus mauvaise opinion du monde de mes *Précieuses ridicules* avant leur représentation, je dois croire maintenant qu'elles valent quelque chose, puisque tant de gens ensemble en ont dit du bien. Mais, comme une grande partie des graces qu'on y a trouvées dépendent de l'action et du ton de voix, il m'importoit qu'on ne les dépouillât pas de ces ornements, et je trouvois que le succès qu'elles avoient eu dans la représentation étoit assez beau pour en demeurer là. J'avois résolu, dis-je, de ne les faire voir qu'à la chandelle, pour ne point donner lieu à quelqu'un de dire le proverbe*; et je ne voulois pas qu'elles sautassent du théâtre de Bourbon dans la galerie du Palais. Cependant je n'ai pu l'éviter, et je suis tombé dans la disgrace de voir une copie dérobée de ma pièce entre les mains des libraires, accompagnée d'un privilége obtenu par surprise. J'ai eu beau crier : O temps! ô mœurs! on m'a fait voir une nécessité pour moi d'être imprimé,

---

[1] Molière fait allusion à ce proverbe : « Elle est belle à la chandelle, « mais le grand jour gâte tout. »

ou d'avoir un procès; et le dernier mal est encore pire que le premier. Il faut donc se laisser aller à la destinée, et consentir à une chose qu'on ne laisseroit pas de faire sans moi.

Mon dieu! l'étrange embarras qu'un livre à mettre au jour, et qu'un auteur est neuf la première fois qu'on l'imprime! Encore si l'on m'avoit donné du temps, j'aurois pu mieux songer à moi, et j'aurois pris toutes les précautions que messieurs les auteurs, à présent mes confrères, ont coutume de prendre en semblables occasions. Outre quelque grand seigneur que j'aurois été prendre malgré lui pour protecteur de mon ouvrage, et dont j'aurois tenté la libéralité par une épître dédicatoire bien fleurie, j'aurois tâché de faire une belle et docte préface, et je ne manque point de livres qui m'auroient fourni tout ce qu'on peut dire de savant sur la tragédie et la comédie, l'étymologie de toutes deux, leur définition, et le reste.

J'aurois parlé aussi à mes amis, qui, pour la recommandation de ma pièce, ne m'auroient pas refusé ou des vers françois, ou des vers latins. J'en ai même qui m'auroient loué en grec; et l'on n'ignore pas qu'une louange en grec est d'une merveilleuse efficace à la tête d'un livre. Mais on me met au jour sans me donner le loisir de me reconnoître; et je ne puis même obtenir la liberté de dire deux mots pour justifier mes intentions sur le sujet de cette comédie. J'aurois voulu faire voir qu'elle se tient partout dans les bornes de la satire honnête et permise; que les plus excellentes choses sont sujettes à être copiées par de mauvais singes qui méritent d'être bernés; que ces vicieuses imitations de ce qu'il y a de plus parfait ont été de tout temps la matière de la comédie; et que, par la même raison, les véritables et les vrais braves ne se sont point encore avisés de s'offenser du docteur de la comédie, et du capitan, non plus que les juges, les princes, et les rois, de voir Trivelin, ou quelque autre, sur le théâtre, faire ridiculement le juge, le prince, ou le roi : aussi les véritables précieuses auroient tort de se piquer, lorsqu'on joue les ridicules qui les imitent mal. Mais enfin, comme j'ai dit, on ne me laisse pas le temps de respirer, et M. de Luynes veut m'aller faire relier de ce pas : à la bonne heure, puisque Dieu l'a voulu.

PERSONNAGES.

LA GRANGE[1], \
DU CROISY[2], } amants rebutés.

GORGIBUS, bon bourgeois[3].

MADELON, fille de Gorgibus[4], \
CATHOS, nièce de Gorgibus[5], } Précieuses ridicules.

MAROTTE, servante des Précieuses ridicules[6].

ALMANZOR, laquais des Précieuses ridicules[7].

LE MARQUIS DE MASCARILLE, valet de La Grange[8].

LE VICOMTE DE JODELET, valet de Du Croisy[9].

DEUX PORTEURS DE CHAISE.

VOISINES.

VIOLONS.

ACTEURS.

[1] LA GRANGE. — [2] DU CROISY. — [3] L'ÉPY. — [4] Mademoiselle DE BRIE. — [5] Mademoiselle DUPARC. — [6] Magdeleine BÉJART. — [7] DE BRIE. — [8] MOLIÈRE. — [9] BRÉCOURT.

La scène est à Paris, dans la maison de Gorgibus.

LES
PRÉCIEUSES RIDICULES.

SCÈNE I.

LA GRANGE, DU CROISY.

DU CROISY.

Seigneur La Grange.

LA GRANGE.

Quoi?

DU CROISY.

Regardez-moi un peu sans rire.

LA GRANGE.

Hé bien?

DU CROISY.

Que dites-vous de notre visite? En êtes-vous fort satisfait?

LA GRANGE.

A votre avis, avons-nous sujet de l'être tous deux?

DU CROISY.

Pas tout-à-fait, à dire vrai.

LA GRANGE.

Pour moi, je vous avoue que j'en suis tout scandalisé. A-t-on jamais vu, dites-moi, deux pecques [1] provinciales faire plus les renchéries que celles-là,

---

[1] *Pecque*, sotte, impertinente : cette expression paroît venir du mot latin *pecus*, dont nous avons fait *pecque*, *pécore*.

et deux hommes traités avec plus de mépris que nous?
A peine ont-elles pu se résoudre à nous faire donner
des siéges. Je n'ai jamais vu tant parler à l'oreille
qu'elles ont fait entre elles, tant bâiller, tant se frotter les yeux, et demander tant de fois : Quelle heure
est-il? Ont-elles répondu que oui et non à tout ce
que nous avons pu leur dire? Et ne m'avouerez-vous
pas enfin que quand nous aurions été les dernières
personnes du monde, on ne pouvoit nous faire pis
qu'elles ont fait?

DU CROISY.

Il me semble que vous prenez la chose fort à cœur.

LA GRANGE.

Sans doute, je l'y prends, et de telle façon, que je
me veux venger de cette impertinence. Je connois ce
qui nous a fait mépriser. L'air précieux n'a pas seulement infecté Paris, il s'est aussi répandu dans les
provinces, et nos donzelles ridicules en ont humé
leur bonne part. En un mot, c'est un ambigu de précieuse et de coquette que leur personne. Je vois ce
qu'il faut être pour en être bien reçu; et, si vous
m'en croyez, nous leur jouerons tous deux une pièce
qui leur fera voir leur sottise, et pourra leur apprendre
à connoître un peu mieux leur monde.

DU CROISY.

Et comment, encore?

LA GRANGE.

J'ai un certain valet, nommé Mascarille, qui passe,
au sentiment de beaucoup de gens, pour une manière
de bel esprit ; car il n'y a rien à meilleur marché que

le bel esprit maintenant. C'est un extravagant qui s'est
mis dans la tête de vouloir faire l'homme de condition.
Il se pique ordinairement de galanterie et de vers, et
dédaigne les autres valets jusqu'à les appeler brutaux.

DU CROISY.

Hé bien! qu'en prétendez-vous faire?

LA GRANGE.

Ce que j'en prétends faire? Il faut... Mais sortons
d'ici auparavant.

SCÈNE II.

GORGIBUS, DU CROISY, LA GRANGE.

GORGIBUS.

Hé bien! vous avez vu ma nièce et ma fille? Les
affaires iront-elles bien? Quel est le résultat de cette
visite?

LAGRANGE.

C'est une chose que vous pourriez mieux apprendre
d'elles que de nous. Tout ce que nous pouvons vous
dire, c'est que nous vous rendons grace de la faveur
que vous nous avez faite, et demeurons vos très
humbles serviteurs.

DU CROISY.

Vos très humbles serviteurs.

GORGIBUS, *seul.*

Ouais! il semble qu'ils sortent mal satisfaits d'ici.
D'où pourroit venir leur mécontentement? Il faut
savoir un peu ce que c'est. Holà!

SCÈNE III.

GORGIBUS, MAROTTE.

MAROTTE.

Que désirez-vous, monsieur?

GORGIBUS.

Où sont vos maîtresses?

MAROTTE.

Dans leur cabinet.

GORGIBUS.

Que font-elles?

MAROTTE.

De la pommade pour les lèvres.

GORGIBUS.

C'est trop pommadé : dites-leur qu'elles descendent.

SCÈNE IV.

GORGIBUS.

Ces pendardes-là, avec leur pommade, ont, je pense, envie de me ruiner. Je ne vois partout que blancs d'œufs, lait virginal, et mille autres brimborions[1] que je ne connois point. Elles ont usé, depuis que nous sommes ici, le lard d'une douzaine de co-

---

[1] Bagatelles.

chons, pour le moins; et quatre valets vivroient tous les jours des pieds de mouton qu'elles emploient.

SCÈNE V.

MADELON, CATHOS, GORGIBUS.

GORGIBUS.

Il est bien nécessaire, vraiment, de faire tant de dépense pour vous graisser le museau! Dites-moi un peu ce que vous avez fait à ces messieurs, que je les vois sortir avec tant de froideur? Vous avois-je pas commandé de les recevoir comme des personnes que je voulois vous donner pour maris?

MADELON.

Et quelle estime, mon père, voulez-vous que nous fassions du procédé irrégulier de ces gens-là?

CATHOS.

Le moyen, mon oncle, qu'une fille un peu raisonnable se pût accommoder de leur personne?

GORGIBUS.

Et qu'y trouvez-vous à redire?

MADELON.

La belle galanterie que la leur! Quoi! débuter d'abord par le mariage!

GORGIBUS.

Et par où veux-tu donc qu'ils débutent? par le concubinage? N'est-ce pas un procédé dont vous avez sujet de vous louer toutes deux aussi bien que moi? Est-il rien de plus obligeant que cela? Et ce lien sacré où ils aspirent n'est-il pas un témoignage de l'honnêteté de leurs intentions ?

MADELON.

Ah, mon père! ce que vous dites là est du dernier bourgeois. Cela me fait honte de vous ouïr parler de la sorte; et vous devriez un peu vous faire apprendre le bel air des choses.

GORGIBUS.

Je n'ai que faire ni d'air ni de chanson. Je te dis que le mariage est une chose sainte et sacrée, et que c'est faire en honnêtes gens que de débuter par là.

MADELON.

Mon dieu! que si tout le monde vous ressembloit, un roman seroit bientôt fini! La belle chose que ce seroit si d'abord Cyrus épousoit Mandane, et qu'Aronce, de plain-pied, fût marié à Clélie!

GORGIBUS.

Que me vient conter celle-ci ?

MADELON.

Mon père, voilà ma cousine qui vous dira aussi bien que moi que le mariage ne doit jamais arriver qu'après les autres aventures. Il faut qu'un amant, pour être agréable, sache débiter les beaux sentiments, pousser le doux, le tendre et le passionné, et que sa recherche soit dans les formes. Premièrement, il doit voir au temple, ou à la promenade, ou dans quelque cérémonie publique, la personne dont il devient amoureux; ou bien être conduit fatalement chez elle par un parent ou un ami, et sortir de là tout rêveur et mélancolique. Il cache, un temps, sa passion à l'objet aimé, et cependant lui rend plusieurs visites, où l'on ne manque jamais de mettre sur le tapis une question galante qui exerce les esprits de l'assemblée. Le jour de la déclaration arrive, qui se doit faire ordinairement dans une allée de quelque jardin, tandis que la compagnie s'est un peu éloignée : et cette déclaration est suivie d'un prompt courroux, qui paroît à notre rougeur, et qui, pour un temps, bannit l'amant de notre présence. Ensuite il trouve moyen de nous apaiser, de nous accoutumer insensiblement au discours de sa passion, et de tirer de nous cet aveu qui fait tant de peine. Après cela viennent les aventures, les rivaux qui se jettent à la traverse d'une inclination établie, les persécutions des pères, les jalousies conçues sur de fausses apparences, les plaintes, les désespoirs, les enlèvements, et ce qui s'ensuit. Voilà comme les choses se traitent dans les belles manières, et ce sont des règles dont, en bonne galanterie, on ne sauroit se dispenser. Mais en venir de but en blanc à l'union conjugale, ne faire l'amour qu'en faisant le contrat du mariage, et prendre justement le roman par la queue, encore un coup, mon père, il ne se peut rien de plus marchand que ce procédé; et j'ai mal au cœur de la seule vision que cela me fait.

GORGIBUS.

Quel diable de jargon entends-je ici? Voici bien du haut style.

CATHOS.

En effet, mon oncle, ma cousine donne dans le vrai de la chose. Le moyen de bien recevoir des gens qui sont tout-à-fait incongrus en galanterie! Je m'en vais gager qu'ils n'ont jamais vu la carte de Tendre, et que Billets-doux, Petits-soins, Billets-galants, et Jolis-Vers, sont des terres inconnues pour eux. Ne voyez-vous pas que toute leur personne marque cela, et qu'ils n'ont point cet air qui donne d'abord bonne opinion des gens? Venir en visite amoureuse avec une jambe tout unie, un chapeau désarmé de plumes, une tête irrégulière en cheveux, et un habit qui souffre une indigence de rubans; mon dieu! quels amants sont-ce là! Quelle frugalité d'ajustement, et quelle sécheresse de conversation! On n'y dure point, on n'y tient pas. J'ai remarqué encore que leurs rabats ne sont pas de la bonne faiseuse, et qu'il s'en faut plus d'un grand demi-pied que leurs hauts-de-chausses ne soient assez larges.

GORGIBUS.

Je pense qu'elles sont folles toutes deux, et je ne puis rien comprendre à ce baragouin. Cathos, et vous, Madelon...

MADELON.

Hé! de grace, mon père, défaites-vous de ces noms étranges, et nous appelez autrement.

GORGIBUS.

Comment, ces noms étranges! Ne sont-ce pas vos noms de baptême?

MADELON.

Mon dieu! que vous êtes vulgaire! Pour moi, un de mes étonnements, c'est que vous ayez pu faire une fille si spirituelle que moi. A-t-on jamais parlé dans le beau style de Cathos ni de Madelon? et ne m'avouerez-vous pas que ce seroit assez d'un de ces noms pour décrier le plus beau roman du monde?

CATHOS.

Il est vrai, mon oncle, qu'une oreille un peu délicate pâtit furieusement à entendre prononcer ces mots-là; et le nom de Polixène que ma cousine a choisi, et celui d'Aminte que je me suis donné, ont une grace dont il faut que vous demeuriez d'accord.

GORGIBUS.

Écoutez : il n'y a qu'un mot qui serve. Je n'entends point que vous ayez d'autres noms que ceux qui vous ont été donnés par vos parrains et marraines; et pour ces messieurs dont il est question, je connois leurs familles et leurs biens, et je veux résolument que vous vous disposiez à les recevoir pour maris. Je me lasse de vous avoir sur les bras; et la garde de deux filles est une chose un peu trop pesante pour un homme de mon âge.

CATHOS.

Pour moi, mon oncle, tout ce que je puis vous dire, c'est que je trouve le mariage une chose tout-à-fait choquante. Comment est-ce qu'on peut souffrir la pensée de coucher contre un homme vraiment nu?

MADELON.

Souffrez que nous prenions un peu haleine parmi le beau monde de Paris, où nous ne faisons que d'arriver. Laissez-nous faire à loisir le tissu de notre roman, et n'en pressez point tant la conclusion.

GORGIBUS, *à part*.

Il n'en faut point douter, elles sont achevées. (*haut.*) Encore un coup, je n'entends rien à toutes ces balivernes : je veux être maître absolu ; et, pour trancher toutes sortes de discours, ou vous serez mariées toutes deux avant qu'il soit peu, ou, ma foi, vous serez religieuses ; j'en fais un bon serment.

SCÈNE VI.

CATHOS, MADELON.

CATHOS.

Mon dieu ! ma chère, que ton père a la forme enfoncée dans la matière ! Que son intelligence est épaisse, et qu'il fait sombre dans son ame !

MADELON.

Que veux-tu, ma chère, j'en suis en confusion pour lui. J'ai peine à me persuader que je puisse être véritablement sa fille, et je crois que quelque aventure un jour me viendra développer une naissance plus illustre.

CATHOS.

Je le croirois bien ; oui, il y a toutes les apparences du monde ; et, pour moi, quand je me regarde aussi...

SCÈNE VII.

CATHOS, MADELON, MAROTTE.

MAROTTE.

Voilà un laquais qui demande si vous êtes au logis, et dit que son maître vous veut venir voir.

MADELON.

Apprenez, sotte, à vous énoncer moins vulgairement. Dites : Voilà un nécessaire qui demande si vous êtes en commodité d'être visibles.

MAROTTE.

Dame ! je n'entends point le latin, et je n'ai pas appris, comme vous, la filophie dans le grand Cyre.

MADELON.

L'impertinente ! Le moyen de souffrir cela ! Et qui est-il, le maître de ce laquais ?

MAROTTE.

Il me l'a nommé le marquis de Mascarille.

MADELON.

Ah, ma chère, un marquis ! Oui, allez dire qu'on nous peut voir. C'est sans doute un bel esprit qui aura ouï parler de nous.

CATHOS.

Assurément, ma chère.

MADELON.

Il faut le recevoir dans cette salle basse plutôt qu'en notre chambre. Ajustons un peu nos cheveux au moins, et soutenons notre réputation. Vite, venez nous tendre ici dedans le conseiller des graces.

MAROTTE.

Par ma foi, je ne sais point quelle bête c'est là; il faut parler chrétien si vous voulez que je vous entende.

CATHOS.

Apportez-nous le miroir, ignorante que vous êtes, et gardez-vous bien d'en salir la glace par la communication de votre image. (*Elles sortent.*)

SCÈNE VIII.

MASCARILLE, DEUX PORTEURS.

MASCARILLE.

Holà! porteurs, holà! La, la, la, la, la, la. Je pense que ces marauds-là ont dessein de me briser à force de heurter contre les murailles et les pavés.

PREMIER PORTEUR.

Dame! c'est que la porte est étroite. Vous avez voulu aussi que nous soyons entrés jusqu'ici.

MASCARILLE.

Je le crois bien. Voudriez-vous, faquins, que j'exposasse l'embonpoint de mes plumes aux inclémences de la saison pluvieuse, et que j'allasse imprimer mes souliers en boue? Allez, ôtez votre chaise d'ici.

DEUXIÈME PORTEUR.

Payez donc, s'il vous plaît, monsieur.

MASCARILLE.

Hé?

SCÈNE VIII.

DEUXIÈME PORTEUR.

Je dis, monsieur, que vous nous donniez de l'argent, s'il vous plaît.

MASCARILLE, *lui donnant un soufflet.*

Comment, coquin! demander de l'argent à une personne de ma qualité!

DEUXIÈME PORTEUR.

Est-ce ainsi qu'on paie les pauvres gens; et votre qualité nous donne-t-elle à dîner?

MASCARILLE.

Ah, ah! je vous apprendrai à vous connoître! Ces canailles-là s'osent jouer à moi!

PREMIER PORTEUR, *prenant un des bâtons de sa chaise.*

Çà, payez-nous vitement.

MASCARILLE.

Quoi?

PREMIER PORTEUR.

Je dis que je veux avoir de l'argent tout à l'heure.

MASCARILLE.

Il est raisonnable, celui-là.

PREMIER PORTEUR.

Vite donc!

MASCARILLE.

Oui-dà, tu parles comme il faut, toi; mais l'autre est un coquin qui ne sait ce qu'il dit. Tiens, es-tu content?

PREMIER PORTEUR.

Non, je ne suis pas content; vous avez donné un soufflet à mon camarade, et... (*levant son bâton.*)

MASCARILLE.

Doucement; tiens, voilà pour le soufflet. On obtient tout de moi quand on s'y prend de la bonne façon. Allez, venez me reprendre tantôt pour aller au Louvre, au petit coucher.

SCÈNE IX.

MAROTTE, MASCARILLE.

MAROTTE.

Monsieur, voilà mes maîtresses qui vont venir tout à l'heure.

MASCARILLE.

Qu'elles ne se pressent point; je suis ici posté commodément pour attendre.

MAROTTE.

Les voici.

SCÈNE X.

MADELON, CATHOS, MASCARILLE, ALMANZOR.

MASCARILLE, *après avoir salué*.

Mesdames, vous serez surprises sans doute de l'audace de ma visite; mais votre réputation vous attire cette méchante affaire, et le mérite a pour moi des charmes si puissants, que je cours partout après lui.

MADELON.

Si vous poursuivez le mérite, ce n'est pas sur nos terres que vous devez chasser.

SCÈNE X.

CATHOS.

Pour voir chez nous le mérite, il a fallu que vous l'y ayez amené.

MASCARILLE.

Ah! je m'inscris en faux contre vos paroles. La renommée accuse juste en contant ce que vous valez; et vous allez faire pic, repic et capot tout ce qu'il y a de galant dans Paris.

MADELON.

Votre complaisance pousse un peu trop avant la libéralité de ses louanges; et nous n'avons garde, ma cousine et moi, de donner de notre sérieux dans le doux de votre flatterie.

CATHOS.

Ma chère, il faudroit faire donner des siéges.

MADELON.

Holà! Almanzor.

ALMANZOR.

Madame.

MADELON.

Vite, voiturez-nous ici les commodités de la conversation.

MASCARILLE.

Mais, au moins, y a-t-il sûreté ici pour moi?

(*Almanzor sort.*)

CATHOS.

Que craignez-vous?

MASCARILLE.

Quelque vol de mon cœur, quelque assassinat de ma franchise. Je vois ici des yeux qui ont la mine d'être de fort mauvais garçons, de faire insulte aux libertés, et de traiter une ame de Turc à Maure. Comment, diable! D'abord qu'on les approche, ils se mettent sur leurs gardes meurtrières. Ah! par ma foi, je m'en défie! et je m'en vais gagner au pied, ou je veux caution bourgeoise qu'ils ne me feront point de mal.

MADELON.

Ma chère, c'est le caractère enjoué.

CATHOS.

Je vois bien que c'est un Amilcar [1].

MADELON.

Ne craignez rien : nos yeux n'ont point de mauvais desseins, et votre cœur peut dormir en assurance sur leur prud'homie.

CATHOS.

Mais de grace, monsieur, ne soyez pas inexorable à ce fauteuil qui vous tend les bras il y a un quart d'heure, contentez un peu l'envie qu'il a de vous embrasser.

MASCARILLE, *après s'être peigné, et avoir ajusté ses canons.*

Hé bien, mesdames, que dites-vous de Paris?

MADELON.

Hélas! qu'en pourrions-nous dire? Il faudroit être l'antipode de la raison pour ne pas confesser que Paris est le grand bureau des merveilles, le centre du bon goût, du bel esprit et de la galanterie.

---

[1] Personnage du roman de Clélie.

SCÈNE X.

MASCARILLE.

Pour moi, je tiens que, hors de Paris, il n'y a point de salut pour les honnêtes gens.

CATHOS.

C'est une vérité incontestable.

MASCARILLE.

Il y fait un peu crotté; mais nous avons la chaise.

MADELON.

Il est vrai que la chaise est un retranchement merveilleux contre les insultes de la boue et du mauvais temps.

MASCARILLE.

Vous recevez beaucoup de visites? Quel bel esprit est des vôtres?

MADELON.

Hélas! nous ne sommes pas encore connues; mais nous sommes en passe de l'être; et nous avons une amie particulière qui nous a promis d'amener ici tous ces messieurs du Recueil des pièces choisies.

CATHOS.

Et certains autres qu'on nous a nommés aussi pour être les arbitres souverains des belles choses.

MASCARILLE.

C'est moi qui ferai votre affaire mieux que personne; ils me rendent tous visite; et je puis dire que je ne me lève jamais sans une demi-douzaine de beaux esprits.

MADELON.

Hé! mon dieu! nous vous serons obligées de la dernière obligation, si vous nous faites cette amitié;

car enfin il faut avoir la connoissance de tous ces messieurs-là si l'on veut être du beau monde. Ce sont eux qui donnent le branle à la réputation dans Paris; et vous savez qu'il y en a tel dont il ne faut que la seule fréquentation pour vous donner bruit de connoisseuse, quand il n'y auroit rien autre que cela. Mais pour moi, ce que je considère particulièrement, c'est que, par le moyen de ces visites spirituelles, on est instruit de cent choses qu'il faut savoir de nécessité, et qui sont de l'essence d'un bel esprit. On apprend par là chaque jour les petites nouvelles galantes, les jolis commerces de prose ou de vers. On sait à point nommé: un tel a composé la plus jolie pièce du monde sur un tel sujet; une telle a fait des paroles sur un tel air : celui-ci a fait un madrigal sur une jouissance; celui-là a composé des stances sur une infidélité : monsieur un tel écrivit hier au soir un sixain à mademoiselle une telle, dont elle lui a envoyé la réponse ce matin sur les huit heures; un tel auteur a fait un tel dessein; celui-là en est à la troisième partie de son roman; cet autre met ses ouvrages sous la presse. C'est là ce qui vous fait valoir dans les compagnies; et si l'on ignore ces choses, je ne donnerois pas un clou de tout l'esprit qu'on peut avoir.

CATHOS.

En effet, je trouve que c'est renchérir sur le ridicule, qu'une personne se pique d'esprit, et ne sache pas jusqu'au moindre petit quatrain qui se fait chaque jour; et pour moi, j'aurois toutes les hontes du monde s'il falloit qu'on vînt à me demander si j'aurois vu quelque chose de nouveau que je n'aurois pas vu.

MASCARILLE.

Il est vrai qu'il est honteux de n'avoir pas des premiers tout ce qui se fait. Mais ne vous mettez pas en peine : je veux établir chez vous une académie de beaux esprits, et je vous promets qu'il ne se fera pas un bout de vers dans Paris que vous ne sachiez par cœur avant tous les autres. Pour moi, tel que vous me voyez, je m'en escrime un peu quand je veux ; et vous verrez courir de ma façon, dans les belles ruelles de Paris[1], deux cents chansons, autant de sonnets, quatre cents épigrammes, et plus de mille madrigaux, sans compter les énigmes et les portraits.

MADELON.

Je vous avoue que je suis furieusement pour les portraits : je ne vois rien de si galant que cela.

MASCARILLE.

Les portraits sont difficiles, et demandent un esprit profond : vous en verrez de ma manière qui ne vous déplairont pas.

CATHOS.

Pour moi, j'aime terriblement les énigmes.

MASCARILLE.

Cela exerce l'esprit, et j'en ai fait quatre encor ce matin, que je vous donnerai à deviner.

---

[1] On donnoit le nom de *ruelles* aux assemblées de ce temps-là. L'alcôve servoit de salon. La société prenoit place autour du lit de la précieuse qui se couchoit pour recevoir ses visites.

LES PRÉCIEUSES RIDICULES.

MADELON.

Les madrigaux sont agréables quand ils sont bien tournés.

MASCARILLE.

C'est mon talent particulier; et je travaille à mettre en madrigaux toute l'histoire romaine.

MADELON.

Ah! certes, cela sera du dernier beau! j'en retiens un exemplaire au moins, si vous le faites imprimer.

MASCARILLE.

Je vous en promets à chacune un, et des mieux reliés. Cela est au dessous de ma condition; mais je le fais seulement pour donner à gagner aux libraires qui me persécutent.

MADELON.

Je m'imagine que le plaisir est grand de se voir imprimer.

MASCARILLE.

Sans doute. Mais, à propos, il faut que je vous die un impromptu que je fis hier chez une duchesse de mes amies que je fus visiter; car je suis diablement fort sur les impromptu.

CATHOS.

L'impromptu est justement la pierre de touche de l'esprit.

MASCARILLE.

Écoutez donc.

MADELON.

Nous y sommes de toutes nos oreilles.

SCÈNE X.

MASCARILLE.

Oh, oh! je n'y prenois pas garde:
Tandis que, sans songer à mal, je vous regarde,
Votre œil en tapinois me dérobe mon cœur;
Au voleur! au voleur! au voleur! au voleur!

CATHOS.

Ah, mon dieu! voilà qui est poussé dans le dernier galant.

MASCARILLE.

Tout ce que je fais a l'air cavalier; cela ne sent point le pédant.

MADELON.

Il en est éloigné de plus de deux mille lieues.

MASCARILLE.

Avez-vous remarqué ce commencement: *Oh, oh!* voilà qui est extraordinaire, *oh, oh!* comme un homme qui s'avise tout d'un coup, *oh, oh!* La surprise, *oh, oh!*

MADELON.

Oui, je trouve ce *oh, oh!* admirable.

MASCARILLE.

Il semble que cela ne soit rien.

CATHOS.

Ah, mon dieu! que dites-vous? Ce sont là de ces sortes de choses qui ne se peuvent payer.

MADELON.

Sans doute, et j'aimerois mieux avoir fait ce *oh, oh!* qu'un poëme épique.

MASCARILLE.

Tudieu! vous avez le goût bon.

MADELON.

Hé! je ne l'ai pas tout-à-fait mauvais.

MASCARILLE.

Mais n'admirez-vous pas aussi *je n'y prenois pas garde? je n'y prenois pas garde*, je ne m'apercevois pas de cela; façon de parler naturelle, *je n'y prenois pas garde*. *Tandis que, sans songer à mal,* tandis qu'innocemment, sans malice, comme un pauvre mouton, *je vous regarde*, c'est-à-dire je m'amuse à vous considérer, je vous observe, je vous contemple; *votre œil en tapinois*... Que vous semble de ce mot *tapinois?* n'est-il pas bien choisi?

CATHOS.

Tout-à-fait bien.

MASCARILLE.

Tapinois, en cachette; il semble que ce soit un chat qui vienne de prendre une souris, *tapinois*.

MADELON.

Il ne se peut rien de mieux.

MASCARILLE.

Me dérobe mon cœur, me l'emporte, me le ravit; *au voleur! au voleur! au voleur! au voleur!* Ne diriez-vous pas que c'est un homme qui crie et court après un voleur pour le faire arrêter? *Au voleur! au voleur! au voleur! au voleur!*

MADELON.

Il faut avouer que cela a un tour spirituel et galant.

MASCARILLE.

Je veux vous dire l'air que j'ai fait dessus.

SCÈNE X.

CATHOS.

Vous avez appris la musique?

MASCARILLE.

Moi? Point du tout.

CATHOS.

Comment donc cela se peut-il?

MASCARILLE.

Les gens de qualité savent tout sans avoir jamais rien appris.

MADELON.

Assurément, ma chère.

MASCARILLE.

Écoutez si vous trouverez l'air à votre goût: *hem, hem, la, la, la, la, la.* La brutalité de la saison a furieusement outragé la délicatesse de ma voix; mais il n'importe, c'est à la cavalière. (*Il chante.*)

Oh, oh! je n'y prenois pas garde, etc.

CATHOS.

Ah! que voilà un air qui est passionné! Est-ce qu'on n'en meurt point?

MADELON.

Il y a de la chromatique là dedans.

MASCARILLE.

Ne trouvez-vous pas la pensée bien exprimée dans le chant, *Au voleur?*... Et puis, comme si l'on crioit bien fort, *au, au, au, au, au voleur!* Et tout d'un coup, comme une personne essoufflée, *au voleur!*

MADELON.

C'est là savoir le fin des choses, le grand fin, le

fin du fin. Tout est merveilleux, je vous assure; je suis enthousiasmée de l'air et des paroles.

CATHOS.

Je n'ai encore rien vu de cette force-là.

MASCARILLE.

Tout ce que je fais me vient naturellement, c'est sans étude.

MADELON.

La nature vous a traité en vraie mère passionnée, et vous en êtes l'enfant gâté.

MASCARILLE.

A quoi donc passez-vous le temps?

CATHOS.

A rien du tout.

MADELON.

Nous avons été jusqu'ici dans un jeûne effroyable de divertissements.

MASCARILLE.

Je m'offre à vous mener l'un de ces jours à la comédie, si vous voulez; aussi bien on en doit jouer une nouvelle que je serai bien aise que nous voyions ensemble.

MADELON.

Cela n'est pas de refus.

MASCARILLE.

Mais je vous demande d'applaudir comme il faut, quand nous serons là; car je me suis engagé de faire valoir la pièce, et l'auteur m'en est venu prier encore ce matin. C'est la coutume ici qu'à nous autres gens de condition les auteurs viennent lire leurs pièces nouvelles, pour nous engager à les trouver belles, et leur donner de la réputation : et je vous laisse à penser, si, quand nous disons quelque chose, le parterre ose nous contredire. Pour moi, j'y suis fort exact; et quand j'ai promis à quelque poëte, je crie toujours : Voilà qui est beau! devant que les chandelles soient allumées.

MADELON.

Ne m'en parlez point : c'est un admirable lieu que Paris; il s'y passe cent choses tous les jours qu'on ignore dans les provinces, quelque spirituelle qu'on puisse être.

CATHOS.

C'est assez : puisque nous sommes instruites, nous ferons notre devoir de nous écrier comme il faut sur tout ce qu'on dira.

MASCARILLE.

Je ne sais si je me trompe, mais vous avez toute la mine d'avoir fait quelque comédie.

MADELON.

Hé! il pourroit être quelque chose de ce que vous dites.

MASCARILLE.

Ah, ma foi! il faudra que nous la voyions. Entre nous, j'en ai composé une que je veux faire représenter.

CATHOS.

Hé! à quels comédiens la donnerez-vous?

MASCARILLE.

Belle demande! Aux grands comédiens; il n'y a qu'eux qui soient capables de faire valoir les choses;

les autres sont des ignorants qui récitent comme l'on parle; ils ne savent pas faire ronfler les vers, et s'arrêter au bel endroit. Et le moyen de connoître où est le beau vers, si le comédien ne s'y arrête, et ne vous avertit par là qu'il faut faire le brouhaha?

CATHOS.

En effet, il y a manière de faire sentir aux auditeurs les beautés d'un ouvrage; et les choses ne valent que ce qu'on les fait valoir.

MASCARILLE.

Que vous semble de ma petite oie [1]? La trouvez-vous congruente à l'habit?

CATHOS.

Tout-à-fait.

MASCARILLE.

Le ruban est bien choisi.

MADELON.

Furieusement bien. C'est Perdrigeon tout pur [2].

MASCARILLE.

Que dites-vous de mes canons [3]?

MADELON.

Ils ont tout-à-fait bon air.

MASCARILLE.

Je puis me vanter au moins qu'ils ont un grand quartier plus que tous ceux qu'on fait.

---

[1] *La petite oie* se disoit des rubans qui ornoient le chapeau, le nœud de l'épée, les gants, les bas et les souliers.

[2] *Perdrigeon*, nom d'un marchand fort en vogue alors.

[3] Les canons étoient une bande d'étoffe très large, et souvent ornée de dentelles, qu'on attachoit au dessus du genou.

SCÈNE X.

MADELON.

Il faut avouer que je n'ai jamais vu porter si haut l'élégance de l'ajustement.

MASCARILLE.

Attachez un peu sur ces gants la réflexion de votre odorat.

MADELON.

Ils sentent terriblement bon.

CATHOS.

Je n'ai jamais respiré une odeur mieux conditionnée.

MASCARILLE.

Et celle-là?
(*Il donne à sentir les cheveux poudrés de sa perruque.*)

MADELON.

Elle est tout-à-fait de qualité; le sublime en est touché délicieusement.

MASCARILLE.

Vous ne me dites rien de mes plumes! Comment les trouvez-vous?

CATHOS.

Effroyablement belles.

MASCARILLE.

Savez-vous que le brin me coûte un louis d'or? Pour moi, j'ai cette manie de vouloir donner généralement sur tout ce qu'il y a de plus beau.

MADELON.

Je vous assure que nous sympathisons vous et moi. J'ai une délicatesse furieuse pour tout ce que je porte;

et, jusqu'à mes chaussettes, je ne puis rien souffrir qui ne soit de la bonne ouvrière.

MASCARILLE, *s'écriant brusquement.*

Ahi, ahi, ahi! doucement. Dieu me damne, mesdames! c'est fort mal en user; j'ai à me plaindre de votre procédé : cela n'est pas honnête.

CATHOS.

Qu'est-ce donc? qu'avez-vous?

MASCARILLE.

Quoi! toutes deux contre mon cœur, en même temps! M'attaquer à droite et à gauche! Ah! c'est contre le droit des gens : la partie n'est pas égale, et je m'en vais crier au meurtre.

CATHOS.

Il faut avouer qu'il dit les choses d'une manière particulière.

MADELON.

Il a un tour admirable dans l'esprit.

CATHOS.

Vous avez plus de peur que de mal, et votre cœur crie avant qu'on l'écorche.

MASCARILLE.

Comment, diable! il est écorché depuis la tête jusqu'aux pieds.

SCÈNE XI.

CATHOS, MADELON, MASCARILLE, MAROTTE.

MAROTTE.

Madame, on demande à vous voir.

MADELON.

Qui?

MAROTTE.

Le vicomte de Jodelet.

MASCARILLE.

Le vicomte de Jodelet?

MAROTTE.

Oui, monsieur.

CATHOS.

Le connoissez-vous?

MASCARILLE.

C'est mon meilleur ami.

MADELON.

Faites entrer vitement.

MASCARILLE.

Il y a quelque temps que nous ne nous sommes vus, et je suis ravi de cette aventure.

CATHOS.

Le voici.

SCÈNE XII.

CATHOS, MADELON, JODELET, MASCARILLE, MAROTTE, ALMANZOR.

MASCARILLE.

Ah, vicomte!

JODELET, *s'embrassant l'un l'autre.*

Ah, marquis!

MASCARILLE.

Que je suis aise de te rencontrer!

JODELET.

Que j'ai de joie de te voir ici!

MASCARILLE.

Baise-moi donc encore un peu, je te prie.

MADELON, *à Cathos.*

Ma toute bonne, nous commençons d'être connues; voilà le beau monde qui prend le chemin de nous venir voir.

MASCARILLE.

Mesdames, agréez que je vous présente ce gentilhomme-ci; sur ma parole, il est digne d'être connu de vous.

JODELET.

Il est juste de venir vous rendre ce qu'on vous doit; et vos attraits exigent leurs droits seigneuriaux sur toutes sortes de personnes.

MADELON.

C'est pousser vos civilités jusqu'aux derniers confins de la flatterie.

SCÈNE XII.

CATHOS.

Cette journée doit être marquée dans notre almanach comme une journée bien heureuse.

MADELON, *à Almanzor.*

Allons, petit garçon, faut-il toujours vous répéter les choses? Voyez-vous pas qu'il faut le surcroît d'un fauteuil?

MASCARILLE.

Ne vous étonnez pas de voir le vicomte de la sorte; il ne fait que sortir d'une maladie qui lui a rendu le visage pâle comme vous le voyez.

JODELET.

Ce sont fruits des veilles de la cour, et des fatigues de la guerre.

MASCARILLE.

Savez-vous, mesdames, que vous voyez dans le vicomte un des vaillants hommes du siècle? C'est un brave à trois poils.

JODELET.

Vous ne m'en devez rien, marquis; et nous savons ce que vous savez faire aussi.

MASCARILLE.

Il est vrai que nous nous sommes vus tous deux dans l'occasion.

JODELET.

Et dans des lieux où il faisoit fort chaud.

MASCARILLE, *regardant Cathos et Madelon.*

Oui; mais non pas si chaud qu'ici. Ahi, ahi, ahi!

JODELET.

Notre connoissance s'est faite à l'armée; et la première fois que nous nous vîmes, il commandoit un régiment de cavalerie sur les galères de Malte.

MASCARILLE.

Il est vrai : mais vous étiez pourtant dans l'emploi avant que j'y fusse; et je me souviens que je n'étois que petit officier encore, que vous commandiez deux mille chevaux.

JODELET.

La guerre est une belle chose; mais, ma foi, la cour récompense bien mal aujourd'hui les gens de service comme nous.

MASCARILLE.

C'est ce qui fait que je veux pendre l'épée au croc.

CATHOS.

Pour moi, j'ai un furieux tendre pour les hommes d'épée.

MADELON.

Je les aime aussi, mais je veux que l'esprit assaisonne la bravoure.

MASCARILLE.

Te souvient-il, vicomte, de cette demi-lune que nous emportâmes sur les ennemis au siége d'Arras?

JODELET.

Que veux-tu dire avec ta demi-lune? C'étoit bien une lune tout entière.

MASCARILLE.

Je pense que tu as raison.

JODELET.

Il m'en doit bien souvenir, ma foi! j'y fus blessé à la jambe d'un coup de grenade, dont je porte encore les marques. Tâtez un peu, de grace : vous sentirez quel coup c'étoit là.

CATHOS, *après avoir touché l'endroit.*

Il est vrai que la cicatrice est grande.

MASCARILLE.

Donnez-moi un peu votre main, et tâtez celui-ci; là, justement au derrière de la tête. Y êtes-vous?

MADELON.

Oui : je sens quelque chose.

MASCARILLE.

C'est un coup de mousquet que je reçus, la dernière campagne que j'ai faite.

JODELET, *découvrant sa poitrine.*

Voici un autre coup qui me perça de part en part à l'attaque de Gravelines.

MASCARILLE, *mettant la main sur le bouton de son haut-de-chausse.*

Je vais vous montrer une furieuse plaie.

MADELON.

Il n'est pas nécessaire : nous le croyons sans y regarder.

MASCARILLE.

Ce sont des marques honorables qui font voir ce qu'on est.

CATHOS.

Nous ne doutons pas de ce que vous êtes.

MASCARILLE.

Vicomte, as-tu là ton carrosse?

JODELET.

Pourquoi?

268   LES PRÉCIEUSES RIDICULES.

MASCARILLE.

Nous mènerions promener ces dames hors des portes, et leur donnerions un cadeau[1].

MADELON.

Nous ne saurions sortir aujourd'hui.

MASCARILLE.

Ayons donc des violons pour danser.

JODELET.

Ma foi, c'est bien avisé.

MADELON.

Pour cela, nous y consentons : mais il faut donc quelque surcroît de compagnie.

MASCARILLE.

Holà! Champagne, Picard, Bourguignon, Cascaret, Basque, la Verdure, Lorrain, Provençal, la Violette. Au diable soient tous les laquais! Je ne pense pas qu'il y ait gentilhomme en France plus mal servi que moi. Ces canailles me laissent toujours seul.

MADELON.

Almanzor, dites aux gens de monsieur qu'ils aillent querir des violons, et nous faites venir ces messieurs et ces dames d'ici près pour peupler la solitude de notre bal.   (*Almanzor sort.*)

MASCARILLE.

Vicomte, que dis-tu de ces yeux?

JODELET.

Mais, toi-même, marquis, que t'en semble?

MASCARILLE.

Moi, je dis que nos libertés auront peine à sortir

[1] Repas.

SCÈNE XII.

d'ici les braies nettes[1]. Au moins, pour moi, je reçois d'étranges secousses, et mon cœur ne tient plus qu'à un filet.

MADELON.

Que tout ce qu'il dit est naturel! Il tourne les choses le plus agréablement du monde.

CATHOS.

Il est vrai qu'il fait une furieuse dépense en esprit.

MASCARILLE.

Pour vous montrer que je suis véritable, je veux faire un impromptu là dessus. (*Il médite.*)

CATHOS.

Hé! je vous en conjure de toute la dévotion de mon cœur, que nous ayions quelque chose qu'on ait fait pour nous.

JODELET.

J'aurois envie d'en faire autant; mais je me trouve un peu incommodé de la veine poétique, pour la quantité des saignées que j'y ai faites ces jours passés.

MASCARILLE.

Que diable est-ce là! Je fais toujours bien le premier vers; mais j'ai peine à faire les autres. Ma foi, ceci est un peu trop pressé; je vous ferai un impromptu à loisir, que vous trouverez le plus beau du monde.

JODELET.

Il a de l'esprit comme un démon.

---

[1] Le mot *braie* signifioit, du temps de Molière, le linge de corps.

MADELON.

Et du galant, et du bien tourné.

MASCARILLE.

Vicomte, dis-moi un peu, y a-t-il long-temps que tu n'as vu la comtesse?

JODELET.

Il y a plus de trois semaines que je ne lui ai rendu visite.

MASCARILLE.

Sais-tu bien que le duc m'est venu voir ce matin, et m'a voulu mener à la campagne courir un cerf avec lui?

MADELON.

Voici nos amies qui viennent.

SCÈNE XIII.

LUCILE, CÉLIMÈNE, CATHOS, MADELON, MASCARILLE, JODELET, MAROTTE, ALMANZOR; VIOLONS.

MADELON.

Mon dieu! mes chères, nous vous demandons pardon. Ces messieurs ont eu fantaisie de nous donner les ames des pieds; et nous vous avons envoyé querir pour remplir les vides de notre assemblée.

LUCILE.

Vous nous avez obligées, sans doute.

MASCARILLE.

Ce n'est ici qu'un bal à la hâte; mais l'un de ces

jours nous vous en donnerons un dans les formes. Les violons sont-ils venus?

ALMANZOR.

Oui, monsieur; ils sont ici.

CATHOS.

Allons donc, mes chères, prenez place.

MASCARILLE, *dansant lui seul comme par prélude.*

La, la, la, la, la, la, la, la.

MADELON.

Il a tout-à-fait la taille élégante.

CATHOS.

Et a la mine de danser proprement.

MASCARILLE, *ayant pris Madelon pour danser.*

Ma franchise va danser la courante aussi bien que mes pieds. En cadence, violons; en cadence. Oh! quels ignorants! Il n'y a pas moyen de danser avec eux. Le diable vous emporte! ne sauriez-vous jouer en mesure? La, la, la, la, la, la, la, la. Ferme. O violons de village!

JODELET, *dansant ensuite.*

Holà! ne pressez pas si fort la cadence : je ne fais que sortir de maladie.

SCÈNE XIV.

DU CROISY, LA GRANGE, CATHOS, MADELON, LUCILE, CÉLIMÈNE, JODELET, MASCARILLE, MAROTTE; violons.

LA GRANGE, *un bâton à la main.*

Ah, ah, coquins! que faites-vous ici? Il y a trois heures que nous vous cherchons.

MASCARILLE, *se sentant battre.*

Ahi, ahi, ahi! vous ne m'aviez pas dit que les coups en seroient aussi.

JODELET.

Ahi, ahi, ahi!

LA GRANGE.

C'est bien à vous, infame que vous êtes, à vouloir faire l'homme d'importance!

DU CROISY.

Voilà qui vous apprendra à vous connoître.

SCÈNE XV.

CATHOS, MADELON, LUCILE, CÉLIMÈNE, MASCARILLE, JODELET, MAROTTE; violons.

MADELON.

Que veut donc dire ceci?

JODELET.

C'est une gageure.

SCÈNE XVI.

CATHOS.

Quoi! vous laisser battre de la sorte?

MASCARILLE.

Mon dieu! je n'ai pas voulu faire semblant de rien; car je suis violent, et je me serois emporté.

MADELON.

Endurer un affront comme celui-là en notre présence!

MASCARILLE.

Ce n'est rien : ne laissons pas d'achever. Nous nous connoissons il y a long-temps; et, entre amis, on ne va pas se piquer pour si peu de chose.

SCÈNE XVI.

DU CROISY, LA GRANGE, MADELON, CATHOS, CÉLIMÈNE, LUCILE, MASCARILLE, JODELET, MAROTTE; VIOLONS.

LA GRANGE.

Ma foi! marauds, vous ne vous rirez pas de nous, je vous promets. Entrez, vous autres.

(*Trois ou quatre spadassins entrent.*)

MADELON.

Quelle est donc cette audace de venir nous troubler de la sorte dans notre maison?

DU CROISY.

Comment, mesdames! nous endurerons que nos laquais soient mieux reçus que nous; qu'ils viennent vous faire l'amour à nos dépens, et vous donnent le bal?

MADELON.

Vos laquais!

LA GRANGE.

Oui, nos laquais : et cela n'est ni beau ni honnête de nous les débaucher comme vous faites.

MADELON.

O ciel! quelle insolence!

LA GRANGE.

Mais ils n'auront pas l'avantage de se servir de nos habits pour vous donner dans la vue; et si vous les voulez aimer, ce sera, ma foi, pour leurs beaux yeux. Vite, qu'on les dépouille sur-le-champ.

JODELET.

Adieu notre braverie.

MASCARILLE.

Voilà le marquisat et la vicomté à bas.

DU CROISY.

Ah, ah, coquins! vous avez l'audace d'aller sur nos brisées! vous irez chercher autre part de quoi vous rendre agréables aux yeux de vos belles, je vous en assure.

LA GRANGE.

C'est trop que de nous supplanter, et de nous supplanter avec nos propres habits.

MASCARILLE.

O fortune! quelle est ton inconstance!

DU CROISY.

Vite, qu'on leur ôte jusqu'à la moindre chose.

LA GRANGE.

Qu'on emporte toutes ces hardes, dépêchez. Maintenant, mesdames, en l'état qu'ils sont, vous pouvez continuer vos amours avec eux tant qu'il vous plaira; nous vous laissons toute sorte de liberté pour cela, et nous vous protestons, monsieur et moi, que nous n'en serons aucunement jaloux.

SCÈNE. XVII.

MADELON, CATHOS, JODELET, MASCARILLE, VIOLONS.

CATHOS.

Ah, quelle confusion!

MADELON.

Je crève de dépit.

UN DES VIOLONS, *à Mascarille.*

Qu'est-ce donc que ceci? Qui nous paiera, nous autres?

MASCARILLE.

Demandez à monsieur le vicomte.

UN DES VIOLONS, *à Jodelet.*

Qui est-ce qui nous donnera de l'argent?

JODELET.

Demandez à monsieur le marquis.

SCÈNE XVIII.

GORGIBUS, MADELON, CATHOS, JODELET, MASCARILLE; VIOLONS.

GORGIBUS.

Ah, coquines que vous êtes ! vous nous mettez dans de beaux draps blancs, à ce que je vois, et je viens d'apprendre de belles affaires, vraiment, de ces messieurs qui sortent !

MADELON.

Ah, mon père ! c'est une pièce sanglante qu'ils nous ont faite !

GORGIBUS.

Oui, c'est une pièce sanglante, mais qui est un effet de votre impertinence, infames ! Ils se sont ressentis du traitement que vous leur avez fait, et cependant, malheureux que je suis, il faut que je boive l'affront.

MADELON.

Ah ! je jure que nous en serons vengées, ou que je mourrai en la peine. Et vous, marauds, osez-vous vous tenir ici après votre insolence ?

MASCARILLE.

Traiter comme cela un marquis ! Voilà ce que c'est que du monde; la moindre disgrace nous fait mépriser de ceux qui nous chérissoient. Allons, camarade, allons chercher fortune autre part; je vois bien qu'on n'aime ici que la vaine apparence, et qu'on n'y considère point la vertu toute nue.

SCÈNE XIX.

GORGIBUS, MADELON, CATHOS; violons.

UN DES VIOLONS.

Monsieur, nous entendons que vous nous contentiez, à leur défaut, pour ce que nous avons joué ici.

GORGIBUS, *les battant.*

Oui, oui, je vous vais contenter, et voici la monnoie dont je vous veux payer. Et vous, pendardes, je ne sais qui me tient que je ne vous en fasse autant; nous allons servir de fable et de risée à tout le monde, et voilà ce que vous vous êtes attiré par vos extravagances. Allez vous cacher, vilaines; allez vous cacher pour jamais. (*seul.*) Et vous, qui êtes cause de leur folie, sottes billevesées, pernicieux amusements des esprits oisifs, romans, vers, chansons, sonnets et sonnettes, puissiez-vous être à tous les diables !

FIN DES PRÉCIEUSES RIDICULES.

SGANARELLE

ou

LE COCU IMAGINAIRE,

COMÉDIE EN UN ACTE

ET EN VERS,

Représentée à Paris, sur le théâtre du Petit-Bourbon, le 28 mai 1660.

A M. DE MOLIÈRE,

CHEF DE LA TROUPE
DES COMÉDIENS DE MONSIEUR, FRÈRE UNIQUE DU ROI [1].

Monsieur,

Ayant été voir votre charmante comédie du *Cocu imaginaire*, la première fois qu'elle fit paroître ses beautés au public, elle me parut si admirable, que je crus que ce n'étoit pas rendre justice à un si merveilleux ouvrage que de ne le voir qu'une fois, ce qui m'y fit rencontrer cinq ou six autres; et comme on retient assez facilement les choses qui frappent vivement l'imagination, j'eus le bonheur de la retenir entière, sans aucun dessein premédité; et je m'en aperçus d'une manière assez extraordinaire. Un jour, m'étant trouvé dans une assez célèbre compagnie, où l'on s'entretenoit et de votre esprit et du génie particulier que vous avez pour les pièces de théâtre, je coulai mon sentiment parmi celui des autres; et pour enchérir par dessus ce qu'on disoit à votre avantage, je voulus faire le récit de votre *Cocu imaginaire* : mais je fus bien surpris quand je vis qu'à cent vers près je savois la pièce par cœur, et qu'au lieu du sujet je les avois tous récités : cela m'y fit retourner encore une fois, pour achever de retenir ce que je n'en savois pas. Aussitôt un gentilhomme de la campagne, de mes amis, extraordinairement curieux de ces sortes d'ou-

---

[1] Un sieur Neufvillenaine, qui avoit retenu de mémoire toute la comédie de *Sganarelle*, la fit imprimer, et la dédia à Molière; c'est cette dédicace que nous donnons ici, ainsi que la lettre écrite par le même Neufvillenaine à un ami, en lui adressant le *Cocu imaginaire*.

Nous croyons devoir aussi reproduire les divers argumerits que ce judicieux éditeur a placés en tête des principales scènes ; ils nous ont paru curieux.

vrages, m'écrivit, et me pria de lui mander ce que c'étoit que le *Cocu imaginaire*, parce que, disoit-il, il n'avoit point vu de pièce dont le titre promît rien de si spirituel, si elle étoit traitée par un habile homme. Je lui envoyai aussitôt la pièce que j'avois retenue, pour lui montrer qu'il ne s'étoit pas trompé; et comme il ne l'avoit point vu représenter, je crus à propos de lui envoyer les arguments de chaque scène, pour lui montrer que, quoique cette pièce fût admirable, l'auteur, en la représentant lui-même, y savoit encore faire découvrir de nouvelles beautés. Je n'oubliai pas de lui mander expressément, et même de le conjurer de n'en laisser rien sortir de ses mains; cependant, sans savoir comment cela s'est fait, j'en ai vu courir huit ou dix copies en cette ville, et j'ai su que quantité de gens étoient près de la faire mettre sous la presse; ce qui m'a mis dans une colère d'autant plus grande, que la plupart de ceux qui ont décrit cet ouvrage l'ont tellement défiguré, soit en y ajoutant, soit en y diminuant, que je ne l'ai pas trouvé reconnoissable : et comme il y alloit de votre gloire et de la mienne, que l'on ne l'imprimât pas de la sorte, à cause des vers que vous avez faits, et de la prose que j'y ai ajoutée, j'ai cru qu'il falloit aller au devant de ces messieurs, qui impriment les gens malgré qu'ils en aient, et donner une copie qui fût correcte (je puis parler ainsi, puisque je crois que vous trouverez votre pièce dans les formes) : j'ai pourtant combattu long-temps avant que de la donner, mais enfin j'ai vu que c'étoit une nécessité que nous fussions imprimés, et je m'y suis résolu d'autant plus volontiers, que j'ai vu que cela ne vous pouvoit apporter aucun dommage, non plus qu'à votre troupe, puisque votre pièce a été jouée près de cinquante fois. Je suis, monsieur, etc.

A UN AMI.

Monsieur,

Vous ne vous êtes pas trompé dans votre pensée, lorsque vous avez dit (avant que l'on le jouât) que si le *Cocu imaginaire* étoit traité par un homme habile, ce devoit être une parfaitement belle pièce : c'est pourquoi je crois qu'il ne me sera pas difficile de vous faire tomber d'accord de la beauté de cette comédie, même avant que de l'avoir vue, quand je vous aurai dit qu'elle part de la plume de l'ingénieux auteur des *Précieuses ridicules*. Jugez après cela si ce ne doit pas être un ouvrage tout-à-fait galant et tout-à-fait spirituel, puisque ce sont deux choses que son auteur possède avantageusement. Elles y brillent aussi avec tant d'éclat, que cette pièce surpasse de beaucoup toutes celles qu'il a faites, quoique le sujet des *Précieuses ridicules* soit tout-à-fait spirituel, et celui de son *Dépit amoureux* tout-à-fait galant. Mais vous en allez vous-même être juge dès que vous l'aurez lue; et je suis assuré que vous y trouverez quantité de vers qui ne se peuvent payer, que plus vous relirez, plus vous connoîtrez avoir été profondément pensés. En effet, le sens est si mystérieux, qu'il ne peut partir que d'un homme consommé dans les compagnies; et j'ose même avancer que Sganarelle n'a aucun mouvement jaloux, ni ne pousse aucuns sentiments, que l'auteur n'ait peut-être ouïs lui-même de quantité de gens au plus fort de leur jalousie, tant ils sont exprimés naturellement; si bien que l'on peut dire que, quand il veut mettre quelque chose au jour, il le lit premièrement dans le monde (s'il est permis de parler ainsi), ce qui ne se peut faire sans avoir un discernement aussi bon que lui, et aussi propre à choisir ce qui plaît. On ne doit donc pas s'étonner, après cela, si ses pièces ont une si extraordinaire réussite, puisque l'on n'y voit rien de forcé, que tout y est naturel, que tout y tombe sous le sens, et qu'enfin les plus spirituels confessent que les passions produiroient en eux les mêmes effets qu'ils produisent en ceux qu'il introduit sur la scène.

Je n'aurois jamais fait, si je prétendois vous dire tout ce qui rend recommandable l'auteur des *Précieuses ridicules* et du *Cocu imaginaire*: c'est ce qui fait que je ne vous entretiendrai pas davantage pour vous dire que quelque beauté que cette pièce vous fasse voir sur le papier, elle n'a pas encore tous les agréments que le théâtre donne d'ordinaire à ces sortes d'ouvrages. Je tâcherai toutefois de vous en faire voir quelque chose aux endroits où il sera nécessaire pour l'intelligence des vers et du sujet, quoiqu'il soit assez difficile de bien exprimer sur le papier ce que les poëtes appellent jeu de théâtre, qui sont de certains endroits où il faut que le corps et le visage jouent beaucoup, et qui dépendent plus du comédien que du poëte, consistant presque toujours dans l'action. C'est pourquoi je vous conseille de venir à Paris pour voir représenter le *Cocu imaginaire* par son auteur; et vous verrez qu'il y fait des choses qui ne vous donneront pas moins d'admiration que vous aura donnée la lecture de cette pièce; mais je ne m'aperçois pas que je vous viens de promettre de ne vous plus entretenir de l'esprit de cet auteur, puisque vous en découvrirez plus dans les vers que vous allez lire que dans tous les discours que je vous en pourrois faire. Je sais bien que je vous ennuie, et je m'imagine vous voir passer les yeux avec chagrin par dessus cette longue épître; mais prenez-vous-en à l'auteur... Je voudrois bien éviter ce mot d'auteur, car je crois qu'il se rencontre presque dans chaque ligne; et j'ai déja été tenté plus de six fois de mettre M. de Molière en sa place. Prenez-vous-en donc à M. de Molière, puisque le voilà. Non, laissez-le là toutefois, et ne vous en prenez donc qu'à son esprit, qui m'a fait faire une lettre plus longue que je n'aurois voulu, sans toutefois avoir parlé d'autres personnes que lui, et sans avoir dit le quart de ce que j'avois à dire à son avantage. Mais je finis, de peur que cette épître n'attire quelque maudisson sur elle; et je gage que, dans l'impatience où vous êtes, vous serez bien aise d'en voir la fin, et le commencement de cette pièce.

PERSONNAGES.

GORGIBUS, bourgeois de Paris [1].
CÉLIE, sa fille [2].
LÉLIE, amant de Célie [3].
GROS-RENÉ, valet de Lélie [4].
SGANARELLE, bourgeois de Paris, cocu imaginaire [5].
LA FEMME de Sganarelle [6].
VILEBREQUIN, père de Valère [7].
LA SUIVANTE de Célie [8].

ACTEURS.

[1] L'ÉPY. — [2] Mademoiselle DUPARC. — [3] LA GRANGE. — [4] DUPARC. — [5] MOLIÈRE. — [6] Mademoiselle DE BRIE. — [7] DE BRIE. — [8] Madeleine BÉJART.

La scène est dans une place publique.

SGANARELLE

OU

LE COCU IMAGINAIRE.

SCÈNE I.

GORGIBUS, CÉLIE ; LA SUIVANTE DE CÉLIE.

(Dans cette première scène, Gorgibus, avec sa fille, fait voir à l'auditeur que l'avarice est la passion la plus ordinaire aux vieillards, de même que l'amour est celle qui règne le plus souvent dans un jeune cœur, et principalement dans celui d'une fille ; car l'on y voit Gorgibus, malgré le choix qu'il avoit fait de Lélie pour son gendre, presser sa fille d'agréer un autre époux nommé Valère, incomparablement plus mal fait que Lélie, sans donner d'autres raisons de ce changement, sinon que le dernier est plus riche. L'on voit, d'un autre côté, que l'amour ne sort pas facilement du cœur d'une fille, quand une fois il en a su prendre : c'est ce qui fait un agréable combat dans cette scène entre le père et la fille ; le père lui voulant persuader qu'il faut être obéissante, et lui proposant pour le devenir, au lieu de la lecture de Clélie, celle de quelques vieux livres qui marquent l'antiquité du bon barbare, si l'on en comparoit le style à celui des ouvrages de l'illustre Sapho. Mais que tout ce que son père lui dit la touche peu ! elle abandonneroit volontiers la lecture de toutes sortes de livres pour s'occuper à repasser sans cesse en son esprit les belles qualités de son amant, et les plaisirs dont jouissent deux personnes qui se marient, quand ils s'aiment mutuellement ; mais, las ! que ce cruel père lui donne sujet d'avoir de bien plus tristes pensées ! il la presse si fort que cette fille affligée n'a plus de recours qu'aux larmes, qui sont les armes ordinaires de son sexe, qui ne sont pas toutefois assez puissantes pour vaincre l'avarice de cet insensible père, qui la laisse tout éplorée. Voici les vers de cette scène, qui vous feront voir ce que je vous viens de dire, mieux que je n'ai fait dans cette prose.)

CÉLIE, *sortant tout éplorée, et son père la suivant.*
Ah ! n'espérez jamais que mon cœur y consente.

GORGIBUS.

Que marmottez-vous là, petite impertinente?
Vous prétendez choquer ce que j'ai résolu?
Je n'aurai pas sur vous un pouvoir absolu?
Et, par sottes raisons, votre jeune cervelle
Voudroit régler ici la raison paternelle?
Qui de nous deux à l'autre a droit de faire loi?
A votre avis, qui mieux, ou de vous, ou de moi,
O sotte! peut juger ce qui vous est utile?
Par la corbleu! gardez d'échauffer trop ma bile;
Vous pourriez éprouver, sans beaucoup de longueur,
Si mon bras peut encor montrer quelque vigueur.
Votre plus court sera, madame la mutine,
D'accepter sans façon l'époux qu'on vous destine.
J'ignore, dites-vous, de quelle humeur il est,
Et dois auparavant consulter s'il vous plaît :
Informé du grand bien qui lui tombe en partage,
Dois-je prendre le soin d'en savoir davantage?
Et cet époux, ayant vingt mille bons ducats,
Pour être aimé de vous doit-il manquer d'appas?
Allez, tel qu'il puisse être, avecque cette somme
Je vous suis caution qu'il est très honnête homme.

CÉLIE.

Hélas!

GORGIBUS.

    Hé bien, hélas! Que veut dire ceci?
Voyez le bel hélas qu'elle nous donne ici!
Hé! que si la colère une fois me transporte,
Je vous ferai chanter hélas de bonne sorte!
Voilà, voilà le fruit de ces empressements

Qu'on vous voit nuit et jour à lire vos romans;
De quolibets d'amour votre tête est remplie,
Et vous parlez de Dieu bien moins que de Clélie.
Jetez-moi dans le feu tous ces méchants écrits
Qui gâtent tous les jours tant de jeunes esprits;
Lisez-moi, comme il faut, au lieu de ces sornettes,
Les Quatrains de Pibrac [1], et les doctes Tablettes
Du conseiller Matthieu [2]; l'ouvrage est de valeur,
Et plein de beaux dictons à réciter par cœur.
La Guide des pécheurs est encore un bon livre [3];
C'est là qu'en peu de temps on apprend à bien vivre;
Et si vous n'aviez lu que ces moralités,
Vous sauriez un peu mieux suivre mes volontés.

CÉLIE.

Quoi! vous prétendez donc, mon père, que j'oublie
La constante amitié que je dois à Lélie?
J'aurois tort, si, sans vous, je disposois de moi;
Mais vous-même à ses vœux engageâtes ma foi.

GORGIBUS.

Lui fût-elle engagée encore davantage,
Un autre est survenu, dont le bien l'en dégage.
Lélie est fort bien fait; mais apprends qu'il n'est rien
Qui ne doive céder au soin d'avoir du bien;
Que l'or donne aux plus laids certain charme pour plaire,
Et que sans lui le reste est une triste affaire.

---

[1] Magistrat célèbre, mort en 1584.

[2] Historiographe de France, mort en 1621; il a composé un livre intitulé *les Tablettes de la vie et de la mort*.

[3] Livre de dévotion, par Louis de Grenade, dominicain espagnol, mort en 1588.

Valère, je crois bien, n'est pas de toi chéri;
Mais, s'il ne l'est amant, il le sera mari.
Plus que l'on ne le croit, ce nom d'époux engage,
Et l'amour est souvent un fruit du mariage.
Mais suis-je pas bien fat de vouloir raisonner
Où de droit absolu j'ai pouvoir d'ordonner?
Trève donc, je vous prie, à vos impertinences.
Que je n'entende plus vos sottes doléances.
Ce gendre doit venir vous visiter ce soir,
Manquez un peu, manquez à le bien recevoir;
Si je ne vous lui vois faire fort bon visage,
Je vous... Je ne veux pas en dire davantage.

SCÈNE II.

CÉLIE; LA SUIVANTE DE CÉLIE.

(Qui comparera cette seconde scène à la première confessera d'abord que l'auteur de cette pièce a un génie tout particulier pour les ouvrages de théâtre, et qu'il est du tout impossible que ses pièces ne réussissent pas, tant il sait bien de quelle manière il faut attacher l'esprit de l'auditeur En effet, nous voyons qu'après avoir fait voir, dans la scène précédente, un père pédagogue, qui tâche de persuader à sa fille que la richesse est préférable à l'amour, il fait parler dans celle-ci (afin de divertir l'auditeur par la variété de la matière) une veuve, suivante de Célie, et confidente tout ensemble, qui s'étonne de quoi sa maîtresse répond par des larmes à des offres d'hymen, et après avoir dit qu'elle ne feroit pas de même, si l'on la vouloit marier, elle trouve moyen de décrire toutes les douceurs du mariage, ce qui s'exécute si bien qu'elle en fait naître l'envie à celles qui n'en ont pas tâté. Sa maîtresse, comme font d'ordinaire celles qui n'ont jamais été mariées, l'écoute avec attention, et ne recule le temps de jouir de ces douceurs que parce qu'elle les veut goûter avec Lélie qu'elle aime parfaitement, et qu'elles se changent toutes en amertume lorsqu'on les goûte avec une personne que l'on n'aime pas : c'est pourquoi elle montre à sa suivante le portrait de Lélie, pour la faire tomber d'accord de la bonne mine de ce galant, et du sujet qu'elle a de l'aimer.

Vous m'objecterez peut-être que cette fille le doit connoître, puisqu'elle demeure avec Célie, et que son père l'ayant promise à Lélie, cet amant étoit souvent venu voir sa maîtresse; mais je vous répondrai que Lélie étoit à la campagne devant qu'elle demeurât avec elle. Après cette digression pour la justification de notre auteur, voyons quels effets ce portrait produit. Celle qui, peu auparavant, disoit qu'il ne falloit jamais rejeter des offres d'hymen, avoue que Célie a sujet d'aimer tendrement un homme si bien fait; et Célie, songeant qu'elle sera peut-être contrainte d'en épouser un autre, s'évanouit. Sa confidente appelle du secours. Cependant qu'il en viendra, vous pouvez lire ces vers, qui vous le feront attendre sans impatience.)

LA SUIVANTE.

Quoi! refuser, madame, avec cette rigueur,
Ce que tant d'autres gens voudroient de tout leur cœur!
A des offres d'hymen répondre par des larmes,
Et tarder tant à dire un oui si plein de charmes!
Hélas! que ne veut-on aussi me marier!
Ce ne seroit pas moi qui se feroit prier :
Et loin qu'un pareil oui me donnât de la peine,
Croyez que j'en dirois bien vite une douzaine.
Le précepteur qui fait répéter la leçon
A votre jeune frère a fort bonne raison
Lorsque, nous discourant des choses de la terre,
Il dit que la femelle est ainsi que le lierre,
Qui croît beau, tant qu'à l'arbre il se tient bien serré,
Et ne profite point s'il en est séparé.
Il n'est rien de plus vrai, ma très chère maîtresse,
Et je l'éprouve en moi, chétive pécheresse.
Le bon Dieu fasse paix à mon pauvre Martin!
Mais j'avois, lui vivant, le teint d'un chérubin,
L'embonpoint merveilleux, l'œil gai, l'ame contente,
Et je suis maintenant ma commère dolente.

Pendant cet heureux temps, passé comme un éclair,
Je me couchois sans feu dans le fort de l'hiver;
Sécher même les draps me sembloit ridicule.
Et je tremble à présent dedans la canicule.
Enfin il n'est rien tel, madame, croyez-moi,
Que d'avoir un mari la nuit auprès de soi;
Ne fût-ce que pour l'heur d'avoir qui vous salue
D'un : Dieu vous soit en aide, alors qu'on éternue.

CÉLIE.

Peux-tu me conseiller de commettre un forfait,
D'abandonner Lélie, et prendre ce mal fait?

LA SUIVANTE.

Votre Lélie aussi n'est, ma foi, qu'une bête,
Puisque si hors de temps son voyage l'arrête;
Et la grande longueur de son éloignement
Me le fait soupçonner de quelque changement.

CÉLIE, *lui montrant le portrait de Lélie.*

Ah! ne m'accable point par ce triste présage,
Vois attentivement les traits de ce visage,
Ils jurent à mon cœur d'éternelles ardeurs;
Je veux croire, après tout, qu'ils ne sont pas menteurs,
Et que, comme c'est lui que l'art y représente,
Il conserve à **mes** feux une amitié constante.

LA SUIVANTE.

Il est vrai que ces traits marquent un digne amant,
Et que vous avez lieu de l'aimer tendrement.

CÉLIE.

Et cependant il faut... Ah! soutiens-moi.

(*Laissant tomber le portrait de Lélie.*)

SCÈNE III.

LA SUIVANTE.

Madame,
D'où vous pourroit venir... Ah, bons dieux! elle pâme!
Hé, vite, holà! quelqu'un.

SCÈNE III.

CÉLIE, SGANARELLE; LA SUIVANTE DE CÉLIE.

(Cette scène est fort courte, et Sganarelle, comme un des plus proches voisins de Célie, accourt aux cris de cette suivante, qui lui donne sa maîtresse à soutenir, pendant qu'elle va chercher encore du secours d'un autre côté, comme vous pouvez voir par ce qui suit.)

SGANARELLE.

Qu'est-ce donc? me voilà.

LA SUIVANTE.

Ma maîtresse se meurt.

SGANARELLE.

Quoi! ce n'est que cela?
Je croyois tout perdu, de crier de la sorte;
Mais approchons pourtant. Madame, êtes-vous morte?
Hays! Elle ne dit mot.

LA SUIVANTE.

Je vais faire venir
Quelqu'un pour l'emporter, veuillez la soutenir.

SCÈNE IV.

CÉLIE, SGANARELLE; LA FEMME DE SGANARELLE.

(Cette scène n'est pas plus longue que la précédente, et la femme de Sganarelle, regardant par la fenêtre, prend de la jalousie de son mari, à qui elle voit tenir une femme entre ses bras, et descend pour le surprendre, cependant qu'il aide à remporter Célie chez elle. Ce que vous pourrez voir en lisant ces vers.)

SGANARELLE, *en passant la main sur le sein de Célie.*
Elle est froide partout, et je ne sais qu'en dire.
Approchons-nous pour voir si sa bouche respire.
Ma foi! je ne sais pas; mais j'y trouve encor, moi,
Quelque signe de vie.
LA FEMME DE SGANARELLE, *regardant par la fenêtre.*
　　　　　　Ah! qu'est-ce que je vois?
Mon mari dans ses bras!... Mais je m'en vais descendre;
Il me trahit sans doute, et je veux le surprendre.

SGANARELLE.
Il faut se dépêcher de l'aller secourir;
Certes, elle auroit tort de se laisser mourir.
Aller en l'autre monde est très grande sottise,
Tant que dans celui-ci l'on peut être de mise.
(*Il la porte chez elle avec un homme que la suivante amène.*)

SCÈNE V.

(L'auteur qui, comme nous avons dit ci-dessus, sait tout-à-fait bien ménager l'esprit de son auditeur, après l'avoir diverti dans les deux précédentes scènes, dont la beauté consiste presque toute dans l'action, l'attache dans celle-ci par un raisonnement si juste que l'on ne pourra qu'à peine se l'imaginer, si l'on en considère la matière; mais il n'appartient qu'à des plumes comme la sienne à faire beaucoup de peu, et voici, pour satisfaire votre curiosité, le sujet de cette scène. La femme de Sganarelle étant descendue, et n'ayant point trouvé son mari, fait éclater sa jalousie, mais d'une manière si surprenante et si extraordinaire, que quoique cette matière ait été fort souvent rebattue, jamais personne ne l'a traitée avec tant de succès, d'une manière si contraire à celle de toutes les autres femmes, qui n'ont recours qu'aux emportements en de semblables rencontres; et comme il m'a été presque impossible de vous l'expliquer aussi bien que lui, ces vers vous en feront connoître la beauté.)

LA FEMME DE SGANARELLE.

Il s'est subitement éloigné de ces lieux,
Et sa fuite a trompé mon désir curieux :
Mais de sa trahison je ne fais plus de doute,
Et le peu que j'ai vu me la découvre toute.
Je ne m'étonne plus de l'étrange froideur
Dont je le vois répondre à ma pudique ardeur;
Il réserve, l'ingrat, ses caresses à d'autres,
Et nourrit leurs plaisirs par le jeûne des nôtres.
Voilà de nos maris le procédé commun;
Ce qui leur est permis leur devient importun.
Dans les commencements ce sont toutes merveilles;
Ils témoignent pour nous des ardeurs nonpareilles;
Mais les traîtres bientôt se lassent de nos feux,
Et portent autre part ce qu'ils doivent chez eux.

Ah! que j'ai de dépit que la loi n'autorise
A changer de mari comme on fait de chemise!
Cela seroit commode; et j'en sais telle ici
Qui, comme moi, ma foi, le voudroit bien aussi.
(*En ramassant le portrait que Célie avoit laissé tomber.*)
Mais quel est ce bijou que le sort me présente?
L'émail en est fort beau, la gravure charmante,
Ouvrons.

SCÈNE VI.

SGANARELLE, LA FEMME DE SGANARELLE.

(Quelque beauté que l'auteur ait fait voir dans la scène précédente, ne croyez pas qu'il soit de ceux qui souvent, après un beau début, donnent (pour parler vulgairement) du nez en terre, puisque plus vous avancerez dans la lecture de cette pièce, plus vous y découvrirez de beautés; et, pour en être persuadé, il ne faut que jeter les yeux sur cette scène qui en fait le fondement. Célie, en s'évanouissant, ayant laissé tomber le portrait de son amant, la femme de Sganarelle le ramasse; et comme elle le considère attentivement, son mari, ayant aidé à reporter Célie chez elle, rentre sur la scène, et regarde par dessus l'épaule de sa femme ce qu'elle considère, et, voyant ce portrait, commence d'entrer en quelque sorte de jalousie lorsque sa femme s'avise de le sentir, ce qui confirme ses soupçons dans la pensée qu'il a qu'elle le baise; mais il ne doute bientôt plus qu'il est de la grande confrérie, quand il entend dire à sa femme qu'elle souhaiteroit d'avoir un époux d'une aussi bonne mine: c'est alors qu'en la surprenant il lui arrache ce portrait. Mais devant que de parler des discours qu'ils tiennent ensemble sur le sujet de leur jalousie, il est à propos de vous dire qu'il ne s'est jamais rien vu de si agréable que les postures de Sganarelle, quand il est derrière sa femme; son visage et ses gestes expriment si bien sa jalousie, qu'il ne seroit pas nécessaire qu'il parlât pour paroître le plus jaloux de tous les hommes; il reproche à sa femme son infidélité, et tâche de la persuader qu'elle est d'autant plus coupable qu'elle a un mari qui (soit pour les qualités du corps, soit pour celles de l'esprit) est entièrement parfait. Sa femme qui,

SCÈNE VI.

d'un autre côté, croit avoir autant et plus de sujet que lui d'avoir martel en tête, s'emporte contre lui en lui redemandant son bijou; tellement que chacun croyant avoir raison, cette dispute donne un agréable divertissement à l'auditeur; à quoi Sganarelle contribue beaucoup par des gestes qui sont inimitables, et qui ne se peuvent exprimer sur le papier. Sa femme étant lasse d'ouïr ses reproches, lui arrache le portrait qu'il lui avoit pris, et s'enfuit; et Sganarelle court après elle. Vous auriez sujet de me quereller, si je ne vous envoyois pas les vers d'une scène qui fait le fondement de cette pièce; c'est pourquoi je satisfais à votre curiosité.)

SGANARELLE, *se croyant seul.*

On la croyoit morte, et ce n'étoit rien.
Il n'en faut plus qu'autant, elle se porte bien.
Mais j'aperçois ma femme.

LA FEMME DE SGANARELLE, *se croyant seule.*

O ciel! c'est miniature!
Et voilà d'un bel homme une vive peinture!

SGANARELLE, *à part, et regardant par dessus l'épaule de sa femme.*

Que considère-t-elle avec attention?
Ce portrait, mon honneur, ne vous dit rien de bon.
D'un fort vilain soupçon je me sens l'ame émue.

LA FEMME DE SGANARELLE, *sans apercevoir son mari.*

Jamais rien de plus beau ne s'offrit à ma vue;
Le travail plus que l'or s'en doit encor priser.
Oh! que cela sent bon!

SGANARELLE, *à part.*

Quoi, peste, le baiser!
Ah, j'en tiens!

LA FEMME DE SGANARELLE *poursuit.*

Avouons qu'on doit être ravie

Quand d'un homme ainsi fait on se peut voir servie,
Et que, s'il en contoit avec attention,
Le penchant seroit grand à la tentation.
Ah! que n'ai-je un mari d'une aussi bonne mine !
Au lieu de mon pelé, de mon rustre...

SGANARELLE, *lui arrachant le portrait.*

Ah, mâtine!
Nous vous y surprenons en faute contre nous,
Et diffamant l'honneur de votre cher époux.
Donc, à votre calcul, ô ma trop digne femme !
Monsieur, tout bien compté, ne vaut pas bien madame?
Et, de par Belzébut, qui vous puisse emporter !
Quel plus rare parti pourriez-vous souhaiter ?
Peut-on trouver en moi quelque chose à redire ?
Cette taille, ce port que tout le monde admire,
Ce visage, si propre à donner de l'amour,
Pour qui mille beautés soupirent nuit et jour;
Bref, en tout et partout, ma personne charmante
N'est donc pas un morceau dont vous soyez contente?
Et, pour rassasier votre appétit gourmand,
Il faut joindre au mari le ragoût d'un galant ?

LA FEMME DE SGANARELLE.

J'entends à demi-mot où va la raillerie.
Tu crois par ce moyen...

SGANARELLE.

A d'autres, je vous prie:
La chose est avérée, et je tiens dans mes mains
Un bon certificat du mal dont je me plains.

LA FEMME DE SGANARELLE.

Mon courroux n'a déja que trop de violence,

Sans le charger encor d'une nouvelle offense.
Écoute; ne crois pas retenir mon bijou,
Et songe un peu...

SGANARELLE.

Je songe à te rompre le cou.
Que ne puis-je, aussi bien que je tiens la copie,
Tenir l'original !

LA FEMME DE SGANARELLE.

Pourquoi ?

SGANARELLE.

Pour rien, ma mie.
Doux objet de mes vœux, j'ai grand tort de crier,
Et mon front de vos dons vous doit remercier.

(*Regardant le portrait de Lélie.*)

Le voilà ! le beau fils, le mignon de couchette !
Le malheureux tison de ta flamme secrète,
Le drôle avec lequel...

LA FEMME DE SGANARELLE.

Avec lequel... Poursui.

SGANARELLE.

Avec lequel, te dis-je... et j'en crève d'ennui.

LA FEMME DE SGANARELLE.

Que me veut donc conter par là ce maître ivrogne ?

SGANARELLE.

Tu ne m'entends que trop, madame la carogne.
Sganarelle est un nom qu'on ne me dira plus,
Et l'on va m'appeler seigneur Cornelius[1] :

---

[1] Un mari étant venu se plaindre à M. Camus, évêque de Belley, de certaine mésaventure qu'il est plus sage de taire que de divul-

J'en suis pour mon honneur ; mais à toi, qui me l'ôtes,
Je t'en ferai du moins pour un bras ou deux côtes.

LA FEMME DE SGANARELLE.

Et tu m'oses tenir de semblables discours?

SGANARELLE.

Et tu m'oses jouer de ces diables de tours?

LA FEMME DE SGANARELLE.

Et quels diables de tours? parle donc sans rien feindre.

SGANARELLE.

Ah! cela ne vaut pas la peine de se plaindre!
D'un panache de cerf sur le front me pourvoir :
Hélas! voilà vraiment un beau venez-y voir!

LA FEMME DE SGANARELLE.

Donc, après m'avoir fait la plus sensible offense
Qui puisse d'une femme exciter la vengeance,
Tu prends d'un feint courroux le vain amusement
Pour prévenir l'effet de mon ressentiment?
D'un pareil procédé l'insolence est nouvelle :
Celui qui fait l'offense est celui qui querelle.

SGANARELLE.

Hé, la bonne effrontée! A voir ce fier maintien,
Ne la croiroit-on pas une femme de bien?

LA FEMME DE SGANARELLE.

Va, poursuis ton chemin, cajole tes maîtresses,
Adresse-leur tes vœux, et fais-leur des caresses :
Mais rends-moi mon portrait sans te jouer de moi.

(*Elle lui arrache le portrait et s'enfuit.*)

---

guer, ce prélat lui répondit : *J'aimerois mieux être Cornelius Tacitus que Publius Cornelius.*

SCÈNE VII.

SGANARELLE, *courant après elle.*

Oui, tu crois m'échapper, je l'aurai malgré toi.

SCÈNE VII.

LÉLIE, GROS-RENÉ.

(Lélie avoit déja trop causé de trouble dans l'esprit de tous nos acteurs, pour ne pas venir faire paroître les siens sur la scène. En effet, il n'y arrive pas plutôt, que l'on voit la tristesse peinte sur son visage : il fait voir que de la campagne où il étoit, il s'est rendu au plus tôt à Paris, sur le bruit de l'hymen de Célie. Comme il est tout nouvellement arrivé, son valet le presse d'aller manger un morceau devant que d'aller apprendre des nouvelles de sa maîtresse : mais il n'y veut pas consentir ; et voyant que son valet l'importune, il l'envoie manger, cependant qu'il va chercher à se délasser des fatigues de son voyage auprès de sa maîtresse. Remarquez, s'il vous plaît, ce que cette scène contient, et je vous ferai voir en un autre endroit que l'auteur a infiniment de l'esprit de l'avoir placée si à propos ; et pour vous en mieux faire ressouvenir, en voici les vers.)

GROS-RENÉ.

Enfin nous y voici. Mais, monsieur, si je l'ose,
Je voudrois vous prier de me dire une chose.

LÉLIE.

Hé bien, parle.

GROS-RENÉ.

   Avez-vous le diable dans le corps
Pour ne pas succomber à de pareils efforts ?
Depuis huit jours entiers, avec vos longues traites,
Nous sommes à piquer de chiennes de mazettes,
De qui le train maudit nous a tant secoués,
Que je m'en sens pour moi tous les membres roués ;
Sans préjudice encor d'un accident bien pire,
Qui m'afflige un endroit que je ne veux pas dire :

Cependant, arrivé, vous sortez bien et beau,
Sans prendre de repos, ni manger un morceau.
LÉLIE.
Ce grand empressement n'est point digne de blâme;
De l'hymen de Célie on alarme mon ame;
Tu sais que je l'adore; et je veux être instruit,
Avant tout autre soin, de ce funeste bruit.
GROS-RENÉ.
Oui; mais un bon repas vous seroit nécessaire
Pour s'aller éclaircir, monsieur, de cette affaire;
Et votre cœur, sans doute, en deviendroit plus fort
Pour pouvoir résister aux attaques du sort :
J'en juge par moi-même, et la moindre disgrace,
Lorsque je suis à jeun, me saisit, me terrasse;
Mais, quand j'ai bien mangé, mon ame est ferme à tout,
Et les plus grands revers n'en viendroient pas à bout.
Croyez-moi, bourrez-vous, et sans réserve aucune,
Contre les coups que peut vous porter la fortune;
Et pour fermer chez vous l'entrée à la douleur,
De vingt verres de vin entourez votre cœur.
LÉLIE.
Je ne saurois manger.
GROS-RENÉ, *bas, à part.*
                Si ferai bien, je meure.
(*haut.*)
Votre dîné pourtant seroit prêt tout à l'heure.
LÉLIE.
Tais-toi, je te l'ordonne.
GROS-RENÉ.
                Ah! quel ordre inhumain!

SCÈNE IX.

LÉLIE.

J'ai de l'inquiétude, et non pas de la faim.

GROS-RENÉ.

Et moi, j'ai de la faim, et de l'inquiétude
De voir qu'un sot amour fait toute votre étude.

LÉLIE.

Laisse-moi m'informer de l'objet de mes vœux;
Et sans m'importuner, va manger si tu veux.

GROS-RENÉ.

Je ne réplique point à ce qu'un maître ordonne.

SCÈNE VIII.

(Je ne vous dirai rien de cette scène, puisqu'elle ne contient que ces trois vers.)

LÉLIE.

Non, non, à trop de peur mon ame s'abandonne;
Le père m'a promis, et la fille a fait voir
Des preuves d'un amour qui soutient mon espoir.

SCÈNE IX.

SGANARELLE, LÉLIE.

(C'est ici que l'auteur fait voir qu'il ne sait pas moins bien représenter une pièce qu'il la sait composer, puisque l'on ne vit jamais rien de si bien joué que cette scène. Sganarelle ayant arraché à sa femme le portrait qu'elle lui venoit de reprendre vient pour le considérer à loisir, lorsque Lélie, voyant que cette boîte ressembloit fort à celle où étoit le portrait qu'il avoit donné à sa maîtresse, s'approche de lui pour le regarder par-dessus son épaule : tellement que Sganarelle voyant qu'il n'a pas le loisir de considérer ce portrait comme il le voudroit bien, et que, de quelque côté qu'il se puisse tourner, il est obsédé par Lélie; et Lélie enfin, de son côté, ne doutant plus que ce ne soit son portrait, et impatient de savoir de qui Sganarelle peut l'avoir eu, s'enquête de lui comment il est tombé entre ses mains. Ce désir étonne Sganarelle : mais sa surprise cesse bientôt, lorsqu'après avoir bien examiné ce portrait, il reconnoît que c'est celui de Lélie. Il lui dit qu'il sait bien le souci qui le tient, qu'il connoît bien que c'est son portrait, et le prie de cesser un amour qu'un mari peut trouver fort mauvais. Lélie lui demande s'il est mari de celle qui conservoit ce gage. Sganarelle lui dit qu'oui, et qu'il en est mari très marri, qu'il en sait bien la cause, et qu'il va sur l'heure l'apprendre aux parens de sa femme. Et moi cependant je m'en vais vous apprendre les vers de cette scène. Il faut que vous preniez garde qu'un agréable malentendu est ce qui fait la beauté de cette scène, et que subsistant pendant le reste de la pièce, entre les quatre principaux acteurs, qui sont, Sganarelle, sa femme, Lélie et sa maîtresse, qui ne s'entendent pas, il divertit merveilleusement l'auditeur, sans fatiguer son esprit, tant il naît naturellement, et tant sa conduite est admirable dans cette pièce.)

SGANARELLE, *sans voir Lélie, et tenant dans ses mains le portrait.*

Nous l'avons, et je puis voir à l'aise la trogne
Du malheureux pendard qui cause ma vergogne;
Il ne m'est point connu.

LÉLIE, *à part.*

Dieux! qu'aperçois-je ici?
Et si c'est mon portrait, que dois-je croire aussi?

SGANARELLE, *sans voir Lélie.*

Ah, pauvre Sganarelle! à quelle destinée
Ta réputation est-elle condamnée!
Faut...

(*Apercevant Lélie qui le regarde, il se tourne d'un autre côté.*)

LÉLIE, *à part.*

Ce gage ne peut, sans alarmer ma foi,

Etre sorti des mains qui le tenoient de moi.

SGANARELLE, *à part.*

Faut-il que désormais à deux doigts l'on te montre,
Qu'on te mette en chanson, et qu'en toute rencontre
On te rejette au nez le scandaleux affront
Qu'une femme mal née imprime sur ton front?

LÉLIE, *à part.*

Me trompé-je?

SGANARELLE, *à part.*

Ah, truande[1]! as-tu bien le courage
De m'avoir fait cocu dans la fleur de mon âge?
Et femme d'un mari qui peut passer pour beau,
Faut-il qu'un marmouset, un maudit étourneau...

LÉLIE, *à part, et regardant encore le portrait que tient Sganarelle.*

Je ne m'abuse point; c'est mon portrait lui-même.

SGANARELLE, *lui tournant le dos.*

Cet homme est curieux.

LÉLIE, *à part.*

Ma surprise est extrême!

SGANARELLE, *à part.*

A qui donc en a-t-il?

LÉLIE, *à part.*

Je le veux accoster.
(haut.)   (*Sganarelle veut s'éloigner.*)
Puis-je... Hé! de grace, un mot.

SGANARELLE, *à part, s'éloignant encore.*

Que me veut-il conter?

---

[1] *Truand,* vieux mot qui signifie *mendiant :* il est pris ici en mauvaise part, pour *vagabond, gueux.*

LÉLIE.

Puis-je obtenir de vous de savoir l'aventure
Qui fait dedans vos mains trouver cette peinture ?

SGANARELLE, *à part.*

D'où lui vient ce désir ? Mais je m'avise ici...
   (*Il examine Lélie et le portrait qu'il tient.*)
Ah ! ma foi ! me voilà de son trouble éclairci !
Sa surprise à présent n'étonne plus mon ame ;
C'est mon homme, ou plutôt, c'est celui de ma femme.

LÉLIE.

Retirez-moi de peine, et dites d'où vous vient...

SGANARELLE.

Nous savons, dieu merci, le souci qui vous tient ;
Ce portrait qui vous fâche est votre ressemblance ;
Il étoit en des mains de votre connoissance ;
Et ce n'est pas un fait qui soit secret pour nous
Que les douces ardeurs de la dame et de vous.
Je ne sais pas si j'ai, dans sa galanterie,
L'honneur d'être connu de votre seigneurie ;
Mais faites-moi celui de cesser désormais
Un amour qu'un mari peut trouver fort mauvais ;
Et songez que les nœuds du sacré mariage...

LÉLIE.

Quoi ! celle, dites-vous, dont vous tenez ce gage...

SGANARELLE.

Est ma femme, et je suis son mari.

LÉLIE.

Son mari ?

SGANARELLE.

Oui, son mari, vous dis-je, et mari très marri ;

Vous en savez la cause, et je m'en vais l'apprendre
Sur l'heure à ses parents.

SCÈNE X.

(Lélie se plaint fort dans cette scène de l'infidélité de sa maîtresse, et l'outrage qu'elle lui fait, ne l'abattant pas moins que les longs travaux de son voyage, le fait tomber en foiblesse. Plusieurs ont assez ridiculement repris cette scène, sans avoir (pour justifier leur impertinence) autre chose à dire, sinon que l'infidélité d'une maîtresse n'étoit pas capable de faire évanouir un homme. D'autres ont dit encore que cet évanouissement étoit mal placé, et que l'on voyoit bien que l'auteur ne s'en étoit servi que pour faire naître l'incident qui paroît ensuite. Mais je répondrai en deux mots aux uns et aux autres; et je dis d'abord aux premiers qu'ils n'ont pas bien considéré que l'auteur avoit préparé cet incident long-temps devant, et que l'infidélité de la maîtresse de Lélie n'est pas seule la cause de son évanouissement; qu'il en a encore deux puissantes raisons, dont l'une est les longs et pénibles travaux d'un voyage de huit jours, qu'il avoit fait en poste, et l'autre qu'il n'avoit point mangé depuis son arrivée, comme l'auteur l'a découvert ci-devant aux auditeurs, en faisant que Gros-René le presse d'aller manger un morceau, afin de pouvoir résister aux attaques du sort; et c'est pour cela que je vous ai prié de remarquer la scène qu'ils font ensemble, tellement qu'il n'est pas impossible qu'un homme qui arrive d'un long voyage, qui n'a point mangé depuis son arrivée, et qui apprend l'infidélité d'une maîtresse, s'évanouisse. Voilà ce que j'ai à dire aux premiers censeurs de cet accident miraculeux. Pour ce qui regarde les seconds, quoiqu'ils paroissent le reprendre avec plus de justice, je les confondrai encore plus tôt; et pour commencer à leur faire voir leur ignorance, je veux leur accorder que l'auteur n'a fait évanouir Lélie que pour donner lieu à l'incident qui suit. Mais ne doivent-ils pas savoir que quand un auteur a un bel incident à faire naître, il en doit d'autant plus être estimé, que la chose est beaucoup difficile, et qu'au contraire, s'il ne le fait paroître que par des moyens erronés et tirés par la queue, il doit passer pour un ignorant, puisque c'est une des qualités les plus nécessaires à un auteur, que de savoir inventer avec une vraisemblance? C'est pourquoi, puisqu'il y a tant de possibilité et de vraisemblance dans l'évanouissement de Lélie, que l'on pourroit dire qu'il étoit absolument nécessaire qu'il s'évanouît, puisqu'il auroit paru peu amoureux si, étant arrivé à Paris, il s'étoit allé amuser à manger au lieu d'aller trouver sa maîtresse, ils condamnent des choses qu'ils devroient estimer, puisque la conduite de cet incident, avec toutes les préparations nécessaires, fait voir que l'auteur pense mûrement à ce qu'il fait, et que rien ne se peut égaler à la solidité de son esprit. Voilà quelle est ma pensée là-dessus ; et pour vous montrer que les raisons que j'ai apportées sont vraies, vous n'avez qu'à lire ces vers :)

LÉLIE.

Ah ! que viens-je d'entendre !
On me l'avoit bien dit, et que c'étoit de tous
L'homme le plus mal fait qu'elle avoit pour époux.
Ah ! quand mille serments de ta bouche infidèle
Ne m'auroient point promis une flamme éternelle,
Le seul mépris d'un choix si bas et si honteux
Devoit bien soutenir l'intérêt de mes feux,
Ingrate ! et quelque bien... Mais ce sensible outrage,
Se mêlant aux travaux d'un assez long voyage,
Me donne tout à coup un choc si violent,
Que mon cœur devient foible, et mon corps chancelant.

SCÈNE XI.

LÉLIE, LA FEMME DE SGANARELLE.

(*Voyons si quelqu'un n'aura point pitié de ce pauvre amant qui tombe en foiblesse. La femme de Sganarelle, en colère contre son mari, de ce qu'il lui avoit emporté le bijou qu'elle avoit trouvé, sort de chez elle, et voyant Lélie qui commençoit à s'évanouir, le fait entrer dans sa salle, en attendant que son mal se passe. Jugez, après les transports de la jalousie de Sganarelle, de l'effet que cet incident doit produire, et s'il fut jamais rien de mieux imaginé. Vous pourrez lire les vers de cette scène, cependant que j'irai voir si Sganarelle a trouvé quelques uns des parents de sa femme.*)

LA FEMME DE SGANARELLE, *se croyant seule.*
(*apercevant Lélie.*)
Malgré moi, mon perfide... Hélas ! quel mal vous presse ?
Je vous vois prêt, monsieur, à tomber en foiblesse.

SCÈNE XII.

LÉLIE.

C'est un mal qui m'a pris assez subitement.

LA FEMME DE SGANARELLE.

Je crains ici pour vous l'évanouissement;
Entrez dans cette salle, en attendant qu'il passe.

LÉLIE.

Pour un moment ou deux j'accepte cette grace.

SCÈNE XII.

SGANARELLE, UN PARENT DE LA FEMME DE SGANARELLE.

(Il faudroit avoir le pinceau de Poussin, Lebrun et Mignard, pour vous représenter avec quelle posture Sganarelle se fait admirer dans cette scène, où il paroît avec un parent de sa femme. L'on n'a jamais vu tenir de discours si naïfs, ni paroître avec un visage si niais; et l'on ne doit pas moins admirer l'auteur pour avoir fait cette pièce, que pour la manière dont il la représente. Jamais personne ne sut si bien démonter son visage, et l'on peut dire que dans cette pièce il en change plus de vingt fois; mais comme c'est un divertissement que vous ne pouvez avoir, à moins que de venir à Paris voir représenter cet incomparable ouvrage, je ne vous en dirai pas davantage, pour passer aux choses dont je puis plus aisément vous faire part. Ce bon vieillard remontre à Sganarelle que le trop de promptitude expose souvent à l'erreur; que tout ce qui regarde l'honneur est délicat : ensuite il lui dit qu'il s'informe mieux comment ce portrait est tombé entre les mains de sa femme, et que, s'il se trouve qu'elle soit criminelle, il sera le premier à punir son offense. Il se retire après cela. Comme je n'ai pu, dans cette scène, vous envoyer le portrait du visage de Sganarelle, en voici les vers :)

LE PARENT.

D'un mari sur ce point j'approuve le souci;
Mais c'est prendre la chèvre un peu bien vite aussi :
Et tout ce que de vous je viens d'ouïr contre elle
Ne conclut point, parent, qu'elle soit criminelle :

C'est un point délicat; et de pareils forfaits,
Sans les bien avérer, ne s'imputent jamais.

SGANARELLE.

C'est-à-dire qu'il faut toucher au doigt la chose.

LE PARENT.

Le trop de promptitude à l'erreur nous expose.
Qui sait comme en ses mains ce portrait est venu,
Et si l'homme, après tout, lui peut être connu?
Informez-vous-en donc; et si c'est ce qu'on pense,
Nous serons les premiers à punir son offense.

SCÈNE XIII.

(Sganarelle, pour ne point démentir son caractère, qui fait voir un homme facile à prendre toutes sortes d'impressions, croit facilement ce que le bon homme lui dit, et commence à se persuader qu'il s'est trop tôt mis dans la tête des visions cornues, lorsque Lélie, sortant de chez lui avec sa femme qui le conduit, le fait de nouveau rentrer en jalousie. Les vers qu'il dit dans cette scène vous feront mieux voir son caractère que je ne vous l'ai dépeint.)

SGANARELLE.

On ne peut pas mieux dire; en effet, il est bon
D'aller tout doucement. Peut-être, sans raison,
Me suis-je en tête mis ces visions cornues;
Et les sueurs au front m'en sont trop tôt venues.
Par ce portrait enfin dont je suis alarmé
Mon déshonneur n'est pas tout-à-fait confirmé.
Tâchons donc par nos soins...

SCÈNE XIV.

SGANARELLE, LA FEMME DE SGANARELLE,
sur la porte de sa maison, reconduisant Lélie; LÉLIE.

(Je ne vous dirai rien de cette scène, et je vous laisse à juger par ces vers de la surprise de Sganarelle.)

SGANARELLE, *a part, les voyant.*
                    Ah, que vois-je ! Je meure !
Il n'est plus question de portrait à cette heure ;
Voici, ma foi, la chose en propre original.
LA FEMME DE SGANARELLE.
C'est par trop vous hâter, monsieur; et votre mal,
Si vous sortez sitôt, pourra bien vous reprendre.
LÉLIE.
Non, non, je vous rends grace, autant qu'on puisse
De l'obligeant secours que vous m'avez prêté. [rendre.
SGANARELLE, *à part.*
La masque encore après lui fait civilité !
(*La femme de Sganarelle rentre dans sa maison.*)

SCÈNE XV.

SGANARELLE, LÉLIE.

(Lélie donne sans y penser le change à Sganarelle dans cette scène, et ne le surprend pas moins que l'autre a tantôt fait, en lui disant qu'il tenoit son portrait des mains de sa femme. Pour mieux juger de la surprise de Sganarelle, vous pouvez lire ces vers, dont le dernier est placé si à propos, que jamais pièce entière n'a fait tant d'éclat que ce vers seul.)

SGANARELLE, *à part.*
Il m'aperçoit ; voyons ce qu'il me pourra dire.

LÉLIE, *à part.*

Ah ! mon ame s'émeut, et cet objet m'inspire...
Mais je dois condamner cet injuste transport,
Et n'imputer mes maux qu'aux rigueurs de mon sort.
Envions seulement le bonheur de sa flamme.
(*En s'approchant de Sganarelle.*)
Oh ! trop heureux d'avoir une si belle femme !

SCÈNE XVI.

SGANARELLE, CÉLIE, *à sa fenêtre, voyant Lélie qui s'en va.*

(L'on peut dire que cette scène en contient deux, puisque Sganarelle fait une espèce de monologue, pendant que Célie, qui avoit vu sortir son amant d'avec lui, le conduit des yeux, jusqu'à ce qu'elle l'ait perdu de vue, pour voir si elle ne s'est point trompée. Sganarelle, de son côté, regarde aussi en aller Lélie, et fait voir le dépit qu'il a de ne lui avoir pas fait insulte, après l'assurance qu'il croit avoir d'être cocu de lui. Célie, lui ayant laissé jeter la plus grande partie de son feu, s'en approche pour lui demander si celui qui lui vient de parler ne lui est pas connu ; mais il lui répond avec sa naïveté ordinaire que c'est sa femme qui le connoît, et découvre peu à peu, mais d'une manière tout-à-fait agréable, que Lélie le déshonore. C'est ici que l'équivoque divertit merveilleusement l'auditeur, puisque Célie détestant la perfidie de son amant, jetant feu et flamme contre lui, et sortant à dessein de s'en venger, Sganarelle croit qu'elle prend sa défense, et qu'elle ne court à dessein de le punir que pour l'amour de lui. Comme les vers de cette scène donnent à l'auditeur un plaisir extraordinaire, il ne seroit pas juste de vous priver de ce contentement ; c'est pourquoi, en jetant les yeux sur les lignes suivantes, vous pourrez reconnoître que l'auteur sait parfaitement bien conduire une équivoque.)

SGANARELLE, *seul.*

Ce n'est point s'expliquer en termes ambigus.
Cet étrange propos me rend aussi confus
Que s'il m'étoit venu des cornes à la tête !

SCÈNE XVI.

(*Regardant le côté par où Lélie est sorti.*)
Allez, ce procédé n'est point du tout honnête.

CÉLIE, *à part, en entrant.*

Quoi! Lélie a paru tout à l'heure à mes yeux!
Qui pourroit me cacher son retour en ces lieux?

SGANARELLE, *sans voir Célie.*

Oh! trop heureux d'avoir une si belle femme!
Malheureux bien plutôt de l'avoir, cette infame,
Dont le coupable feu, trop bien vérifié,
Sans respect ni demi nous a cocufié.
Mais je le laisse aller après un tel indice,
Et demeure les bras croisés comme un Jocrisse!
Ah! je devois du moins lui jeter son chapeau,
Lui ruer quelque pierre, ou crotter son manteau,
Et sur lui hautement, pour contenter ma rage,
Faire, au larron d'honneur, crier le voisinage.

(*Pendant le discours de Sganarelle, Célie s'approche peu à peu, et attend, pour lui parler, que son transport soit fini.*)

CÉLIE, *à Sganarelle.*

Celui qui maintenant devers vous est venu,
Et qui vous a parlé, d'où vous est-il connu?

SGANARELLE.

Hélas! ce n'est pas moi qui le connois, madame:
C'est ma femme.

CÉLIE.

Quel trouble agite ainsi votre ame?

SGANARELLE.

Ne me condamnez point d'un deuil hors de saison,
Et laissez-moi pousser des soupirs à foison.

CÉLIE.

D'où vous peuvent venir ces douleurs non communes?

SGANARELLE.

Si je suis affligé, ce n'est pas pour des prunes,
Et je le donnerois à bien d'autres qu'à moi,
De se voir sans chagrin au point où je me voi.
Des maris malheureux vous voyez le modèle :
On dérobe l'honneur au pauvre Sganarelle ;
Mais c'est peu que l'honneur dans mon affliction,
L'on me dérobe encor la réputation.

CÉLIE.

Comment?

SGANARELLE.

Ce damoiseau, parlant par révérence,
Me fait cocu, madame, avec toute licence ;
Et j'ai su par mes yeux avérer aujourd'hui
Le commerce secret de ma femme et de lui.

CÉLIE.

Celui qui maintenant...

SGANARELLE.

Oui, oui, me déshonore ;
Il adore ma femme, et ma femme l'adore.

CÉLIE.

Ah! j'avois bien jugé que ce secret retour
Ne pouvoit me couvrir que quelque lâche tour ;
Et j'ai tremblé d'abord, en le voyant paroître,
Par un pressentiment de ce qui devoit être.

SGANARELLE.

Vous prenez ma défense avec trop de bonté,
Tout le monde n'a pas la même charité :

Et plusieurs qui tantôt ont appris mon martyre,
Bien loin d'y prendre part, n'en ont rien fait que rire.

CÉLIE.

Est-il rien de plus noir que ta lâche action?
Et peut-on lui trouver une punition?
Dois-tu ne te pas croire indigne de la vie,
Après t'être souillé de cette perfidie?
Oh, ciel! est-il possible?

SGANARELLE.

Il est trop vrai pour moi.

CÉLIE.

Ah, traître! scélérat! ame double et sans foi!

SGANARELLE.

La bonne ame!

CÉLIE.

Non, non, l'enfer n'a point de gêne
Qui ne soit pour ton crime une trop douce peine.

SGANARELLE.

Que voilà bien parler!

CÉLIE.

Avoir ainsi traité
Et la même innocence et la même bonté[1]!

SGANARELLE, *soupire haut.*

Haie!

CÉLIE.

Un cœur qui jamais n'a fait la moindre chose
A mériter l'affront où ton mépris l'expose!

---

[1] *La même innocence et la même bonté*, pour *l'innocence et la bonté même.*

SGANARELLE.

Il est vrai.

CÉLIE.

Qui bien loin... Mais c'est trop, et ce cœur
Ne sauroit y songer sans mourir de douleur.

SGANARELLE.

Ne vous fâchez pas tant, ma très chère madame;
Mon mal vous touche trop, et vous me percez l'ame.

CÉLIE.

Mais ne t'abuse pas jusqu'à te figurer
Qu'à des plaintes sans fruit j'en veuille demeurer :
Mon cœur, pour se venger, sait ce qu'il te faut faire,
Et j'y cours de ce pas; rien ne m'en peut distraire.

SCÈNE XVII.

(Si j'avois tantôt besoin de ces excellents peintres que je vous ai nommés pour vous dépeindre le visage de Sganarelle, j'aurois maintenant besoin et de leur pinceau et de la plume des plus excellents orateurs pour vous décrire cette scène. Jamais il ne se vit rien de plus beau, jamais rien de mieux joué, et jamais vers ne furent si généralement estimés. Sganarelle joue seul cette scène, repassant dans son esprit tout ce que l'on peut dire d'un cocu, et les raisons pour lesquelles il ne s'en doit pas mettre en peine, et s'en démêle si bien, que son raisonnement pourroit en un besoin consoler ceux qui sont de ce nombre. Je vous envoie les vers de cette scène, afin que si vous connoissiez quelqu'un dans votre pays qui fût de la confrérie dont Sganarelle croit être, vous le puissiez par là retirer de la mélancolie où il pensoit être plongé.

. . . .
. . . .
. . . .

Avouez-moi maintenant la vérité : n'est-il pas vrai, monsieur, que vous avez trouvé ces vers tout-à-fait beaux; que vous ne vous êtes pu empêcher de les relire encore une fois, et que vous demeurez d'accord que Paris a eu raison de nommer cette scène la belle scène ?)

SGANARELLE.

Que le ciel la préserve à jamais de danger !

SCÈNE XVII.

Voyez quelle bonté de vouloir me venger !
En effet, son courroux, qu'excite ma disgrace,
M'enseigne hautement ce qu'il faut que je fasse ;
Et l'on ne doit jamais souffrir, sans dire mot,
De semblables affronts, à moins qu'être un vrai sot.
Courons donc le chercher ce pendard qui m'affronte ;
Montrons notre courage à venger notre honte.
Vous apprendrez, maroufle, à rire à nos dépens,
Et, sans aucun respect, faire cocus les gens.

(Il revient après avoir fait quelques pas.)

Doucement, s'il vous plaît ; cet homme a bien la mine
D'avoir le sang bouillant et l'ame un peu mutine ;
Il pourroit bien, mettant affront dessus affront,
Charger de bois mon dos comme il a fait mon front.
Je hais de tout mon cœur les esprits colériques,
Et porte grand amour aux hommes pacifiques ;
Je ne suis point battant, de peur d'être battu,
Et l'humeur débonnaire est ma grande vertu.
Mais mon honneur me dit que d'une telle offense
Il faut absolument que je prenne vengeance :
Ma foi ! laissons-le dire autant qu'il lui plaira ;
Au diantre qui pourtant rien du tout en fera !
Quand j'aurai fait le brave, et qu'un fer, pour ma peine,
M'aura d'un vilain coup traversé la bedaine,
Que par la ville ira le bruit de mon trépas,
Dites-moi, mon honneur, en serez-vous plus gras ?
La bière est un séjour par trop mélancolique,
Et trop malsain pour ceux qui craignent la colique.
Et quant à moi, je trouve, ayant tout compassé,
Qu'il vaut mieux être encor cocu que trépassé.

Quel mal cela fait-il? La jambe en devient-elle
Plus tortue, après tout, et la taille moins belle?
Peste soit qui premier trouva l'invention
De s'affliger l'esprit de cette vision,
Et d'attacher l'honneur de l'homme le plus sage
Aux choses que peut faire une femme volage!
Puisqu'on tient, à bon droit, tout crime personnel,
Que fait là notre honneur pour être criminel?
Des actions d'autrui l'on nous donne le blâme :
Si nos femmes sans nous ont un commerce infame,
Il faut que tout le mal tombe sur notre dos :
Elles font la sottise, et nous sommes les sots.
C'est un vilain abus, et les gens de police
Nous devroient bien régler une telle injustice.
N'avons-nous pas assez des autres accidents
Qui nous viennent happer en dépit de nos dents?
Les querelles, procès, faim, soif, et maladie,
Troublent-ils pas assez le repos de la vie,
Sans s'aller, de surcroît, aviser sottement
De se faire un chagrin qui n'a nul fondement?
Moquons-nous de cela, méprisons les alarmes,
Et mettons sous nos pieds les soupirs et les larmes.
Si ma femme a failli, qu'elle pleure bien fort;
Mais pourquoi, moi, pleurer, puisque je n'ai point tort?
En tout cas, ce qui peut m'ôter ma fâcherie,
C'est que je ne suis pas seul de ma confrérie.
Voir cajoler sa femme, et n'en témoigner rien,
Se pratique aujourd'hui par force gens de bien.
N'allons donc point chercher à faire une querelle,
Pour un affront qui n'est que pure bagatelle.

SCÈNE XVIII.

L'on m'appellera sot de ne m'en venger pas;
Mais je le serois fort de courir au trépas.
   (*Mettant la main sur sa poitrine.*)
Je me sens là pourtant remuer une bile
Qui veut me conseiller quelque action virile :
Oui, le courroux me prend; c'est trop être poltron :
Je veux résolument me venger du larron.
Déja pour commencer, dans l'ardeur qui m'enflamme,
Je vais dire partout qu'il couche avec ma femme.

SCÈNE XVIII.

GORGIBUS, CÉLIE; LA SUIVANTE DE CÉLIE.

(*Célie, n'ayant point trouvé de moyen plus propre pour punir son amant que d'épouser Valère, dit à son père qu'elle est prête de suivre en tout ses volontés, de quoi le bon vieillard témoigne être beaucoup satisfait, comme vous pouvez voir par ces vers :*)

CÉLIE.

Oui, je veux bien subir une si juste loi :
Mon père, disposez de mes vœux et de moi;
Faites, quand vous voudrez, signer cet hyménée :
A suivre mon devoir je suis déterminée;
Je prétends gourmander mes propres sentiments,
Et me soumettre en tout à vos commandements.

GORGIBUS.

Ah! voilà qui me plaît, de parler de la sorte.
Parbleu! si grande joie à l'heure me transporte,
Que mes jambes sur l'heure en caprioleroient,
Si nous n'étions point vus de gens qui s'en riroient!

Approche-toi de moi; viens-çà que je t'embrasse.
Une telle action n'a pas mauvaise grace;
Un père, quand il veut, peut sa fille baiser,
Sans que l'on ait sujet de s'en scandaliser.
Va, le contentement de te voir si bien née
Me fera rajeunir de dix fois une année.

SCÈNE XIX.

CÉLIE; LA SUIVANTE DE CÉLIE.

(Vous pourrez dans les cinq vers qui suivent apprendre tout le sujet de cette scène.)

LA SUIVANTE.
Ce changement m'étonne.

CÉLIE.
      Et lorsque tu sauras
Par quel motif j'agis, tu m'en estimeras.

LA SUIVANTE.
Cela pourroit bien être.

CÉLIE.
     Apprends donc que Lélie
A pu blesser mon cœur par une perfidie;
Qu'il étoit en ces lieux sans...

LA SUIVANTE.
     Mais il vient à nous.

SCÈNE XX.

LÉLIE, CÉLIE; LA SUIVANTE DE CÉLIE.

(Dans cette scène, Lélie qui avoit fait dessein de s'en retourner, vient trouver Célie pour lui dire un éternel adieu, et se plaindre de son infidélité, dans la pensée qu'il a qu'elle est mariée à Sganarelle, lorsque Célie, qui croit avoir plus de lieu de se plaindre que lui, lui reproche de son côté sa perfidie, ce qui ne donne pas un médiocre coutentement à l'auditeur, qui connoît l'innocence de l'un et de l'autre; et comme vous la connoissez aussi, je crois que ces vers vous pourront divertir.)

LÉLIE.
Avant que pour jamais je m'éloigne de vous,
Je veux vous reprocher au moins en cette place...

CÉLIE.
Quoi! me parler encore! Avez-vous cette audace?

LÉLIE.
Il est vrai qu'elle est grande; et votre choix est tel,
Qu'à vous rien reprocher je serois criminel.
Vivez, vivez contente, et bravez ma mémoire
Avec le digne époux qui vous comble de gloire.

CÉLIE.
Oui, traître! j'y veux vivre; et mon plus grand désir
Ce seroit que ton cœur en eût du déplaisir.

LÉLIE.
Qui rend donc contre moi ce courroux légitime?

CÉLIE.
Quoi! tu fais le surpris et demandes ton crime?

SCÈNE XXI.

CÉLIE, LÉLIE, SGANARELLE, *armé de pied en cap*; LA SUIVANTE DE CÉLIE.

(Sganarelle, qui, comme vous avez vu dans la fin de la belle scène (puisqu'elle n'a point à présent d'autre nom dans Paris), a pris la résolution de se venger de Lélie, vient pour cet effet dans cette scène, armé de toutes pièces : et comme il ne l'aperçoit pas d'abord, il ne lui promet pas moins que la mort dès qu'il le rencontrera. Mais comme il est de ceux qui n'exterminent leurs ennemis que quand ils sont absents, aussitôt qu'il aperçoit Lélie, bien loin de lui passer l'épée au travers du corps, il ne lui fait que des révérences, et puis se retirant à quartier il s'excite à faire quelque effort généreux et à le tuer par derrière : en se mettant après en colère contre lui-même de ce que sa poltronnerie ne lui permet pas seulement de le regarder entre deux yeux, il se punit lui-même de sa lâcheté par les coups et les soufflets qu'il se donne; et l'on peut dire que, quoique bien souvent l'on ait vu des scènes semblables, Sganarelle sait si bien animer cette action, qu'elle paroît nouvelle au théâtre. Cependant que Sganarelle se tourmente ainsi lui-même, Célie et son amant n'ont pas moins d'inquiétude que lui, et ne se reprochent que par des regards enflammés de courroux leur infidélité imaginaire, la colère, quand elle est montée jusqu'à l'excès, ne nous laissant pour l'ordinaire que le pouvoir de dire peu de paroles. Célie est la première qui, à la vue de Sganarelle, dit à son amant de jeter les yeux sur lui, et qu'il verra de quoi le faire ressouvenir de son crime; mais comment y trouveroit-il de quoi le confondre, puisque c'est par là qu'il prétend la confondre elle-même? Il se passe encore quantité de choses dans cette scène qui confirment les soupçons de l'un et de l'autre; mais, de peur de vous ennuyer trop long-temps par ma prose, j'ai recours aux vers que voici pour vous les expliquer.)

SGANARELLE.

Guerre! guerre mortelle à ce larron d'honneur
Qui, sans miséricorde, a souillé notre honneur!

CÉLIE, *à Lélie, lui montrant Sganarelle.*

Tourne, tourne les yeux, sans me faire répondre.

SCÈNE XXI.

LÉLIE.

Ah! je vois...

CÉLIE.

Cet objet suffit pour te confondre.

LÉLIE.

Mais pour vous obliger bien plutôt à rougir.

SGANARELLE, *à part*.

Ma colère à présent est en état d'agir;
Dessus ses grands chevaux est monté mon courage;
Et si je le rencontre, on verra le carnage.
Oui, j'ai juré sa mort; rien ne peut l'empêcher:
Où je le trouverai je le veux dépêcher.
(*Tirant son épée à demi, il approche de Lélie.*)
Au beau milieu du corps il faut que je lui donne...

LÉLIE, *se retournant*.

A qui donc en veut-on?

SGANARELLE.

Je n'en veux à personne.

LÉLIE.

Pourquoi ces armes-là?

SGANARELLE.

C'est un habillement
(*à part.*)
Que j'ai pris pour la pluie. Ah! quel contentement
J'aurois à le tuer! Prenons-en le courage.

LÉLIE, *se retournant encore*.

Hai?

SGANARELLE.

Je ne parle pas.

LE COCU IMAGINAIRE.

(*à part, après s'être donné des soufflets pour s'exciter.*)
　　　　　　　　　　Ah, poltron! dont j'enrage,
Lâche, vrai cœur de poule!
　　　　CÉLIE, *à Lélie.*
　　　　　　　　　　Il t'en doit dire assez,
Cet objet dont tes yeux nous paroissent blessés.
　　　　　　LÉLIE.
Oui, je connois par là que vous êtes coupable
De l'infidélité la plus inexcusable
Qui jamais d'un amant puisse outrager la foi.
　　　　SGANARELLE, *à part.*
Que n'ai-je un peu de cœur!
　　　　　　CÉLIE.
　　　　　　　　　　Ah! cesse devant moi,
Traître, de ce discours l'insolence cruelle!
　　　　SGANARELLE, *à part.*
Sganarelle, tu vois qu'elle prend ta querelle:
Courage, mon enfant, sois un peu vigoureux.
La, hardi! tâche à faire un effort généreux,
En le tuant tandis qu'il tourne le derrière.
LÉLIE, *faisant deux ou trois pas sans dessein, fait
　retourner Sganarelle, qui s'approchoit pour le tuer.*
Puisqu'un pareil discours émeut votre colère,
Je dois de votre cœur me montrer satisfait,
Et l'applaudir ici du beau choix qu'il a fait.
　　　　　　CÉLIE.
Oui, oui, mon choix est tel qu'on n'y peut rien repren-
　　　　　　LÉLIE.　　　　　　[dre.
Allez, vous faites bien de le vouloir défendre.

SCÈNE XXI.

SGANARELLE.
Sans doute, elle fait bien de défendre mes droits.
Cette action, monsieur, n'est point selon les lois :
J'ai raison de m'en plaindre ; et, si je n'étois sage,
On verroit arriver un étrange carnage.

LÉLIE.
D'où vous naît cette plainte, et quel chagrin brutal...

SGANARELLE.
Suffit. Vous savez bien où le bât me fait mal ;
Mais votre conscience et le soin de votre ame
Vous devroient mettre aux yeux que ma femme est ma
Et vouloir, à ma barbe, en faire votre bien, [femme ;
Que ce n'est pas du tout agir en bon chrétien.

LÉLIE.
Un semblable soupçon est bas et ridicule.
Allez, dessus ce point n'ayez aucun scrupule :
Je sais qu'elle est à vous ; et, bien loin de brûler...

CÉLIE.
Ah ! qu'ici tu sais bien, traître, dissimuler !

LÉLIE.
Quoi ! me soupçonnez-vous d'avoir une pensée
De qui son ame ait lieu de se croire offensée ?
De cette lâcheté voulez-vous me noircir ?

CÉLIE.
Parle, parle à lui-même, il pourra t'éclaircir.

SGANARELLE, *à Célie.*
Vous me défendez mieux que je ne saurois faire,
Et du biais qu'il faut vous prenez cette affaire.

SCÈNE XXII.

CÉLIE, LÉLIE, SGANARELLE, LA FEMME DE SGANARELLE, LA SUIVANTE DE CÉLIE.

(Dans la quatrième scène de cette pièce, la femme de Sganarelle, qui avoit pris de la jalousie en voyant Célie entre les bras de son mari, vient pour lui faire des reproches (ce qui fait voir la merveilleuse conduite de cet ouvrage); jugez de la beauté qu'un agréable malentendu produit dans cette scène; Sganarelle croit que sa femme vient pour défendre son galant, sa femme croit qu'il aime Célie, Célie croit qu'elle vient ingénument se plaindre d'elle à cause qu'elle est avec Lélie, et lui en fait des reproches; et Lélie enfin ne sait ce qu'on lui vient conter, et croit toujours que Célie a épousé Sganarelle. Quoique cette scène donne un plaisir incroyable à l'auditeur, elle ne peut pas durer plus long-temps sans trop de confusion, et je gage que vous souhaitez déjà de voir comment toutes ces personnes sortiront de l'embarras où elles se rencontrent; mais je vous le donnerois bien à deviner en quatre coups sans que vous en puissiez venir à bout. Peut-être vous persuadez-vous qu'il va venir quelqu'un qui, sans y penser lui-même, les tirera de leur erreur; peut-être croyez-vous qu'à force de s'animer les uns contre les autres quelqu'un, venant à se justifier, leur fera voir à tous qu'ils s'abusent; mais ce n'est point tout cela, et l'auteur s'est servi d'un moyen dont personne ne s'est jamais avisé, et que vous pourrez savoir si vous lisez les vers de cette scène.)

LA FEMME DE SGANARELLE.

Je ne suis point d'humeur à vouloir contre vous
Faire éclater, madame, un esprit trop jaloux;
Mais je ne suis point dupe, et vois ce qui se passe :
Il est de certains feux de fort mauvaise grace;
Et votre ame devroit prendre un meilleur emploi
Que de séduire un cœur qui doit n'être qu'à moi.

CÉLIE.

La déclaration est assez ingénue.

SCÈNE XXII.

SGANARELLE, *à sa femme.*

L'on ne demandoit pas, carogne, ta venue :
Tu la viens quereller lorsqu'elle me défend,
Et tu trembles de peur qu'on t'ôte ton galant.

CÉLIE.

Allez, ne croyez pas que l'on en ait envie.
(*se tournant vers Lélie.*)
Tu vois si c'est mensonge; et j'en suis fort ravie.

LÉLIE.

Que me veut-on conter?

LA SUIVANTE.

Ma foi, je ne sais pas
Quand on verra finir ce galimatias;
Déja depuis long-temps je tâche à le comprendre,
Et si, plus je l'écoute, et moins je puis l'entendre.
Je vois bien à la fin que je m'en dois mêler.
(*Elle se met entre Lélie et sa maîtresse.*)
Répondez-moi par ordre, et me laissez parler.
(*à Lélie.*)
Vous, qu'est-ce qu'à son cœur peut reprocher le vôtre?

LÉLIE.

Que l'infidèle a pu me quitter pour un autre;
Que lorsque, sur le bruit de son hymen fatal,
J'accours tout transporté d'un amour sans égal,
Dont l'ardeur résistoit à se croire oubliée,
Mon abord en ces lieux la trouve mariée.

LA SUIVANTE.

Mariée! à qui donc?

LÉLIE, *montrant Sganarelle.*

A lui.

LA SUIVANTE.

Comment, à lui?

LÉLIE.

Oui-da.

LA SUIVANTE.

Qui vous a dit?

LÉLIE.

C'est lui-même, aujourd'hui.

LA SUIVANTE, *à Sganarelle.*

Est-il vrai?

SGANARELLE.

Moi? J'ai dit que c'étoit à ma femme
Que j'étois marié.

LÉLIE.

Dans un grand trouble d'ame,
Tantôt de mon portrait je vous ai vu saisi.

SGANARELLE.

Il est vrai : le voilà.

LÉLIE, *à Sganarelle.*

Vous m'avez dit aussi
Que celle aux mains de qui vous avez pris ce gage
Étoit liée à vous des nœuds du mariage.

SGANARELLE.

(*montrant sa femme.*)

Sans doute. Et je l'avois de ses mains arraché;
Et n'eusse pas sans lui découvert son péché.

LA FEMME DE SGANARELLE.

Que me viens-tu conter par ta plainte importune?
Je l'avois sous mes pieds rencontré par fortune;
Et même, quand, après ton injuste courroux,

SCÈNE XXII.

(montrant Lélie.)
J'ai fait, dans sa foiblesse, entrer monsieur chez nous,
Je n'ai pas reconnu les traits de sa peinture.

CÉLIE.

C'est moi qui du portrait ai causé l'aventure;
Et je l'ai laissé choir en cette pâmoison
   (à Sganarelle.)
Qui m'a fait par vos soins remettre à la maison.

LA SUIVANTE.

Vous voyez que sans moi vous y seriez encore,
Et vous aviez besoin de mon peu d'ellébore.

SGANARELLE, *à part.*

Prendrons-nous tout ceci pour de l'argent comptant?
Mon front l'a, sur mon ame, eu bien chaude pourtant.

LA FEMME DE SGANARELLE.

Ma crainte toutefois n'est pas trop dissipée,
Et, doux que soit le mal, je crains d'être trompée.

SGANARELLE, *à sa femme.*

Hé! mutuellement, croyons-nous gens de bien;
Je risque plus du mien que tu ne fais du tien:
Accepte sans façon le marché qu'on propose.

LA FEMME DE SGANARELLE.

Soit. Mais gare le bois si j'apprends quelque chose!

CÉLIE, *à Lélie, après avoir parlé bas ensemble.*
Ah, dieux! s'il est ainsi, qu'est-ce donc que j'ai fait?
Je dois de mon courroux appréhender l'effet.
Oui, vous croyant sans foi, j'ai pris, pour ma vengeance,
Le malheureux secours de mon obéissance,
Et, depuis un moment, mon cœur vient d'accepter

Un hymen que toujours j'eus lieu de rebuter.
J'ai promis à mon père; et ce qui me désole...
Mais je le vois venir.

LÉLIE.
Il me tiendra parole.

SCÈNE XXIII.

GORGIBUS, CÉLIE, LÉLIE, SGANARELLE, LA FEMME DE SGANARELLE; LA SUIVANTE DE CÉLIE.

(Lélie dans cette scène demande l'effet de sa parole à Gorgibus; Gorgibus lui refuse sa fille, et Célie ne se résout qu'à peine d'obéir à son père, comme vous pouvez voir en lisant.)

LÉLIE.
Monsieur, vous me voyez en ces lieux de retour,
Brûlant des mêmes feux; et mon ardent amour
Verra, comme je crois, la promesse accomplie
Qui me donna l'espoir de l'hymen de Célie.

GORGIBUS.
Monsieur, que je revois en ces lieux de retour,
Brûlant des mêmes feux, et dont l'ardent amour
Verra, que vous croyez, la promesse accomplie
Qui vous donna l'espoir de l'hymen de Célie,
Très humble serviteur à votre seigneurie [1].

---

[1] Voilà le seul exemple, chez Molière, de trois rimes féminines de suite.

SCÈNE XXIV.

LÉLIE.

Quoi ! monsieur, est-ce ainsi qu'on trahit mon espoir ?
GORGIBUS.
Oui, monsieur, c'est ainsi que je fais mon devoir :
Ma fille en suit les lois.
CÉLIE.
Mon devoir m'intéresse,
Mon père, à dégager vers lui votre promesse.
GORGIBUS.
Est-ce répondre en fille à mes commandements ?
Tu te démens bientôt de tes bons sentiments.
Pour Valère, tantôt... Mais j'aperçois son père.
Il vient assurément pour conclure l'affaire.

SCÈNE XXIV.

VILLEBREQUIN, GORGIBUS, CÉLIE, LÉLIE, SGANARELLE, LA FEMME DE SGANARELLE;
LA SUIVANTE DE CÉLIE.

(La joie que Célie avoit eue, en apprenant que son amant ne lui étoit pas infidèle, eût été de courte durée, si le père de Valère ne fût pas venu à temps pour les retirer tous deux de peine. Vous pourrez voir dans le reste des vers de cette pièce, que voici, le sujet qui le fait venir.)

GORGIBUS.
Qui vous amène ici, seigneur Villebrequin ?
VILLEBREQUIN.
Un secret important que j'ai su ce matin,
Qui rompt absolument ma parole donnée.
Mon fils, dont votre fille acceptoit l'hyménée,

LE COCU IMAGINAIRE.

Sous des liens cachés trompant les yeux de tous,
Vit depuis quatre mois avec Lise en époux;
Et, comme des parents le bien et la naissance
M'ôtent tout le pouvoir d'en casser l'alliance,
Je vous viens...

GORGIBUS.

Brisons là. Si, sans votre congé,
Valère votre fils ailleurs s'est engagé,
Je ne vous puis celer que ma fille Célie
Dès long-temps par moi-même est promise à Lélie;
Et que, riche en vertu, son retour aujourd'hui
M'empêche d'agréer un autre époux que lui.

VILLEBREQUIN.

Un tel choix me plaît fort.

LÉLIE.

Et cette juste envie
D'un bonheur éternel va couronner ma vie...

GORGIBUS.

Allons choisir le jour pour se donner la foi.

SGANARELLE, *seul*.

A-t-on mieux cru jamais être cocu que moi!
Vous voyez qu'en ce fait la plus forte apparence
Peut jeter dans l'esprit une fausse créance.
De cet exemple-ci ressouvenez-vous bien;
Et, quand vous verriez tout, ne croyez jamais rien.

(Sans mentir, monsieur, vous me devez être bien obligé de tant de belles choses que je vous envoie, et tous les melons de votre jardin ne sont pas suffisants pour me payer de la peine d'avoir retenu, pour l'amour de vous, cette pièce par cœur. Mais j'oubliois de vous dire une chose à l'avantage de son auteur, qui est que, comme je n'ai eu cette pièce que je vous envoie que par effort de mémoire, il peut s'y être coulé quantité de mots les uns pour les autres, bien qu'ils signifient la même chose ; et comme ceux de l'auteur peuvent être plus significatifs, je vous prie de m'imputer toutes les fautes de cette nature que vous y trouverez, et je vous conjure, avec tous les curieux de France, de venir voir représenter cette pièce comme un des plus beaux ouvrages et un des mieux joués qui aient jamais paru sur la scène.)

FIN DU COCU IMAGINAIRE.

TABLE

DES PIÈCES CONTENUES DANS CE VOLUME.

Notice sur Molière.	Page j
Histoire de la troupe de Molière.	xxv
L'Étourdi, ou les Contre-Temps, comédie en cinq actes et en vers.	1
Le Dépit amoureux, comédie en cinq actes et en vers.	119
Scène du Déniaisé.	222
Les Précieuses ridicules, comédie en un acte et en prose.	229
Sganarelle, ou le Cocu imaginaire, comédie en un acte et en vers.	279
A M. de Molière.	281
A un ami.	283

FIN DE LA TABLE DU PREMIER VOLUME.

www.ingramcontent.com/pod-product-compliance
Lightning Source LLC
Chambersburg PA
CBHW052039230426
43671CB00011B/1720